中小企业激励体系
设计实务系列

中小企业
绩效量化考核设计实务

ZHONGXIAO QIYE
JIXIAO LIANGHUA KAOHE SHEJI SHIWU

弗布克管理咨询中心 ———— 编著

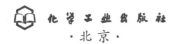
·北京·

《中小企业绩效量化考核设计实务》从 11 项业务出发详细介绍了 71 个职位的考核模式及应用工具，界定了中小企业的绩效管理系统与绩效考核系统的区别。其中，精细、务实地提出了 11 个部门的考核标准、关键指标、考核方案，以及 71 个职位的关键指标、考核量表，方便读者高效运用，实现绩效考核管理工作标准化、流程化和规范化操作。

本书适合中小企业管理人员、从事人力资源管理领域绩效考核工作的人员及生产、采购、市场、销售等业务部门工作人员使用，还可作为管理咨询人员、高校相关专业师生和培训机构的参考书。

图书在版编目（CIP）数据

中小企业绩效量化考核设计实务/弗布克管理咨询中心编著．—北京：化学工业出版社，2019.6
（中小企业激励体系设计实务系列）
ISBN 978-7-122-34173-0

Ⅰ.①中⋯ Ⅱ.①弗⋯ Ⅲ.①中小企业-企业绩效-企业管理 Ⅳ.①F276.3

中国版本图书馆 CIP 数据核字（2019）第 054966 号

责任编辑：王淑燕　张　龙
责任校对：张雨彤　　　　　　　　　　装帧设计：史利平

出版发行：化学工业出版社（北京市东城区青年湖南街 13 号　邮政编码 100011）
印　　装：三河市延风印装有限公司
787mm×1092mm　1/16　印张 17¼　字数 395 千字　2019 年 8 月北京第 1 版第 1 次印刷

购书咨询：010-64518888　　售后服务：010-64518899
网　　址：http://www.cip.com.cn

凡购买本书，如有缺损质量问题，本社销售中心负责调换。

定　　价：68.00 元　　　　　　　　　　　　　　　　　版权所有　违者必究

编写说明

中小企业的管理从来就不缺少理论。中小企业的管理最重要的是绩效、薪酬福利、营销方面的系统设计,其缺少的是工作标准、规范、方案、表单、关键点等落实管理目标的设计实务、实例、实案。

"中小企业激励体系设计实务系列"图书紧紧围绕中小企业管理的3大关键业务,旨在为其管理的各项工作提供科学的方法、实用的工具和规范的工作标准。

本系列书包括《中小企业绩效量化考核设计实务》《中小企业薪酬福利设计实务》《中小企业营销提成设计实务》,共3册,具备以下特色。

这是一套"一竿子插到底"的管理实务经典。帮助广大中小企业摆脱用工成本上升、原材料成本上涨、订单量减少以及资金链紧张等困扰,走出"温水煮蛙"的艰难处境。

这是一种"逢山开路、过河搭桥"的实战能力演练。引导成百上千的年轻人在"梦工厂"实现创业梦想。崇尚创业、鼓励冒险、宽容失败、创造条件,让年轻人的激情、热情、想象力、创新能力得到充分的释放和发挥。

这是一贯"更加快捷、更加高效"的模式模板分享。操千曲而后晓声,观千剑而后识器。既梳理中小企业的管理系统,又构建各业务管理体系,进行风险识别,同时,还给出业务工作的流程、标准、制度、方案、计划、说明书、方法、工具等的模式、模板和范例。

这是细化"言之有物、言之有术"的分类分层分级。涉及中小企业的绩效考核、薪酬福利、营销提成3大管理业务,生产、采购、品管、营销、仓储、物流、客服、财务、人力资源和行政后勤等十几个部门,高、中、基等各层管理者,实习生、兼职、特聘专家、企业顾问、伤残人员等多类人员。

综上所述,"中小企业激励体系设计实务系列"图书本着促进中小企业管理人员知识体系化、管理规范化、操作模板化、范例分享化的设计理念,通过对中小企业的绩效考核、薪酬福利、营销提成业务模块的务实阐释,为读者提供了全方位的中小企业管理方法和执行工具,推进管理工作的高效执行,是中小企业管理人员在工作中必不可少的工具书。

编著者
2019 年 5 月

绩效考核是中小企业绩效管理的重心,是对战略执行的机制、目标任务的分解、业绩能力的评价、绩效提升的驱动,是中小企业管理体系中不可缺少的一环。但是,在绩效考核实践过程中,需要将细致的管理深入到每一个具体事项,时间不够用;员工对工作缺乏了解,不够积极主动;问题发现太晚,难以阻止其扩大;员工们重复犯相同的错误等。因此,必须做好绩效考核工作,并使之操作达到标准化、流程化和规范化。

《中小企业绩效量化考核设计实务》通过绩效管理系统和绩效考核系统的设计阐明了绩效考核与绩效管理的区别和联系,详细介绍了中小企业常见的11个部门和71个职位的绩效考核操作事项,并提供了部门的考核标准、关键指标、考核方案,职位的关键指标、考核量表。本书主要有如下三大特点。

1. 业务体系设计系统,针对性强

本书内容设置全面、整合、深入,梳理了中小企业绩效考核工作的各项具体目标、任务和操作关键点,层层分解,环环相扣。同时,解读了国家对于中小企业的扶持政策,针对中小企业管理发展的现状。

2. 业务模块设计精细,操作性强

本书阐述的中小企业绩效考核过程系统、划分细致。同时,建立了绩效管理组织、目标、流程、计划、制度、量表、方法、实施、应用和绩效文化等操作事项的工作标准,既有规范、标准设计,又明确设计理念和指导步骤。

3. 业务执行设计务实,借鉴性强

本书提供了中小企业绩效考核的多种模式模板与范例,涉及11个部门的考核标准、关键指标、考核方案,以及71个职位的关键指标、考核量表,方便读者查阅、借鉴,或者"拿来即用",或者"稍改即用"。

本书适合中小企业管理人员、从事人力资源管理领域绩效考核工作的人员及生产、采购、市场、销售等业务部门工作人员使用,还可作为管理咨询人员、高校相关专业师生和培训机构的参考书。

本书在编写的过程中,刘井学、程富建、刘伟负责资料的收集和整理,孙立宏、孙宗坤、负责图表的绘制和编排,王瑞永参与编写了本书的第1章,李艳参与编写了本书的第2章、第3章、第4章,王楠参与编写了本书的第5章、第6章,程淑丽参与编写了本书的第7章、第8章、第9章,张丽萍参与编写了本书的第10章、第11章、第12章、第13章,全书由弗布克管理咨询中心统撰定稿。

本书在编写过程中难免有不妥之处,望广大读者批评指正。

编著者
2019年5月

第 1 章 绩效管理系统设计　　1

1.1 绩效管理组织设计　　2
1.1.1 组织任务设计　　2
1.1.2 绩效组织模式　　2
1.1.3 绩效组织方法　　2
1.1.4 绩效组织评价　　3

1.2 绩效管理目标设计　　3
1.2.1 绩效管理目标设置　　3
1.2.2 绩效管理目标沟通　　4
1.2.3 绩效管理目标分解　　5
1.2.4 绩效管理目标实施　　5
1.2.5 绩效管理目标总结　　5

1.3 绩效管理流程设计　　6
1.3.1 绩效诊断设计流程　　6
1.3.2 绩效目标设计流程　　7
1.3.3 绩效方案设计流程　　7
1.3.4 绩效测评设计流程　　8
1.3.5 绩效辅导设计流程　　8
1.3.6 绩效考核设计流程　　9

1.4 绩效管理计划设计　　9
1.4.1 绩效管理计划设置　　9
1.4.2 绩效管理计划流程　　10
1.4.3 绩效管理计划沟通　　10
1.4.4 绩效管理计划审核　　11

1.5 绩效管理分析与评估设计　　12
1.5.1 绩效管理分析流程　　12
1.5.2 绩效管理分析方法　　12
1.5.3 绩效管理评估流程　　13
1.5.4 绩效管理评估方法　　13

1.6 绩效管理制度设计　　14

		1.6.1 绩效管理制度设计内容 …………………………………… 14
		1.6.2 绩效管理制度设计方法 …………………………………… 14
		1.6.3 绩效管理制度设计流程 …………………………………… 16
		1.6.4 绩效管理制度完善方法 …………………………………… 16
		1.6.5 绩效管理制度推行措施 …………………………………… 17
	1.7 绩效管理文化设计 ……………………………………………… 18
		1.7.1 绩效文化设计内容 ………………………………………… 18
		1.7.2 绩效文化培养方法 ………………………………………… 18
		1.7.3 绩效文化主要障碍 ………………………………………… 18
		1.7.4 绩效文化建设核心 ………………………………………… 19
		1.7.5 高效绩效文化标准 ………………………………………… 19

第 2 章　绩效考核系统设计　　20

	2.1 绩效考核组织设计 ……………………………………………… 21
		2.1.1 绩效考核主体选择 ………………………………………… 21
		2.1.2 绩效考核对象划分 ………………………………………… 21
		2.1.3 绩效考核工具技术 ………………………………………… 22
	2.2 绩效考核指标设计 ……………………………………………… 22
		2.2.1 绩效考核指标种类 ………………………………………… 22
		2.2.2 绩效考核评分标准设计 …………………………………… 22
		2.2.3 绩效考核指标要素设计 …………………………………… 22
		2.2.4 绩效考核指标要点设计 …………………………………… 23
		2.2.5 绩效考核指标权重设计 …………………………………… 23
		2.2.6 绩效考核指标检验设计 …………………………………… 24
		2.2.7 绩效考核关键指标选择 …………………………………… 24
	2.3 绩效考核量表设计 ……………………………………………… 25
		2.3.1 绩效考核量表设计内容 …………………………………… 25
		2.3.2 绩效考核量表要素 ………………………………………… 25
		2.3.3 绩效考核指标赋值 ………………………………………… 26
		2.3.4 绩效考核加权设计 ………………………………………… 26
	2.4 绩效考核方法设计 ……………………………………………… 27
		2.4.1 量表法 ……………………………………………………… 27
		2.4.2 分级法 ……………………………………………………… 27
		2.4.3 行为锚定法 ………………………………………………… 28
		2.4.4 目标管理法 ………………………………………………… 28
		2.4.5 平衡计分卡 ………………………………………………… 29
		2.4.6 关键绩效指标法 …………………………………………… 30
		2.4.7 360 度绩效考核法 ………………………………………… 30

2.5 绩效考核培训设计 …………………………………………………………… 31
　　2.5.1 绩效考核主体培训 ………………………………………………… 31
　　2.5.2 绩效考核对象培训 ………………………………………………… 32
　　2.5.3 绩效考核培训流程 ………………………………………………… 32
　　2.5.4 绩效考核培训方法 ………………………………………………… 32
2.6 绩效考核实施设计 …………………………………………………………… 33
　　2.6.1 绩效考核工作筹备 ………………………………………………… 33
　　2.6.2 绩效考核周期制定 ………………………………………………… 33
　　2.6.3 绩效考核时间安排 ………………………………………………… 33
　　2.6.4 绩效考核信息收集 ………………………………………………… 33
　　2.6.5 绩效考核评分设计 ………………………………………………… 34
　　2.6.6 绩效考核工作控制 ………………………………………………… 34
　　2.6.7 绩效考核工作评定 ………………………………………………… 34
2.7 绩效考核反馈设计 …………………………………………………………… 35
　　2.7.1 绩效考核面谈准备 ………………………………………………… 35
　　2.7.2 绩效考核沟通方法 ………………………………………………… 35
　　2.7.3 绩效考核问题处理 ………………………………………………… 35
　　2.7.4 绩效考核有效措施 ………………………………………………… 35
　　2.7.5 绩效考核反馈总结 ………………………………………………… 36
2.8 绩效考核应用设计 …………………………………………………………… 36
　　2.8.1 绩效考核结果申诉 ………………………………………………… 36
　　2.8.2 绩效考核结果分析 ………………………………………………… 37
　　2.8.3 绩效考核结果薪酬设计 …………………………………………… 37
　　2.8.4 绩效考核结果职位设计 …………………………………………… 37
　　2.8.5 绩效考核结果改进设计 …………………………………………… 37
2.9 绩效考核业务设计 …………………………………………………………… 38
　　2.9.1 部门业务绩效考核 ………………………………………………… 38
　　2.9.2 企业高管绩效考核 ………………………………………………… 38

第3章 中小企业生产绩效考核　　39

3.1 生产部门绩效考核 …………………………………………………………… 40
　　3.1.1 生产部门绩效考核标准 …………………………………………… 40
　　3.1.2 生产部门考核关键指标 …………………………………………… 42
　　3.1.3 生产部门绩效考核方案 …………………………………………… 43
3.2 生产经理绩效考核 …………………………………………………………… 48
　　3.2.1 生产经理考核关键指标 …………………………………………… 48
　　3.2.2 生产经理绩效考核量表 …………………………………………… 49

3.3 生产主管绩效考核 ………………………………………………………… 50
　　3.3.1 生产主管考核关键指标 ………………………………………… 50
　　3.3.2 生产主管绩效考核量表 ………………………………………… 51
3.4 车间主任绩效考核 ………………………………………………………… 52
　　3.4.1 车间主任考核关键指标 ………………………………………… 52
　　3.4.2 车间主任绩效考核量表 ………………………………………… 53
3.5 车间班组长绩效考核 ……………………………………………………… 54
　　3.5.1 车间班组长考核关键指标 ……………………………………… 54
　　3.5.2 车间班组长绩效考核量表 ……………………………………… 55
3.6 生产领料员绩效考核 ……………………………………………………… 57
　　3.6.1 生产领料员考核关键指标 ……………………………………… 57
　　3.6.2 生产领料员绩效考核量表 ……………………………………… 57
3.7 生产统计员绩效考核 ……………………………………………………… 58
　　3.7.1 生产统计员考核关键指标 ……………………………………… 58
　　3.7.2 生产统计员绩效考核量表 ……………………………………… 59
3.8 生产跟单员绩效考核 ……………………………………………………… 60
　　3.8.1 生产跟单员考核关键指标 ……………………………………… 60
　　3.8.2 生产跟单员绩效考核量表 ……………………………………… 60
3.9 生产工人绩效考核 ………………………………………………………… 61
　　3.9.1 生产工人考核关键指标 ………………………………………… 61
　　3.9.2 生产工人绩效考核量表 ………………………………………… 62

第 4 章　中小企业采购绩效考核　　64

4.1 采购部门绩效考核 ………………………………………………………… 65
　　4.1.1 采购部门绩效考核标准 ………………………………………… 65
　　4.1.2 采购部门考核关键指标 ………………………………………… 67
　　4.1.3 采购部门绩效考核方案 ………………………………………… 68
4.2 采购经理绩效考核 ………………………………………………………… 71
　　4.2.1 采购经理考核关键指标 ………………………………………… 71
　　4.2.2 采购经理绩效考核量表 ………………………………………… 73
4.3 采购主管绩效考核 ………………………………………………………… 74
　　4.3.1 采购主管考核关键指标 ………………………………………… 74
　　4.3.2 采购主管绩效考核量表 ………………………………………… 75
4.4 采购师绩效考核 …………………………………………………………… 76
　　4.4.1 采购师考核关键指标 …………………………………………… 76
　　4.4.2 采购师绩效考核量表 …………………………………………… 78
4.5 采购员绩效考核 …………………………………………………………… 79

4.5.1　采购员考核关键指标 …………………………………………………… 79
　　　4.5.2　采购员绩效考核量表 …………………………………………………… 80

第5章　中小企业品管绩效考核　　82

　5.1　品管部门绩效考核 ………………………………………………………………… 83
　　　5.1.1　品管部门绩效考核标准 ………………………………………………… 83
　　　5.1.2　品管部门考核关键指标 ………………………………………………… 86
　　　5.1.3　品管部门绩效考核方案 ………………………………………………… 87
　5.2　品管经理绩效考核 ………………………………………………………………… 90
　　　5.2.1　品管经理考核关键指标 ………………………………………………… 90
　　　5.2.2　品管经理绩效考核量表 ………………………………………………… 91
　5.3　品管工程师绩效考核 ……………………………………………………………… 92
　　　5.3.1　品管工程师考核关键指标 ……………………………………………… 92
　　　5.3.2　品管工程师绩效考核量表 ……………………………………………… 92
　5.4　质量认证员绩效考核 ……………………………………………………………… 93
　　　5.4.1　质量认证员考核关键指标 ……………………………………………… 93
　　　5.4.2　质量认证员绩效考核量表 ……………………………………………… 94
　5.5　班组长工作绩效考核 ……………………………………………………………… 95
　　　5.5.1　班组长考核关键指标 …………………………………………………… 95
　　　5.5.2　班组长绩效考核量表 …………………………………………………… 96
　5.6　来料检验员绩效考核 ……………………………………………………………… 97
　　　5.6.1　来料检验员考核关键指标 ……………………………………………… 97
　　　5.6.2　来料检验员绩效考核量表 ……………………………………………… 98
　5.7　过程检验员绩效考核 ……………………………………………………………… 99
　　　5.7.1　过程检验员考核关键指标 ……………………………………………… 99
　　　5.7.2　过程检验员绩效考核量表 ……………………………………………… 99
　5.8　最终检验员绩效考核 ……………………………………………………………… 100
　　　5.8.1　最终检验员考核关键指标 ……………………………………………… 100
　　　5.8.2　最终检验员绩效考核量表 ……………………………………………… 101

第6章　中小企业市场绩效考核　　103

　6.1　市场部绩效考核 …………………………………………………………………… 104
　　　6.1.1　市场部绩效考核标准 …………………………………………………… 104
　　　6.1.2　市场部考核关键指标 …………………………………………………… 107
　　　6.1.3　市场部绩效考核方案 …………………………………………………… 107
　6.2　市场经理绩效考核 ………………………………………………………………… 110

　　　　6.2.1　市场经理考核关键指标 ………………………………………………… 110
　　　　6.2.2　市场经理绩效考核量表 ………………………………………………… 111
　　6.3　市场主管绩效考核 …………………………………………………………… 112
　　　　6.3.1　市场主管考核关键指标 ………………………………………………… 112
　　　　6.3.2　市场主管绩效考核量表 ………………………………………………… 113
　　6.4　市场调研员绩效考核 ………………………………………………………… 114
　　　　6.4.1　市场调研员考核关键指标 ……………………………………………… 114
　　　　6.4.2　市场调研员绩效考核量表 ……………………………………………… 115
　　6.5　市场拓展员绩效考核 ………………………………………………………… 116
　　　　6.5.1　市场拓展员考核关键指标 ……………………………………………… 116
　　　　6.5.2　市场拓展员绩效考核量表 ……………………………………………… 116
　　6.6　市场广告员绩效考核 ………………………………………………………… 117
　　　　6.6.1　市场广告员考核关键指标 ……………………………………………… 117
　　　　6.6.2　市场广告员绩效考核量表 ……………………………………………… 118
　　6.7　市场策划员绩效考核 ………………………………………………………… 119
　　　　6.7.1　市场策划员考核关键指标 ……………………………………………… 119
　　　　6.7.2　市场策划员绩效考核量表 ……………………………………………… 120
　　6.8　策划美工绩效考核 …………………………………………………………… 121
　　　　6.8.1　策划美工考核关键指标 ………………………………………………… 121
　　　　6.8.2　策划美工绩效考核量表 ………………………………………………… 122

第7章　中小企业销售绩效考核　　123

　　7.1　销售部门绩效考核 …………………………………………………………… 124
　　　　7.1.1　销售部门绩效考核标准 ………………………………………………… 124
　　　　7.1.2　销售部门考核关键指标 ………………………………………………… 126
　　　　7.1.3　销售部门绩效考核方案 ………………………………………………… 127
　　7.2　销售经理绩效考核 …………………………………………………………… 129
　　　　7.2.1　销售经理考核关键指标 ………………………………………………… 129
　　　　7.2.2　销售经理绩效考核量表 ………………………………………………… 130
　　7.3　销售主管绩效考核 …………………………………………………………… 131
　　　　7.3.1　销售主管考核关键指标 ………………………………………………… 131
　　　　7.3.2　销售主管绩效考核量表 ………………………………………………… 132
　　7.4　区域经理绩效考核 …………………………………………………………… 133
　　　　7.4.1　区域经理考核关键指标 ………………………………………………… 133
　　　　7.4.2　区域经理绩效考核量表 ………………………………………………… 134
　　7.5　网络经理绩效考核 …………………………………………………………… 136
　　　　7.5.1　网络经理考核关键指标 ………………………………………………… 136

7.5.2　网络经理绩效考核量表 …………………………………………………… 137
　7.6　渠道经理绩效考核 …………………………………………………………………… 138
　　　7.6.1　渠道经理考核关键指标 …………………………………………………… 138
　　　7.6.2　渠道经理绩效考核量表 …………………………………………………… 139
　7.7　促销经理绩效考核 …………………………………………………………………… 140
　　　7.7.1　促销经理考核关键指标 …………………………………………………… 140
　　　7.7.2　促销经理绩效考核量表 …………………………………………………… 141
　7.8　订单员绩效考核 ……………………………………………………………………… 142
　　　7.8.1　订单员考核关键指标 ……………………………………………………… 142
　　　7.8.2　订单员绩效考核量表 ……………………………………………………… 142
　7.9　销售文员绩效考核 …………………………………………………………………… 143
　　　7.9.1　销售文员考核关键指标 …………………………………………………… 143
　　　7.9.2　销售文员绩效考核量表 …………………………………………………… 144

第 8 章　中小企业仓储绩效考核　　146

　8.1　仓储部门绩效考核 …………………………………………………………………… 147
　　　8.1.1　仓储部门绩效考核标准 …………………………………………………… 147
　　　8.1.2　仓储部门考核关键指标 …………………………………………………… 149
　　　8.1.3　仓储部门绩效考核方案 …………………………………………………… 150
　8.2　仓储经理绩效考核 …………………………………………………………………… 152
　　　8.2.1　仓储经理考核关键指标 …………………………………………………… 152
　　　8.2.2　仓储经理绩效考核量表 …………………………………………………… 153
　8.3　仓储主管绩效考核 …………………………………………………………………… 155
　　　8.3.1　仓储主管考核关键指标 …………………………………………………… 155
　　　8.3.2　仓储主管绩效考核量表 …………………………………………………… 156
　8.4　验货员绩效考核 ……………………………………………………………………… 157
　　　8.4.1　验货员考核关键指标 ……………………………………………………… 157
　　　8.4.2　验货员绩效考核量表 ……………………………………………………… 157
　8.5　保管员绩效考核 ……………………………………………………………………… 159
　　　8.5.1　保管员考核关键指标 ……………………………………………………… 159
　　　8.5.2　保管员绩效考核量表 ……………………………………………………… 160
　8.6　装卸员绩效考核 ……………………………………………………………………… 161
　　　8.6.1　装卸员考核关键指标 ……………………………………………………… 161
　　　8.6.2　装卸员绩效考核量表 ……………………………………………………… 161
　8.7　分拣员绩效考核 ……………………………………………………………………… 162
　　　8.7.1　分拣员考核关键指标 ……………………………………………………… 162
　　　8.7.2　分拣员绩效考核量表 ……………………………………………………… 163

8.8 库存控制员绩效考核 …………………………………… 164
　　8.8.1 库存控制员考核关键指标 …………………………… 164
　　8.8.2 库存控制员绩效考核量表 …………………………… 165

第9章　中小企业物流绩效考核　　167

9.1 物流部门绩效考核 …………………………………… 168
　　9.1.1 物流部门绩效考核标准 ……………………………… 168
　　9.1.2 物流部门考核关键指标 ……………………………… 170
　　9.1.3 物流部门绩效考核方案 ……………………………… 171
9.2 物流经理绩效考核 …………………………………… 173
　　9.2.1 物流经理考核关键指标 ……………………………… 173
　　9.2.2 物流经理绩效考核量表 ……………………………… 174
9.3 物流主管绩效考核 …………………………………… 175
　　9.3.1 物流主管考核关键指标 ……………………………… 175
　　9.3.2 物流主管绩效考核量表 ……………………………… 176
9.4 运输主管绩效考核 …………………………………… 178
　　9.4.1 运输主管考核关键指标 ……………………………… 178
　　9.4.2 运输主管绩效考核量表 ……………………………… 179
9.5 车辆调度员绩效考核 ………………………………… 180
　　9.5.1 车辆调度员考核关键指标 …………………………… 180
　　9.5.2 车辆调度员绩效考核量表 …………………………… 181
9.6 司机绩效考核 ………………………………………… 182
　　9.6.1 司机考核关键指标 …………………………………… 182
　　9.6.2 司机绩效考核量表 …………………………………… 183

第10章　中小企业客服绩效考核　　185

10.1 客服部门绩效考核 …………………………………… 186
　　10.1.1 客服部门绩效考核标准 …………………………… 186
　　10.1.2 客服部门考核关键指标 …………………………… 188
　　10.1.3 客服部门绩效考核方案 …………………………… 189
10.2 客服经理绩效考核 …………………………………… 192
　　10.2.1 客服经理考核关键指标 …………………………… 192
　　10.2.2 客服经理绩效考核量表 …………………………… 193
10.3 客服调研员绩效考核 ………………………………… 194
　　10.3.1 客服调研员考核关键指标 ………………………… 194
　　10.3.2 客服调研员绩效考核量表 ………………………… 194

10.4 客户开发员绩效考核 ... 195
10.4.1 客户开发员考核关键指标 ... 195
10.4.2 客户开发员绩效考核量表 ... 196

10.5 客户关系员绩效考核 ... 197
10.5.1 客户关系员考核关键指标 ... 197
10.5.2 客户关系员绩效考核量表 ... 198

10.6 售后主管绩效考核 ... 199
10.6.1 售后主管考核关键指标 ... 199
10.6.2 售后主管绩效考核量表 ... 200

10.7 客户投诉员绩效考核 ... 202
10.7.1 客户投诉员考核关键指标 ... 202
10.7.2 客户投诉员绩效考核量表 ... 202

10.8 客户信息员绩效考核 ... 203
10.8.1 客户信息员考核关键指标 ... 203
10.8.2 客户信息员绩效考核量表 ... 204

第 11 章 中小企业财务绩效考核 ... 205

11.1 财务产部门绩效考核 ... 206
11.1.1 财务部门绩效考核标准 ... 206
11.1.2 财务部门考核关键指标 ... 208
11.1.3 财务部门绩效考核方案 ... 209

11.2 财务经理绩效考核 ... 211
11.2.1 财务经理考核关键指标 ... 211
11.2.2 财务经理绩效考核量表 ... 211

11.3 财务主管绩效考核 ... 212
11.3.1 财务主管考核关键指标 ... 212
11.3.2 财务主管绩效考核量表 ... 213

11.4 会计主管绩效考核 ... 214
11.4.1 会计主管考核关键指标 ... 214
11.4.2 会计主管绩效考核量表 ... 215

11.5 税务主管绩效考核 ... 216
11.5.1 税务主管考核关键指标 ... 216
11.5.2 税务主管绩效考核量表 ... 217

11.6 审计主管绩效考核 ... 218
11.6.1 审计主管考核关键指标 ... 218
11.6.2 审计主管绩效考核量表 ... 219

11.7 出纳员绩效考核 ... 221

11.7.1 出纳员考核关键指标 …… 221
11.7.2 出纳员绩效考核量表 …… 222

第12章 中小企业人力绩效考核　　223

12.1 人力部门绩效考核 …… 224
12.1.1 人力部门绩效考核标准 …… 224
12.1.2 人力部门考核关键指标 …… 226
12.1.3 人力部门绩效考核方案 …… 227
12.2 人力经理绩效考核 …… 229
12.2.1 人力经理考核关键指标 …… 229
12.2.2 人力经理绩效考核量表 …… 230
12.3 招聘主管绩效考核 …… 230
12.3.1 招聘主管考核关键指标 …… 230
12.3.2 招聘主管绩效考核量表 …… 231
12.4 培训主管绩效考核 …… 233
12.4.1 培训主管考核关键指标 …… 233
12.4.2 培训主管绩效考核量表 …… 234
12.5 培训师绩效考核 …… 235
12.5.1 培训师考核关键指标 …… 235
12.5.2 培训师绩效考核量表 …… 236
12.6 薪酬专员绩效考核 …… 237
12.6.1 薪酬专员考核关键指标 …… 237
12.6.2 薪酬专员绩效考核量表 …… 238
12.7 考核专员绩效考核 …… 239
12.7.1 考核专员考核关键指标 …… 239
12.7.2 考核专员绩效考核量表 …… 240

第13章 中小企业后勤绩效考核　　241

13.1 后勤部门绩效考核 …… 242
13.1.1 后勤部门绩效考核标准 …… 242
13.1.2 后勤部门考核关键指标 …… 244
13.1.3 后勤部门绩效考核方案 …… 245
13.2 后勤经理绩效考核 …… 248
13.2.1 后勤经理考核关键指标 …… 248
13.2.2 后勤经理绩效考核量表 …… 249
13.3 餐饮主管绩效考核 …… 250

13.3.1　餐饮主管考核关键指标 …………………………………… 250
　　　13.3.2　餐饮主管绩效考核量表 …………………………………… 251
　13.4　宿舍主管绩效考核 ………………………………………………… 252
　　　13.4.1　宿舍主管考核关键指标 …………………………………… 252
　　　13.4.2　宿舍主管绩效考核量表 …………………………………… 253
　13.5　车辆主管绩效考核 ………………………………………………… 254
　　　13.5.1　车辆主管考核关键指标 …………………………………… 254
　　　13.5.2　车辆主管绩效考核量表 …………………………………… 255
　13.6　安保主管绩效考核 ………………………………………………… 256
　　　13.6.1　安保主管考核关键指标 …………………………………… 256
　　　13.6.2　安保主管绩效考核量表 …………………………………… 257
　13.7　绿化主管绩效考核 ………………………………………………… 258
　　　13.7.1　绿化主管考核关键指标 …………………………………… 258
　　　13.7.2　绿化主管绩效考核量表 …………………………………… 259

Chapter 1

第 1 章

绩效管理系统设计

1.1 绩效管理组织设计

1.1.1 组织任务设计

组织任务设计的目的是明确绩效管理系统的总体框架，并为绩效管理系统设计打好基础，做好前提工作。组织任务设计的内容具体如图1-1所示。

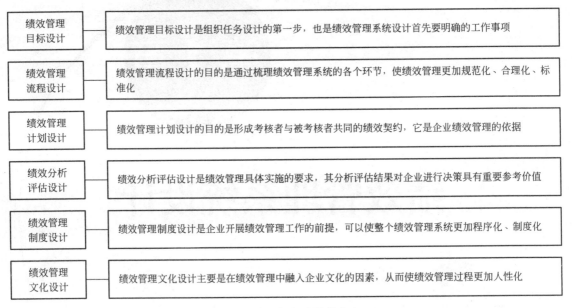

图1-1 组织任务设计的内容

1.1.2 绩效组织模式

绩效组织过程中应当充分考虑企业战略和企业文化的影响，并将人力资源政策对绩效管理的影响纳入其中。因此，绩效组织模式不仅包括绩效管理的各个环节，还应当包括企业战略、企业文化及人力资源管理政策等内容。绩效组织模式具体如图1-2所示。

1.1.3 绩效组织方法

绩效组织方法主要包括横向分工与纵向分解。横向分工是指绩效管理工作的开展按照企业部门的业务分工不同，各自负责分内的工作，这是由各部门的职能所决定的。纵向分解是指层层落实战略目标和组织任务，这是使绩效管理落到实处的必要工作。

通过横向分工和纵向分解，企业的绩效管理目标、绩效管理流程、绩效管理计划、绩效分析评估、绩效管理制度以及绩效管理文化逐步建立和完备。

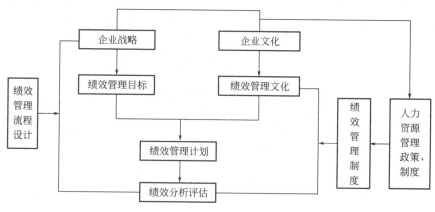

图 1-2　绩效组织模式

1.1.4　绩效组织评价

绩效组织评价的目的是及时发现绩效管理系统可能存在的问题，预测问题发生的可能性以及可能产生的不良效果，以减少绩效管理的误差，从而改进和完善企业绩效管理系统，提高绩效管理系统的科学性、可行性和适应性。

绩效组织评价指标包括直接效益指标和间接效益指标两部分。直接效益指标主要是考察绩效管理系统实施对员工工作效率提高、工作质量改善及工作态度改善的作用，如组织绩效的提高、员工离职率的降低及员工对企业认同度的增加。间接效益指标主要是评估绩效管理实施对企业管理水平提升的作用，如部门间的合作程度、人力资源管理部门服务水平的提升等。

1.2　绩效管理目标设计

1.2.1　绩效管理目标设置

绩效管理目标设置是企业绩效管理系统中一项复杂的工程，为了使目标设置过程变得简单，企业应注意掌握一些方法，具体如表 1-1 所示。

表 1-1　绩效管理目标设置的方法

设定方法	具体内容	主要特点
传统目标设定方法	一般由企业最高管理者商定,然后分解为子目标落实到各个单位和层次中	①从上往下,逐级进行设定 ②对于上级目标的理解至关重要
参与式目标设定方法	由上级与下级共同决定具体的绩效目标,并定期检查目标完成情况,它是由上至下和由下至上的反复循环的过程	①目标达成的程序是自下而上 ②目标的分解程序是自上而下 ③既要设定目标,又要制定措施

企业在运用以上方法设置目标的过程中应注意以下事项,以使所设置的目标更加合理、更具有可执行性。绩效管理目标设置的具体注意事项如图1-3所示。

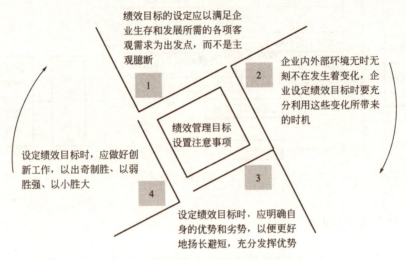

图1-3 绩效管理目标设置注意事项

1.2.2 绩效管理目标沟通

为了让每位员工都了解企业战略目标的内容及真正意义,明晰企业对每位员工的绩效期望,因此,企业与员工有必要在绩效管理目标设定过程中加强沟通。

(1)绩效管理目标沟通准备事项

在绩效管理目标沟通过程中,部门领导和员工需要按照以下事项进行准备,以使绩效管理目标沟通更具效果、思路更加清晰。绩效管理目标沟通的具体准备事项如图1-4所示。

图1-4 绩效管理目标沟通准备事项

(2) 绩效管理目标沟通的重点

绩效管理目标沟通包括与部门沟通及与员工沟通，具体的绩效管理目标沟通重点如图1-5所示。

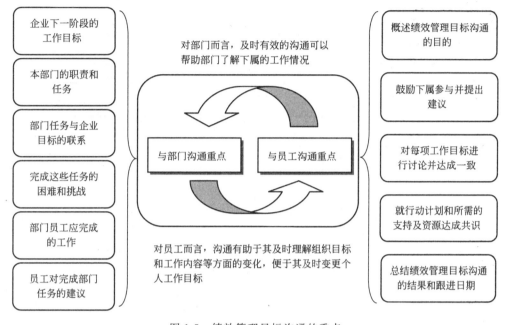

图1-5　绩效管理目标沟通的重点

1.2.3　绩效管理目标分解

绩效管理目标包括企业战略目标和年度经营目标、部门目标及个人目标，在目标分解过程中，主要是对这三个层次的目标进行横向和纵向分解。在目标分解时，上级应注意不要有遗漏，也不要使几个下级的工作发生重复，同时尽可能使下级的分量之和大于或等于总量。

具体来说，绩效管理目标分解过程如图1-6所示。

1.2.4　绩效管理目标实施

人力资源管理部门应与各部门根据目标沟通和目标分解的结果，制订目标实施计划。目标实施计划主要包括目标的内容、目标实施的措施、目标实施的时间、目标实施的资源支持以及目标实施过程中可能遇到的困难及解决办法等内容。

绩效管理目标在实施过程中，如发生目标制定时所依据的外部竞争对手或者外部市场环境发生变化，企业经营面临突发事件或者业务流程发生变化，企业应当及时调整目标。

1.2.5　绩效管理目标总结

绩效管理目标总结主要是通过分析目标实施过程中的反馈记录，编制实施分析报告。目标实施分析报告的内容主要包括目标实施情况、目标达成情况、环境变化情况、目标实施的不足及改进措施等。通过绩效管理目标总结，企业可以及时发现目标实施过程中的不足，并

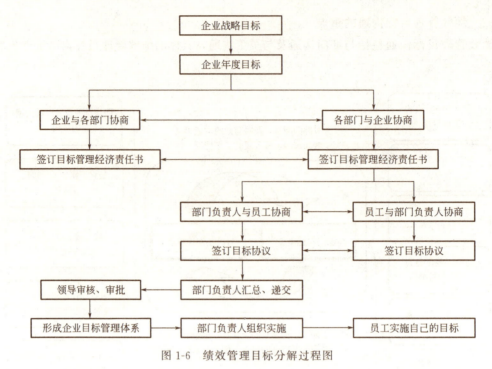

图 1-6 绩效管理目标分解过程图

总结经验,为以后绩效管理目标的设置和实施提供依据和参考。

1.3 绩效管理流程设计

1.3.1 绩效诊断设计流程

绩效管理系统的诊断既是对企业绩效管理中各个环节和工作要素进行全面检测与分析的过程,也是对企业整体管理现状和管理水平的全面诊断与分析。绩效管理的诊断不仅要发现绩效管理体系中存在的各种问题,还应当通过对众多被考核者工作绩效的透视和分析,揭示企业现存的各种问题。绩效诊断设计流程具体如图 1-7 所示。

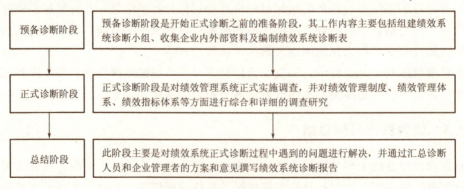

图 1-7 绩效诊断设计流程

1.3.2 绩效目标设计流程

绩效管理目标主要来源于企业的战略目标、部门目标、所在职位的工作职责及内部或外部的客户需求。因此,绩效目标设计主要包括以下5个步骤,具体如表1-2所示。

表1-2 绩效目标设计流程

序号	流程项目	流程项目细化
1	审视企业战略目标	企业的绩效管理目标必须源自于企业的战略目标,在绩效管理开始之前,企业要对战略目标进行相应的规划
2	寻找企业业务重点和分析关键成功要素	根据企业战略目标,寻找使企业获得成功或取得市场领先的业务重点,在这些业务重点中确定关键成功要素。关键成功要素反映了企业期望达到的目标,并把企业战略目标转化为明确的行动内容
3	设计企业层面绩效目标	企业层面绩效目标的设计可以从财务、顾客、业务流程及学习和成长4个维度进行描述
4	分解部门级绩效目标	部门绩效目标必须与企业层面的绩效目标协调一致,并可以按照组织结构和主要业务流程进行分解
5	落实员工个体绩效目标	员工个体绩效目标要以部门绩效目标为基础,同时结合由各个职位的工作说明书确定基本职责和部门内各职位间的业务流程关系

1.3.3 绩效方案设计流程

绩效目标的顺利推行需要大量完整、规范的绩效方案。为规范绩效方案的编写格式,提升绩效方案的编写质量,企业相关工作人员应对绩效方案设计予以充分重视。一份完整的绩效方案应当按照考核的目的、考核的内容、考核的方法、考核的组织与实施及考核结果的运用等来进行编写,其具体设计流程如图1-8所示。

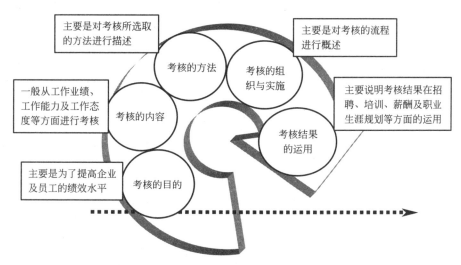

图1-8 绩效方案设计流程

1.3.4 绩效测评设计流程

绩效测评是绩效考核的完善阶段,主要根据企业的实际情况和考核的实施情况对考核的相关方案做出一定调整,以确保绩效管理的实效性与科学性。绩效测评的设计流程具体如图1-9所示。

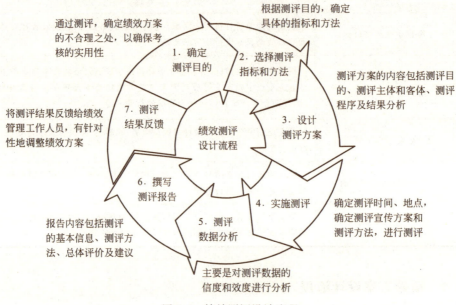

图1-9 绩效测评设计流程

1.3.5 绩效辅导设计流程

绩效辅导是指管理者与员工讨论有关工作进展情况、工作中潜在的障碍和问题、解决问题的办法和措施、员工取得的成绩和存在的问题,以及管理者如何帮助员工等的过程。绩效辅导设计流程具体如表1-3所示。

表1-3 绩效辅导设计流程

辅导步骤	内容	人员	辅导内容要点
暖场	创造良好的谈话氛围	主管员工	①慰问并感谢员工的辛勤工作 ②建立真诚、信任的气氛,让员工放轻松 ③说明辅导的目的
正式辅导阶段	鼓励员工发表意见	主管、员工	①多采用开放式的问题 ②多用肯定或赞美的语气 ③认真倾听员工的意见
	双方沟通	主管、员工	①了解员工对绩效考核的意见 ②了解员工对工作的想法,包括工作中遇到的困难、出现的问题

续表

辅导步骤	内容	人员	辅导内容要点
正式辅导阶段	提供建议	主管、员工	针对员工提出的问题,提供解决问题的建议及资源支持
结束阶段	—	主管	①对上述内容的总结与确认 ②表达企业对员工的期望 ③确定下次绩效辅导的时间 ④感谢员工的参与 ⑤整理辅导记录

1.3.6 绩效考核设计流程

绩效考核是绩效管理系统的核心内容之一,有效的绩效考核不仅能确定每位员工对组织的贡献或不足,更能在整体上对人力资源的管理提供决定性的评估资料,从而可以改善组织的反馈机能,提高员工的工作绩效。因此,要充分发挥绩效考核的作用,首先应梳理其流程,确保流程的规范性和科学性。绩效考核设计流程具体如图 1-10 所示。

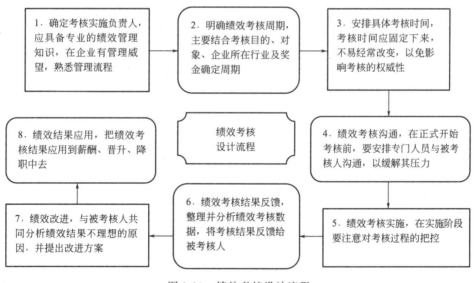

图 1-10 绩效考核设计流程

1.4 绩效管理计划设计

1.4.1 绩效管理计划设置

绩效管理计划是一种绩效契约,它是在绩效管理开始前由企业和员工共同制定的协议,从而使员工的工作目标与企业及企业各部门的工作计划、标准达成一致。

(1) 绩效管理计划的内容

绩效管理计划的内容具体如图1-11所示。

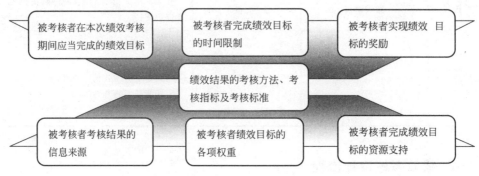

图1-11 绩效管理计划的内容

(2) 绩效管理计划设计的基本原则

绩效管理计划在设计时应遵循以下基本原则，具体如表1-4所示。

表1-4 绩效管理计划设计的基本原则

序号	基本原则	基本原则细化
1	战略计划一致原则	在设计绩效管理计划、目标及衡量指标时要紧紧围绕企业的总体发展战略，逐层分解、设计和选择
2	可行性原则	绩效管理计划要与被考核者的工作职责和权力相一致，结合工作实际情况解决好计划执行过程中的障碍
3	全员参与原则	只有全员参与，才能充分理解各方的潜在利益，便于通过政策性程序来解决一些利益冲突，从而确保绩效管理计划制订得科学合理，让被考核者全盘接受
4	公平公正原则	对同一性质或难度程度大体相同的职位标准设置要相同
5	职位特色原则	绩效管理计划内容、形式的选择和目标的设定要充分考虑到不同业务、不同部门中类似职位各自的特色和共性
6	抓大放小原则	绩效管理计划在设计评价标准时，要围绕主要工作展开，突出关键和重点，选择与企业价值关联度大、与实现职位主要目标相关的标准

1.4.2 绩效管理计划流程

绩效管理计划是绩效管理行动的纲领和指南，为绩效管理的活动确定了方向，使绩效体系内的活动按计划有步骤地进行。企业要充分发挥绩效管理计划的指引作用，应当按照其设计流程来制订绩效管理计划。绩效管理计划设计流程具体如图1-12所示。

1.4.3 绩效管理计划沟通

沟通是绩效管理计划设计的关键。在沟通过程中，考核者应将企业绩效管理的目的、意义和流程，绩效计划中员工应完成的工作，考核者为被考核者提供的支持，被考核者应该做的准备工作及绩效计划实施的结果等向被考核者传达，并听取被考核者的意见。绩效管理计

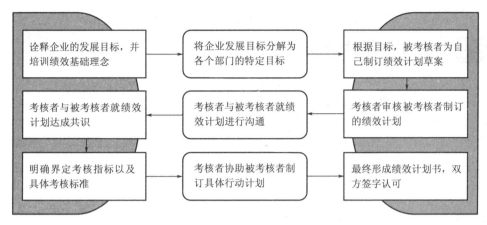

图 1-12 绩效管理计划设计流程

划沟通的步骤如图 1-13 所示。

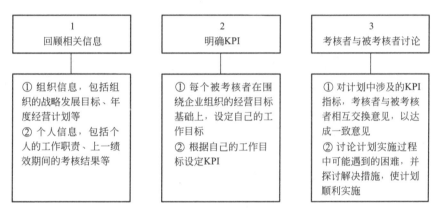

图 1-13 绩效管理计划沟通的步骤

1.4.4 绩效管理计划审核

在绩效管理计划制订后，还应对其内容进行审定和确认。通常情况下，绩效管理计划审核的内容如图 1-14 所示。

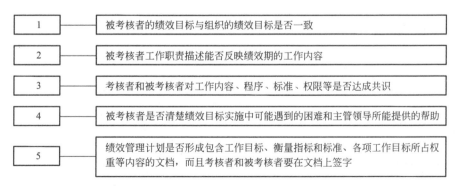

图 1-14 绩效管理计划审核的内容

1.5 绩效管理分析与评估设计

1.5.1 绩效管理分析流程

绩效管理分析主要是对绩效管理目标、绩效管理各个环节、绩效管理环境及资源等进行分析，用以发现问题、揭示问题起因、提出解决方案的过程。绩效管理分析流程具体如图1-15所示。

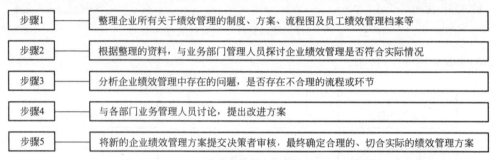

图1-15 绩效管理分析流程

1.5.2 绩效管理分析方法

绩效管理分析，一般采用的方法是系统分析法。系统分析法是把要分析的对象作为一个系统，对系统要素进行综合分析，找出解决问题的可行方案的方法。系统分析法的操作步骤具体如图1-16所示。

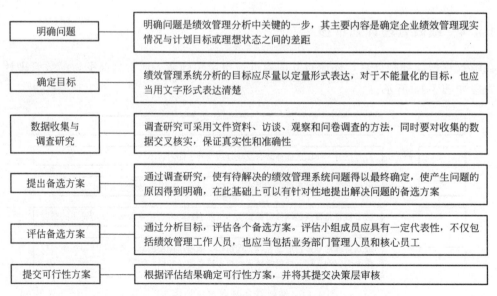

图1-16 系统分析法操作步骤

1.5.3 绩效管理评估流程

绩效管理评估是对绩效管理总体活动的成本及效益的测量，并与组织过去绩效、类似组织绩效、组织目标进行比较。绩效管理评估流程具体如图1-17所示。

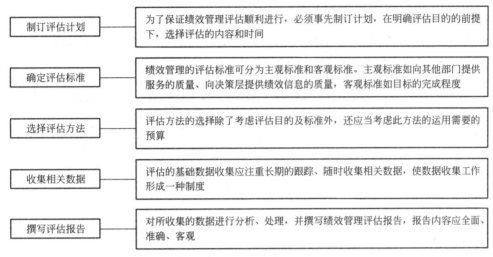

图1-17 绩效管理评估流程

1.5.4 绩效管理评估方法

绩效管理系统的评估，可采用问卷调查法。通过问卷调查可以充分了解企业员工对绩效管理的看法，使绩效管理评估更加客观、公正。问卷调查法的操作步骤具体如图1-18所示。

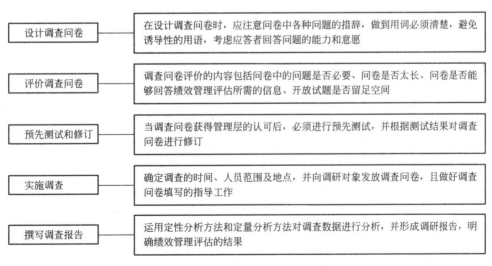

图1-18 问卷调查法操作步骤

1.6 绩效管理制度设计

1.6.1 绩效管理制度设计内容

一个规范、完整的绩效管理制度应包括制度名称、总则/通则、正文/分则、附则与落款、附件这5大部分。绩效管理制度各部分设计内容如表1-5所示。

表1-5 绩效管理制度设计内容

序号	内容名称	内容说明
1	名称拟定	名称格式一般是受约单位/个人(可略)＋绩效管理＋文种,名称要清晰、简洁、醒目
2	总则设计	总则包括制度设计的目的、依据的法律法规及内部制度文件、适用范围、受约对象或其行为界定、重要术语解释、职责描述等
3	正文设计	主要包括受约对象或具体事项的详细约束条目,也可按对人员的行为要求分章分条或按具体事项的流程分章分条
4	附则设计	主要说明制度制定、审批、实施、修订、使用日期,增强真实性和严肃性,也可包括未尽事宜的解释,制定、修订、审批单位或人员,生效条件及日期等
5	附件设计	主要包括制度执行中需要用到的表单、附表、文件、相关制度及相关资料等

1.6.2 绩效管理制度设计方法

常用的绩效管理制度设计方法主要包括专题专议法、解释说明法、依照细分法、问题分析法及导图设计法等。

(1) 专题专议法

① 方法界定。专题专议法是对某个专题的内容进行分解,并把握内容的准确性、规范性和实用性,主要适用于绩效管理内容明确、体系完整的企业,并要求工作人员熟悉本企业的绩效管理内容。

② 方法操作步骤。专题专议法的操作步骤具体如图1-19所示。

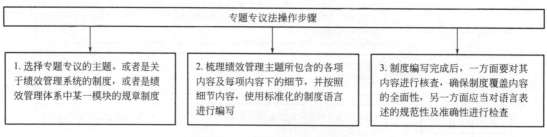

图1-19 专题专议法操作步骤

(2) 解释说明法

① 方法界定。解释说明法指的是用简明扼要的语言把事物的实际情况恰如其分地表达

出来。该种方法通常适用于绩效管理制度的绩效管理实施细则或实施办法的编写。

② 方法操作步骤。解释说明法的操作步骤具体如图1-20所示。

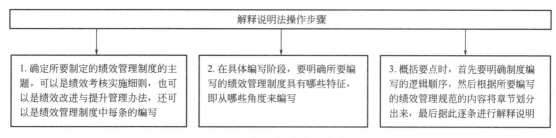

图1-20　解释说明法操作步骤

（3）依照细分法

① 方法界定。依照细分法，是指企业依照已有的制度规范或者相关的法律法规制定绩效管理制度。根据对依照细分法的界定，此种方法通常适用于已经有相关绩效管理制度的企业。

② 方法操作步骤。依照细分法的操作步骤具体如图1-21所示。

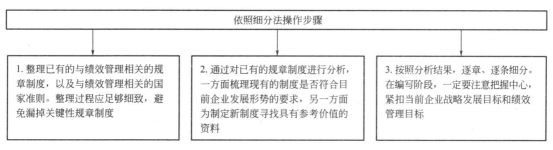

图1-21　依照细分法操作步骤

（4）问题分析法

① 方法界定。问题分析法，是指企业按解决问题的思维过程寻找出问题所在，并确定问题发生原因的系统方法。绩效管理工作人员采用此种方法时应当按照已经发生或即将发生的绩效管理问题、业务问题或者流程问题编写相应的绩效规章制度。

② 方法操作步骤。问题分析法的操作步骤具体如图1-22所示。

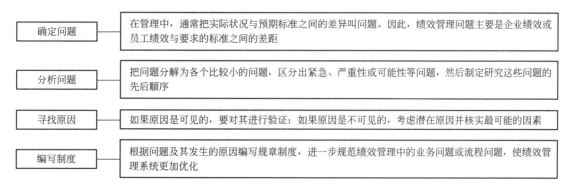

图1-22　问题分析法操作步骤

（5）导图设计法

① 方法界定。导图设计法，是指运用图文并重的技巧，把各级主题的关系用相互隶属与相关的层级图表现出来。因此，导图设计法适用于拥有与绩效管理相关的导图文件或纸面导图的企业。

② 方法操作步骤。导图设计法的操作步骤具体如图1-23所示。

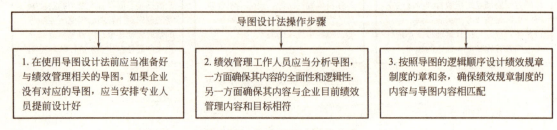

图1-23　导图设计法操作步骤

1.6.3　绩效管理制度设计流程

在设计绩效管理制度时，企业应明确需要解决的问题及所要达到的目的，找到制度的角度定位，并开展内外部调研，明确制度规范化的程度，统一制度格式等。绩效管理制度设计的流程具体如图1-24所示。

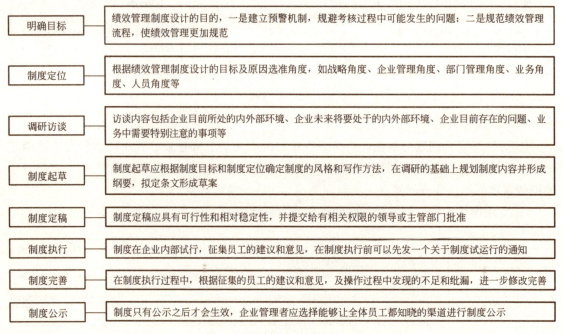

图1-24　绩效管理制度设计流程

1.6.4　绩效管理制度完善方法

绩效管理制度完善可使用PDCA法。它从绩效管理制度的目标、绩效管理制度的实施、绩效管理制度的检查，以及绩效管理制度改进的整个流程促进绩效管理制度的完善。

（1）方法界定

PDCA法中，P（Plan）代表计划，D（Do）代表执行，C（Check）代表检查，A（Act）代表行动。PDCA法，即对总结检查的结果进行处理，成功的经验加以肯定并适当推广、标准化，失败的教训加以总结，未解决的问题放到下一个PDCA循环里。PDCA法的4个过程不是运行一次就结束，而是周而复始地进行，一个循环完了，解决一些问题，未解决的问题进入下一个循环，阶梯式上升。

（2）方法操作步骤

PDCA法在绩效管理制度完善中的运用步骤具体如图1-25所示。

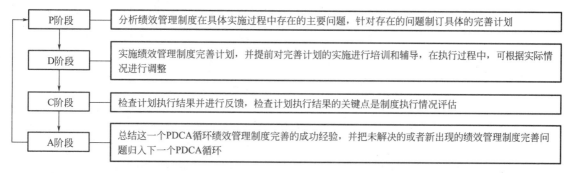

图1-25　PDCA法的运用步骤

1.6.5　绩效管理制度推行措施

为了进一步明确绩效管理制度的效力，使企业全体员工了解和遵守制度，企业必须采取措施在整个组织范围内推行绩效管理制度。绩效管理制度推行的措施具体如图1-26所示。

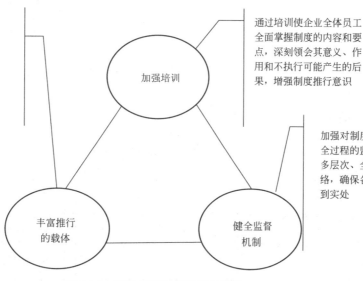

图1-26　绩效管理制度推行的措施

1.7 绩效管理文化设计

1.7.1 绩效文化设计内容

绩效文化是指企业基于长远发展方向和愿景，通过对公司战略、人力资源、财务、团队建设等一系列有效的整合与绩效评价、考核体系的建立与完善，让员工逐步确立起企业所倡导的共同价值观，逐步形成以追求高绩效为核心的优秀企业文化。

绩效文化设计首先要正确理解绩效管理。绩效管理不仅关注结果，也关注达成结果的过程，对绩效的管理应该理解为对达成目标的过程进行管理。此外，绩效文化设计的内容应注重鼓励创新的行为，因为这是企业维持长久竞争力的基础。

1.7.2 绩效文化培养方法

培养企业的绩效文化，应在 4 方面尝试和努力，具体如图 1-27 所示。

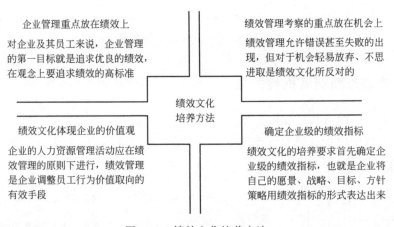

图 1-27　绩效文化培养方法

1.7.3 绩效文化主要障碍

在推行绩效文化时，企业经常会遇到 3 种障碍，具体如图 1-28 所示。

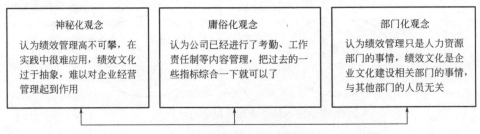

图 1-28　绩效文化主要障碍

1.7.4 绩效文化建设核心

绩效文化主要体现在 3 个方面，即目标、过程及结果。从目标方向上来看，绩效文化主要强调战略意识，促进员工目标与组织目标保持一致。从过程来看，绩效文化主要强调差异意识，促进人尽其能。从结果来看，差异分配才是公平，没有差异是不公平的，强调按绩效分配。

因此，绩效文化建设的核心应集中于强调考评观、效益观与分配观上。这"3 观"的具体内容如图 1-29 所示。

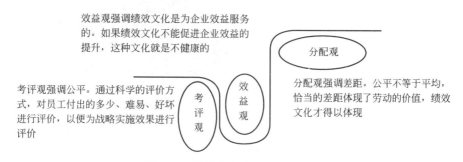

图 1-29 绩效文化建设核心的内容

1.7.5 高效绩效文化标准

高效绩效文化主要有 6 个标准，具体如图 1-30 所示。

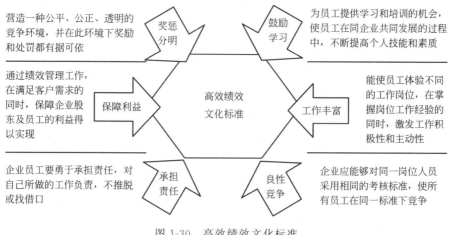

图 1-30 高效绩效文化标准

Chapter 2

绩效考核系统设计

2.1 绩效考核组织设计

2.1.1 绩效考核主体选择

通常情况下，绩效考核主体主要包括被考核者的上级、同事、下属、被考核者本人、外部绩效管理专家以及内、外部客户等。不同的绩效考核主体有其特有的优点和缺点，具体如表 2-1 所示。

表 2-1 不同绩效考核主体的优缺点分析

绩效考核主体	优点	缺点
上级	①熟悉被考核者工作并有机会观察被考核者工作状况 ②能够将被考核者工作与部门及组织目标联系起来	①个人因素会影响考核结果的公正 ②需要花费大量时间和精力
同事	对被考核者的观察和了解比较全面、真实	可能因竞争、责任关系出现虚假结论
下属	①可达到权力制衡的目的，使上级受到有效监督 ②有利于听取被考核者意见，改进工作方式	考核结果可能片面、不客观
被考核者本人	增强被考核者参与积极性，考核结果具有建设性	被考核者容易高估自己，自我宽容
外部绩效管理专家	①无利益冲突，容易做到客观、公正 ②能发挥专家的技术和经验，得出可信的考核结果	需要投入较多时间和精力进行准备
内、外部客户	①能够加强企业与客户的联系 ②能够提高内部个体和团体的服务意识	考核过程及结果不易控制

合格的绩效考核主体，应该了解被考核者的职位性质、工作内容和标准及绩效考核标准，并熟悉被考核者的工作表现等。一般企业对考核主体的要求主要体现在以下 3 个方面。
① 绩效考核主体有足够的时间和机会观察被考核者的工作情况。
② 绩效考核主体有能力把观察结果转化为有效信息。
③ 绩效考核主体有能力提供真实的被考核者评价结果。

2.1.2 绩效考核对象划分

绩效考核对象是由不同类别和层次的企业员工组成的。绩效考核按对象层次分为高层管理、中层监督指导和基层操作 3 层。绩效考核按对象类别划分，应按照员工的工作性质来分类。绩效考核对象层次与类别划分如表 2-2 所示。

表 2-2 绩效考核对象层次与类别划分（示例）

绩效考核对象层次划分	层级	绩效考核对象类别划分		
高层管理	5 级	★ 管理	★ 技术	
中层监督指导	3～4 级	★ 现场管理	★ 现场技术	★ 辅助事务
基层操作	1～2 级	★ 操作	★ 辅助事务	

2.1.3 绩效考核工具技术

绩效考核工具技术有 KPI、BSC、排序法、强制分布法、要素评价法、目标管理法、关键事件法、行为锚定法、对偶比较法、360度绩效考核法、"德能勤绩廉"考核以及绩效考核制度、方案、量表、指标设计等。

2.2 绩效考核指标设计

2.2.1 绩效考核指标种类

从绩效考核指标的性质、结构及侧重点来看,绩效考核指标可分为 3 种类型,即品质特征型考核指标、行为过程型考核指标和工作结果型考核指标。其具体内容如表 2-3 所示。

表 2-3 绩效考核指标类型划分

序号	指标类型		具体内容说明
1	品质特征型考核指标		品质特征型考核指标主要以员工的个性、品质、潜能和兴趣为主,通过对员工过去工作行为所表现出来的个人品质和发展潜能进行考核,主要适用于员工能力考核
2	行为过程型考核指标		行为过程型考核指标侧重于对员工工作过程的考核,包括员工工作中的工作方式和工作行为,主要适用于无法直接产生绩效结果的职位,如辅助性或服务性的职位等
3	工作结果型考核指标	任务完成性指标	直接显示绩效成果的指标,表示工作是否完成。考核结果常用数字或百分比表示,如产量、销售额、增长率、完成率等
		质量指标	绩效成果内在、质的数字化标准,表示工作完成质量,如产品合格率、报废率等
		成本指标	反映实现直接绩效成果的代价,如人工成本、物料成本等
		效率指标	反映员工的工作效率,如货款回收及时率、业务办理及时率等

2.2.2 绩效考核评分标准设计

绩效考核评分标准一般是按照考核项目的评分衡量要素(工作的实效性、品质及数量等)进行设计。例如,工作业绩考核评分标准为各种计划的完成情况,以及未完成工作、计划外工作情况。假设××公司部门负责人及以上人员有关工作业绩的评价标准满分为 60 分,其具体评分标准可以参照图 2-1 所示的内容。

2.2.3 绩效考核指标要素设计

绩效考核指标要素,是指对××职位进行绩效考核时的考核内容,是绩效考核的基本单位。比如对于部门级管理人员,可以通过工作能力、工作态度和部门业绩 3 个方面进行绩效考核,而对于这 3 个方面的考核可以分解为一些要素,具体如图 2-2 所示。

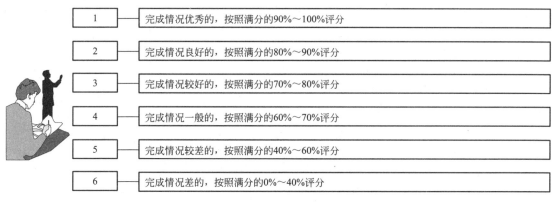

图 2-1　××公司部门负责人及以上人员评分标准（示例）

图 2-2　绩效考核指标要素分类设计示例

2.2.4　绩效考核指标要点设计

绩效考核指标要点设计是绩效考核指标要素设计的延续性工作，是对绩效考核指标要素分解的过程。绩效考核指标要点，是构成绩效考核指标要素的重点内容，其设计是否合理会直接影响绩效考核指标的价值性与可考核性。绩效考核指标要点能否成功设计将会直接影响到绩效考核实施的效果。

通常绩效考核指标要点可以通过榜样分析法、头脑风暴法、结构模块法、培训目标分析法和参照法等进行设计，具体如表 2-3 所示。

2.2.5　绩效考核指标权重设计

绩效考核指标权重是绩效考核指标体系的重要组成部分。绩效考核指标权重设计即通过对各个被考核者的职位性质、工作特点及对经营业务的控制和影响因素的分析，确定每类及每项指标、工作目标设定及其中各项在整个绩效考核指标体系中的重要程度，赋予相应的权重，以达到绩效考核的科学性与合理性。

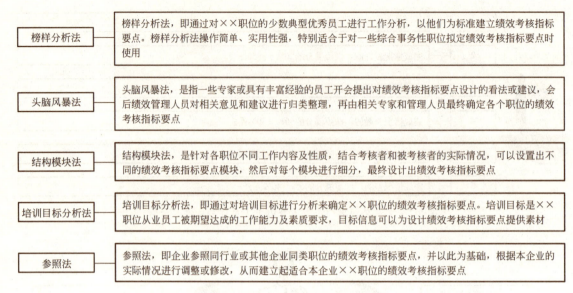

图 2-3 绩效考核指标要点设计方法

2.2.6 绩效考核指标检验设计

为了防止绩效考核指标在设计过程中产生误差，一般在绩效考核指标设计完成后需要对其进行检验。作为绩效考核指标设计前的关键一步，绩效考核指标检验要从横向和纵向两个方面检查指标设计是否维持了统一的标准。

从横向上，需要检查相同单位、职位的绩效考核指标与工作目标设定的选择和权重的分配等标准是否统一。从纵向上，要根据企业战略及业务计划、职位工作职责描述，检查各上级的绩效考核指标是否在下属中得到了合理的承担或进一步分解，以及能否保证企业整体发展战略目标和业务计划的顺利实现。

2.2.7 绩效考核关键指标选择

关键绩效指标（Key Performance Indicator，KPI），是通过对组织内部流程的输入端、输出端的关键参数进行设置、取样、计算、分析，衡量流程绩效的一种目标式量化管理指标，是把企业的战略目标分解为可操作的工作目标的工具，是企业绩效管理的基础。

关于对绩效考核关键指标的选择，不同职位类型的 KPI 选择重点有所不同，包括上山型职位 KPI 选择、平路型职位 KPI 选择和下山型职位 KPI 选择 3 种方法，如表 2-4 所示。

表 2-4 不同职位类型的 KPI 选择方法

方法类型	项目划分	具体内容说明
上山型职位 KPI 选择方法	职位类型说明	上山型职位一般考核指标较少，且存在主流业绩指标，如业务员销售指标、生产工人生产件数指标，这些业绩指标所占权重达到 40% 以上
	KPI 选取顺序	①业绩生产类指标　②能力指标　③职能类指标

续表

方法类型	项目划分	具体内容说明
平路型职位 KPI 选择方法	职位类型说明	平路型职位工作内容较多,权重较为平均,因此绩效考核指标也较多,单个指标权重一般不会超过 30%
	KPI 选取顺序	①职责、职能类指标　②胜任力指标　③工作业绩指标
下山型职位 KPI 选择方法	职位类型说明	下山型职位指标往往存在大指标和小指标,大指标内又包含若干个小指标,分类较细。如研发类职位存在流程性指标,工作存在先后顺序,同时每月工作重点不同,指标及目标值变动较大
	KPI 选取顺序	①胜任力指标　②业绩产出指标　③职能、职责类指标

2.3 绩效考核量表设计

2.3.1 绩效考核量表设计内容

绩效考核量表的设计是企业进行绩效分析、拟定考核要素、设计考核指标并对绩效考核指标进行赋值、加权,最终体现为绩效考核量表的过程。××公司绩效考核量表设计模板如表 2-5 所示。

表 2-5　××公司绩效考核量表设计模板

___部门经理考核量表				考核日期		
被考核人				考核人		
考核维度	考核指标	分值	权重/%	考核周期	考核量化标准	得分
财务管理			f_1			X_1
			f_2			X_2
			f_3			X_3
内部运营管理			...			...
客户管理			...			...
员工学习与发展			f_6			X_n
计算公式	考核得分 = $X_1 f_1 + X_2 f_2 + X_3 f_3 + \cdots + X_n f_n$				考核得分	
被考核人			考核人		复核人	
签字:_____ 日期:_____			签字:_____ 日期:_____		签字:_____ 日期:_____	

2.3.2 绩效考核量表要素

绩效考核量表是对组织部门和部门内员工的工作业绩、工作能力、工作态度或员工个人品德等进行评价和统计的工具。企业在设计绩效考核量表时，尤其要注意确定好绩效考核量表的要素。绩效考核量表的要素设计，需要明确考核维度、考核指标及其权重、分值、量化标准和考核周期等，同时包括考核人签章、被考核人签章、复核人签章及考核日期等内容。

2.3.3 绩效考核指标赋值

绩效考核指标赋值是根据绩效考核项目及考核内容，并结合二者的重要性程度制定出的考核标准分值。企业一定要选择适用的方法对绩效考核指标进行赋值，否则会影响整个绩效考核体系的客观性与公正性。常用的赋值方法有加减赋值法、相对赋值法、二次赋值法及统计赋值法等，如表 2-6 所示。

表 2-6 绩效考核指标赋值方法

序号	赋值方法	具体内容说明
1	加减赋值法	设定一个标准分值，若标准分值为最高分值，实际上对考核指标的赋值只能用"减法"，如果标准分值是及格分值，则根据被考核者与及格指标的差异，超过部分赋值用"加法"，不合格部分赋值用"减法"
2	相对赋值法	根据企业中全体考核对象的实际情况赋值，如对于绩效最高的员工可以给予满分，绩效最低的员工给予最低分，其他员工在此区间进行排序
3	二次赋值法	考核者对绩效考核要素进行两次赋值，但两次赋值范围不同，如第一次赋值为"良好"（6~8分），然后在"良好"中选择"上、中、下"，分别代表 8 分、7 分、6 分
4	统计赋值法	考核者多于一人，不局限于被考核者的直接上级，还可以包括被考核者的主管上级、项目负责人、同事或企业内部服务对象等。其中，不同考核者的考核结果可以占不同权重，最后经过统计得出被考核者的考核成绩

2.3.4 绩效考核加权设计

为了区分各个考核要素或各要素标志之间的不同权重，需要对考核要素及要素标志进行加权处理。绩效考核加权设计，可以有效提高绩效考核指标的准确性，同时也让被考核者了解哪些因素是改进自己绩效的重点。常用的加权方法有排序加权法、倍数加权法和 AHP 加权法，具体内容如图 2-4 所示。

排序加权法	排序加权法，是根据各个绩效考核要素的重要性从大到小进行排序。例如，首先将××职位的5项考核要素排序为：A、D、E、B、C，然后选择对这些要素赋予不同的权数，即A—5、D—4、E—3、B—2、C—1，最后再把这些要素按照100%进行分配
倍数加权法	倍数加权法，是首先选出最次要的考核要素并设置为"1"，然后将其他考核要素的重要性与该考核要素进行比较，得出重要性的倍数，最后进行统一处理。例如，××职位5项考核要素的倍数合计为 2+3+1+5+2=13，则各项考核要素的权重为各自倍数与13的比值
AHP加权法	AHP加权法，也称层次分析加权法。这种方法可以更好地降低加权设计中的不确定因素，但操作较为复杂。首先应建立评估量化等级表，通过比较后再确定，各项考核要素相加之和为1

图 2-4 绩效考核加权设计方法

2.4 绩效考核方法设计

2.4.1 量表法

(1) 方法界定

量表法是最简单、最常用的绩效考核方法之一，量表法是指采用标准化的考核量表对员工进行考核的方法。通常情况下，绩效考核量表可以分为特征导向的量表、行为导向的量表和结果导向的量表三种。

(2) 方法操作步骤

量表法操作简单、迅速，能够使考核者在较短的时间内完成对员工的考核工作。通常情况下，企业运用量表法对员工进行考核需要做好以下3个环节的工作，其具体内容如图2-5所示。

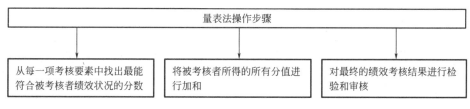

图 2-5 量表法操作步骤

2.4.2 分级法

(1) 方法界定

分级法，也称为排序法，即按照所有被考核者绩效相对的优劣程度，通过比较，确定每人的相对等级或名次。按照分级程序的不同，分级法又可分为5种类型，具体内容如表2-7所示。

表 2-7 分级法类型划分

序号	方法	具体内容说明
1	简单分级法	在全体被考核者中先挑选绩效最出色的一人列于序首，再找出次优的列作第二名，如此排序，直到最差的一人列于序尾
2	交替分级法	以最优和最劣两级作为标准等次，采用比较选优和淘劣的方法，交替对人员某一绩效特征进行选择性排序
3	范例分级法	通常从5个维度考核，即品德、智力、领导能力、对职位的贡献和体格。每一维度又分为优、良、中、次、劣5个等级。就每一维度的每一等级，先选出一名适当的员工作为范例。实施考核时，将每位被考核的员工与这些范例逐一对照，按近似程度评出等级分数。各维度分数的总和，则作为被考核员工的绩效考核结果
4	对偶分级法	将全体员工逐一配对比较，并按逐一配对比较中被评为较优的总次数确定等级名次
5	强制分级法	按事物"两头小，中间大"的正态分布规律，先确定好各等级在总数中所占的比例，然后按照每人绩效的相对优劣程度，强制列入相应等级

(2)方法操作步骤

通常情况下,企业运用分级法对员工进行考核主要包括3个工作环节,如图2-6所示。

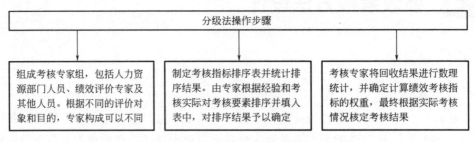

图2-6 分级法操作步骤

2.4.3 行为锚定法

(1)方法界定

行为锚定法,也称为行为锚定等级评价法,是用一些特定关键事件加以说明的行为对员工工作绩效加以定位的绩效评价方法。行为锚定法为每一个绩效考核指标都设计出一个等级评价表,其中每一等级的绩效均通过对工作中某一关键事件的客观描述性说明词来加以界定。

(2)方法操作步骤

行为锚定法主要包括考核要素选择、关键事件获取、关键事件排序和关键事件评定4个操作步骤,具体如图2-7所示。

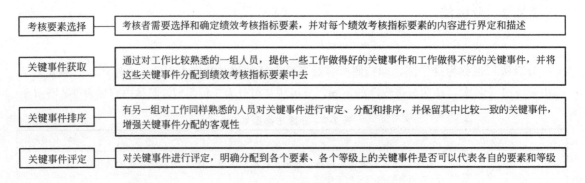

图2-7 行为锚定法操作步骤

2.4.4 目标管理法

(1)方法界定

目标管理法是由员工与考核者共同协商制定个人目标并进行控制的双向互动的过程。个人目标制定的依据是企业的战略目标及相应的部门目标,从而使员工个人努力目标与组织目标保持一致。该方法用可观察、可测量的工作结果作为衡量员工工作绩效的标准,减少了管理者将精力放到与组织目标无关的工作上的可能性。

制定目标时,应注意把目标的具体性和客观性相结合,短期目标与长期目标相结合,并做到目标的数量适中、可量化、可测量,以及确认目标的同时,也制定达到目标的详细步骤和时间框架。

(2) 方法操作步骤

目标管理法的操作是一个循环系统,其具体操作步骤主要包括确定目标、分解目标和制定绩效标准、评价和调整目标3个方面,具体如图2-8所示。

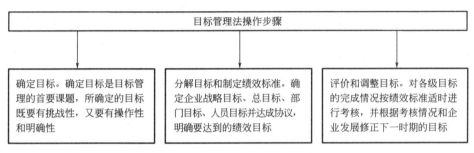

图 2-8　目标管理法操作步骤

2.4.5　平衡计分卡

(1) 方法界定

平衡计分卡(The Balanced Scorecard,BSC),是由哈佛商学院罗伯特·卡普兰和戴维·诺顿于1992年发明的一种绩效考核工具。平衡计分卡把企业绩效的评价划分为财务管理、内部运营管理、客户管理以及员工学习与发展4个方面,它不仅是一个指标评价系统,也是一个战略管理系统。对平衡计分卡4个方面的具体说明如表2-8所示。

表 2-8　平衡计分卡的 4 方面

BSC 4 方面	目标	指标
财务管理	解决"股东如何看待我们"这类问题。明确个体工作是否对企业的经济收益产生积极的作用	销售额、利润额、资产利用率等
内部运营管理	解决"我们擅长什么"这类问题。了解企业内部效率,关注导致企业整体绩效更好的程序、决策和行动,并特别关注对顾客满意度有重要影响的企业内部过程	生产率、生产周期、成本、合格品率、新品开发速度、出勤率等
客户管理	解决"客户如何看待我们"这类问题。从时间、质量、服务和成本几个方面,关注市场份额以及客户的需求和满意程度	送货准时率、客户满意度、产品退货率、合同取消数等
员工学习与发展	解决"我们是在进步吗"这类问题。在当前市场环境下,企业保持和发展竞争优势,需要不断地创新、改进和变化	涉及雇员问题、知识资产、市场创新和技能发展等

(2) 方法操作步骤

企业可以根据自身实际情况来设计和实施平衡计分卡,具体操作步骤如图2-9所示。

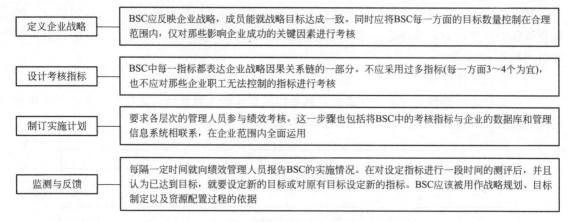

图 2-9 平衡计分卡操作步骤

2.4.6 关键绩效指标法

（1）方法界定

关键绩效指标法，简称为 KPI 考核法，它是通过对工作绩效特征的分析，提炼出最能代表绩效的若干关键指标，并以此为评价基础进行绩效考核的一种模式。常见的关键绩效指标主要有三种类型，具体如表 2-9 所示。

表 2-9 关键绩效指标常见类型

类型	界定	考核目的	示例
效益类	实现公司价值增长的重要运营结果与控制变量	衡量创造股东价值的能力	投资资本回报率、自由现金流、利润总额等
运营类	体现公司价值创造的直接财务指标	衡量通过各种运营活动推动整体战略目标完成的能力	部门管理费用率、市场份额、平均毛利率、投资收益、产量计划完成率、新产品推出平均周期等
组织类	实现积极健康的工作环境与公司文化的人员管理指标	衡量建立企业价值观与人员组织竞争力的能力	员工人均创利水平、员工满意度、培训覆盖率等

（2）方法操作步骤

企业实施关键绩效指标（KPI）法在于流程性、计划性和系统性，具体操作步骤如图 2-10 所示。

2.4.7 360 度绩效考核法

（1）方法界定

360 度绩效考核法，又称为全方位绩效考核法，是指从与被考核者发生工作关系的多方位主体获得被考核者的信息，并以此对被考核者进行全方位、多维度绩效考核的过程。360 度绩效考核方式主要可以分为上级考核、同级考核、下级考核、自我考核以及客户或供应商考核等。

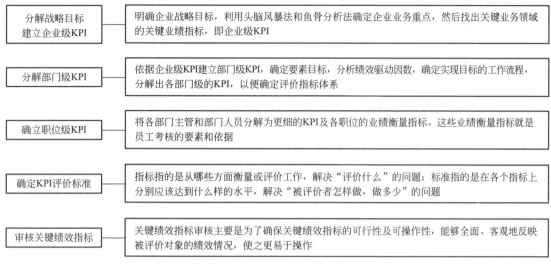

图 2-10 关键绩效指标（KPI）法操作步骤

（2）方法操作步骤

360 度绩效考核法的实施包括准备阶段、评估阶段、反馈和辅导阶段，如图 2-11 所示。

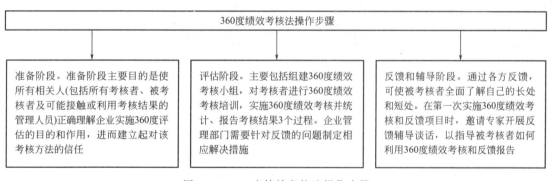

图 2-11 360 度绩效考核法操作步骤

2.5 绩效考核培训设计

2.5.1 绩效考核主体培训

绩效考核主体培训，即指企业在开展绩效考核工作之前，对参与绩效考核管理的工作人员进行考核相关知识与内容的培训。一般参与培训的绩效考核主体主要包括现场管理人员、中层管理人员、人力资源管理人员和企业高层领导干部等。

具体的绩效考核主体培训内容，主要包括绩效考核纪律培训、道德修养培训、绩效考核基础知识培训、绩效考核业务技能培训等。

2.5.2 绩效考核对象培训

企业绩效考核对象的培训，主要是以与绩效考核工作相关纪律、道德以及配合性业务为主要培训内容。绩效考核对象有时可能身兼考核者与被考核者双重角色，通常情况下，企业应该对直线经理进行专门培训，然后再由直线经理对下属员工进行培训。

在绩效考核对象培训之前，应该确定好参与培训的人数、时机和时间，以免组织浪费人力、物力和时间成本，或者不能使培训活动发挥最大效果。

2.5.3 绩效考核培训流程

绩效考核培训，其设计应该具有针对性，并就培训的对象、时间、内容、方法及相关组织工作作出正确的分析和确定。绩效考核培训主要按照以下流程展开实施，如图 2-12 所示。

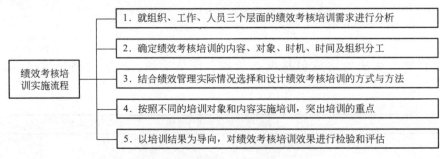

图 2-12 绩效考核培训实施流程

2.5.4 绩效考核培训方法

常见的绩效考核培训方法有讲授法、案例分析法、角色扮演法、行为模仿法以及视听培训法等，具体内容如表 2-10 所示。

表 2-10 绩效考核培训方法

序号	方法名称	绩效考核培训方法简要说明
1	讲授法	讲授法是一种由培训讲师向受训者讲授知识的传统培训方法
2	案例分析法	案例分析法是针对预设的绩效考核案例，使用企业的考核基准、考核制度和考核量表加以评定，然后将评定结果与其他评定结果相比较，用以调整对考核基准或考核项目内容的差距，从而提升受训者的考核技能水平
3	角色扮演法	角色扮演法是在设计一个接近有关绩效考核真实情况的场景中或情景下，指定受训者扮演特定的角色，借助角色的演练来体验该角色，从而提高受训者解决有关该类绩效考核管理问题的能力
4	行为模仿法	行为模仿法是通过受训者观摩行为标准样例或录像等，进行实操培训的方法
5	视听培训法	视听培训法是利用幻灯、电影、录像、录音等视听材料进行绩效考核培训，这些视听工具或材料可以调动培训对象的视觉和听觉，促进学习效果

2.6 绩效考核实施设计

2.6.1 绩效考核工作筹备

绩效考核是绩效管理的关键环节，其成功与否直接影响到整个绩效管理过程的有效性。这要求企业在实施绩效考核前要做好充分的筹备工作，包括绩效考核宣传、考核主体选择、考核对象确定以及明确绩效考核重点等内容。

2.6.2 绩效考核周期制定

关于绩效考核周期制定，可以根据企业绩效管理组织活动、绩效考核对象具体情况以及绩效考核目的，尤其是按照绩效考核内容来确定。以下是对企业按照绩效考核内容确定绩效考核周期的简要说明，如表 2-11 所示。

表 2-11　按绩效考核内容确定考核周期

序号	绩效考核内容	内容特点	考核周期
1	工作任务	以月度或项目阶段为变化周期的,需要经常性的考核	月度或按项目阶段
2	操作规范执行	违反规范事件会随时发生、随时变化	按事件发生时间
3	工作行为表现	变化周期较短,需要经常性的考核	月度
4	综合绩效指标	变化和实现周期较长,需要在较长时间里考核	季度或年度
5	个人品质及核心能力	变化周期长,需要在很长时间里考核	年度

2.6.3 绩效考核时间安排

绩效考核时间安排，即对绩效考核执行时间和绩效考核周期进行编制和设计。企业应该依据绩效考核的进程、工作量的大小和重要性进行考核执行时间与绩效考核周期设计，并选择在每一个工作任务循环周期完成之后才开始正式执行绩效考核。在实际操作中，企业一般会设计"绩效考核时间安排表"开展绩效考核活动。

绩效考核可以分为定期考核和不定期考核两种形式。定期考核可为月度、季度、半年度、年度的考核，如每年两次分配奖金的企业，其考核周期一般控制在 6 个月，即分别在年中和年终进行。不定期考核则是企业针对特殊的职位或考核项目设定的，企业可以作为定期考核的依据。

2.6.4 绩效考核信息收集

通常情况下，绩效考核管理人员可以通过亲自观察、工作记录或他人反馈的方式收集绩效考核相关信息。绩效考核信息主要包括被考核者的工作数量、质量记录、考勤记录、奖惩记录、日常行为记录，服务对象的意见反馈信息以及其他员工的反馈信息等。

2.6.5 绩效考核评分设计

企业在绩效考核评分设计过程中,首先应选择适合的评分人员,如被考核者的直接上级、人力资源经理、绩效考核专员或外部绩效专家等。然后,需要设计绩效考核评分标准,最后企业会设计出适合企业实际的绩效考核项目的考核量表,如表2-5"××公司绩效考核量表设计模板"。同时,企业也可以采用分值区间和人员等级比例相结合的方法来进行绩效考核评分设计,具体如表2-12所示。

表2-12 绩效考核评分设计(示例)

绩效等级	评分区间	人员比例
A级	100%(含)以上	不超过10%
B级	90%(含)~100%	30%左右
C级	70%(含)~90%	35%左右
D级	60%(含)~70%	15%左右
E级	60%以下	10%左右

2.6.6 绩效考核工作控制

绩效考核控制,是指企业通过考核评价的形式规范企业各级管理者及员工的经济目标和经济行为。绩效考核控制主要包括3个过程,具体如图2-13所示。

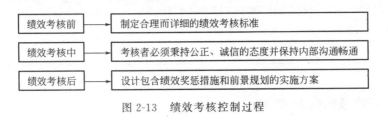

图2-13 绩效考核控制过程

2.6.7 绩效考核工作评定

在一项绩效考核工作实施完成后,企业应该组织对考核的及时性、公正性和差错率等进行评价,具体可参考表2-13绩效考核工作评定表。

表2-13 绩效考核工作评定表

评定要素	评分说明 A	评分说明 B	评分说明 C	权重	得分
及时性	比规定时间提前__天以上完成绩效考核工作	在规定时间内完成绩效考核工作	比规定时间延迟__天完成绩效考核工作	20%	
公正性	没有对考核结果公正性投诉	存在投诉情况,但最终裁决维持原考核结果	存在__例投诉情况,在最终裁决时修改了__项考核结果	35%	
准确性	考核工作无任何差错	考核差错未超过__个	考核差错超过__个,且造成恶劣影响	45%	
合计				100%	

2.7 绩效考核反馈设计

2.7.1 绩效考核面谈准备

为了更加有效地促进绩效考核面谈，企业必须做好面谈准备工作，主要包括拟定面谈计划、准备面谈资料和营造面谈环境三个方面。具体的绩效考核面谈准备内容如图 2-14 所示。

图 2-14　绩效考核面谈准备内容

2.7.2 绩效考核沟通方法

绩效考核沟通方法可分为正式沟通和非正式沟通两类方法。正式沟通如定期安排的绩效考核书面报告、面谈或有直线管理人员参加的定期的团体会议等。非正式沟通是通过企业内的各种关系，表现为非正式的会议、闲聊、走动式交谈或休闲时间进行的交谈等。在实际沟通过程中，管理者可以运用以下两种法则来进行，具体如图 2-15 所示。

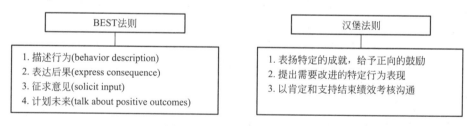

图 2-15　绩效考核沟通法则

2.7.3 绩效考核问题处理

企业通过绩效沟通和反馈，可能会发现绩效考核工作存在诸多方面的问题。企业为规避或处理这些问题应该制定绩效考核问题的解决办法，主要包括 6 方面内容，如表 2-14 所示。

2.7.4 绩效考核有效措施

在企业执行绩效考核工作的过程中，应该建立起有效的绩效考核执行措施。绩效考核措

表 2-14　绩效考核问题处理的 6 个方面

序号	项目	具体内容说明
1	绩效考核制度诊断处理	如现行的绩效考核制度中哪些条款遇到障碍难以贯彻，条款内容存在哪些不科学、不合理及不现实的地方需要修改和调整
2	绩效考核体系诊断处理	如绩效考核体系运行问题、各个子系统之间健全程度如何及相互配合的情况如何等，企业需要完善和健全绩效考核体系
3	绩效考核指标、标准诊断处理	如绩效考核指标与考核标准体系是否全面、合理和可行，有哪些指标和标准需要修改和调整等
4	考核者全过程诊断处理	如考核者在绩效考核实施过程中出现的问题，以及其职业素质、管理素质和专业技能有哪些不足，考核者应该全面提升个人素质，并控制绩效考核过程
5	被考核者全过程诊断处理	如被考核者参与绩效考核过程持何种态度，其职业品质和素养应该有哪些方面需要提高等
6	企业组织诊断处理	如组织目标设置不科学、工作流程不合理、组织领导不得力、规章制度不健全等，企业需要健全管理和提高科学发展水平，明确改进计划

施主要包括 6 个方面，即健全绩效考核制度、明确绩效考核目标、建立科学的考核方案、制定合理的考核方法、强化考核过程监控和充分利用考核结果。除此之外，企业还应重视考核者绩效管理能力的开发、重视被考核者的绩效开发、绩效管理的系统开发以及企业组织的绩效开发等。

2.7.5　绩效考核反馈总结

绩效考核反馈总结，即汇总绩效考核各方面的反馈意见，在反复论证基础上对企业绩效考核体系、管理制度、绩效考核指标与标准、绩效考核工具以及考核者和被考核者等相关内容，绩效管理者应撰写绩效考核反馈总结报告，并提出绩效考核管理具体的调整方案和修改计划。

绩效考核反馈的直接目的是把绩效考核结果以及该结果被使用的情况告知员工，有助于增强绩效考核的透明性和公开性，有利于激励被考核者，最终完成既定的考核目的。

2.8　绩效考核应用设计

2.8.1　绩效考核结果申诉

在实施绩效考核时，可能会出现员工对考核结果不满或存有异议的情况，企业可以设置绩效考核结果申诉程序，以保证员工正当利益和绩效考核的公正性。绩效考核结果申诉程序包括申诉人撰写申诉报告、企业成立工作述职评审小组并召开工作述职评审会议，最终评定绩效考核结果。

2.8.2 绩效考核结果分析

绩效考核结果即数据分析,可以体现在绩效考核结果分析报告中。绩效考核结果分析主要从以下两个角度来考虑,一是从绩效考核整体参与情况和整体数据检验绩效考核结果的信度与效度;二是分别从参与人员的职位类别、部门机构与绩效等级挂钩的程度来分析绩效成绩的两极表现,发掘绩效考核结果形成的原因,并提供人力资源专业的绩效考核改进建议。

2.8.3 绩效考核结果薪酬设计

一般情况下,绩效考核结果在应用上主要有两个方面能够对薪酬设计产生影响,即绩效工资和职位晋升。薪酬大致可分为三部分,包括基本工资、绩效工资和奖金,绩效考核结果主要影响的是绩效工资的设定。同时,绩效考核结果如应用在员工晋升上,那么晋升员工的职位工资应该会随职位晋升而增长。

2.8.4 绩效考核结果职位设计

绩效考核结果对于职位设计的影响,主要表现为被考核者职位的晋升与降级。企业应该制定详细的职位晋级和降级标准,并结合具体的绩效考核结果运用管理办法将绩效考核结果与职位设计结合起来,以使绩效考核结果职位设计更加规范和有效。

2.8.5 绩效考核结果改进设计

绩效考核结果改进设计,是指企业确认员工工作绩效的不足和差距,制定并实施有针对性的改进计划和策略,不断提高竞争优势的过程。企业可以在绩效辅导过程中,有效实施绩效考核改进计划,尽可能为员工的绩效考核改进提供知识、技能等方面的帮助。

在实际工作中,企业可以通过以下措施促成绩效考核结果改进,具体内容如表 2-15 所示。

表 2-15 绩效考核结果改进措施

序号	改进措施	具体内容说明
1	工作绩效差距分析	①将员工实际工作表现与绩效目标对比,寻求工作绩效的差距和不足 ②将员工实际业绩与上期工作业绩比较,衡量和比较其进步或差距 ③在各部门或单位间,各员工间进行横向比较
2	绩效改进计划设计	绩效改进计划是管理者与员工充分讨论后,由员工自己制订的,主要包括绩效发展项目、改进原因、预期水平、改进方式、目标期限等内容
3	绩效考核结果改进培训	广泛开展绩效改进相关的培训工作,将培训重点放在企业各级主管人员之上
4	绩效管理制度保障	通过公布绩效考核管理制度,明确与绩效考核及绩效改进相关的奖惩管理措施,以从制度上为绩效考核结果改进的顺利实施提供保障

2.9 绩效考核业务设计

2.9.1 部门业务绩效考核

企业可以根据自身经营和管理的实际情况设置不同的业务部门，不同部门的核心职能是不同的，绩效考核设计也应根据不同部门的性质及主营制定合适的绩效考核标准、关键指标体系及绩效考核实施方案。常见的企业部门业务绩效考核体系构成如图 2-16 所示。

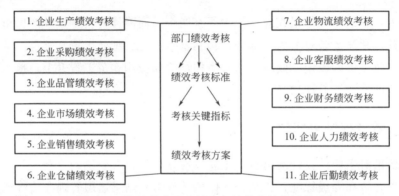

图 2-16　常见的企业部门业务绩效考核体系构成

2.9.2 企业高管绩效考核

企业高管绩效考核，是指定期对企业各级管理干部进行考核。企业需要设计出高质量的高管考核指标体系、客观公正地获取考核信息、控制和消除人为考核误差，并建立起以本人述职、自我评议为参考，以民主评议为基础，以考核小组为核心的高管绩效考核机制。

企业高管的绩效考核结构主要包括基本素质和领导能力两个方面，其具体考核要素如图 2-17 所示。

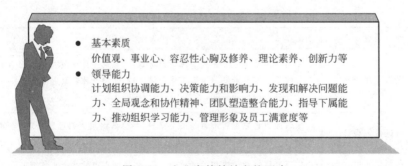

图 2-17　企业高管绩效考核要素

Chapter 3

第 3 章

中小企业生产绩效考核

3.1 生产部门绩效考核

3.1.1 生产部门绩效考核标准

(1) 生产部门职能等级标准

生产部门职能等级标准如表 3-1 所示。

表 3-1 生产部门职能等级标准

职能等级	知识		技能	
	基本知识	专业知识	技术	能力
5级	掌握生产安全相关法律知识,熟悉企业生产安全规范	①熟悉生产管理流程、生产设备知识 ②熟悉生产原材料成本相关知识	能熟练运用生产运营与管理相关技巧及方法	①具备很强的战略管理能力、目标管理能力和卓越的决策能力 ②具备系统的团队建设能力、激励能力、授权能力、督导能力和教练能力
4级	基本掌握生产安全相关法律知识,了解生产领域先进的管理理念与方法	①熟悉生产流程管理,掌握生产计划与调度知识 ②熟悉生产成本控制方法	掌握生产计划和生产运营相关技巧及方法	①具有很强的计划管理能力、逻辑分析能力和组织协调能力 ②具备优秀的应变能力、问题分析与解决能力、团队领导能力以及良好的信息收集与管理能力
3级	熟悉企业生产管理制度及法规,了解生产质量管理规范	①掌握生产管理及质量管理专业知识 ②了解车间设备保养、安全生产知识	掌握生产调度以及设备管理技巧及方法	①具备良好的组织、计划、执行、统筹、沟通协调能力 ②具备较强的督导能力和教练能力,能够督导和指导下属有效完成任务
2级	熟悉生产作业相关法律法规、安全生产作业规范和公司制度	①掌握生产管理、机械制造专业知识 ②熟悉生产线管理专业知识	熟悉各种生产设备使用、维护的技巧及方法	①具备良好的计划管理能力、应变能力、问题发现与解决能力及协调能力 ②具备较强的安全生产管理与机器设备安全操作能力
1级	了解公司相关生产制度及安全生产作业规范	熟悉机械制造专业知识和生产统计管理业务知识	掌握各种生产设备安全操作规程	具备一定的人际交往能力、沟通能力以及组织协调能力

(2) 生产部门职位等级标准

生产部门职位等级标准如表 3-2 所示。

表 3-2 生产部门职位等级标准

等级	职位等级		工作内容
5级	高级管理工作	生产经理	①制订及监督执行年度生产计划 ②编制生产成本控制计划和成本控制制度 ③组建生产部工作团队,开展部门员工培训工作

续表

等级	职位等级	工作内容
4～3级	中级管理工作	生产主管 ①协助生产经理制订年度生产计划,并有效执行生产计划 ②制定生产订单处理规定和规范 ③生产部门产能符合分析,并制定分析报告 ④生产质量控制与管理,制定品管程序与规定 ⑤编制加班计划、生产目标 ⑥设计生产计划档案编写与保管规定 ⑦下属人员管理
		车间主任 ①编制车间生产任务完成计划 ②降低生产成本,提高产品质量 ③编制安全生产作业规范 ④车间生产设备维护与保养的检查
		车间班组长 ①及时编制生产班组任务完成计划 ②监督班组产品生产过程 ③安全生产检查与规范,严格控制安全操作规程
2～1级	初级管理工作	生产领料员 ①承担车间生产领料工作 ②负责成品移、转、接的报检交接,保障车间用料和成品按期报检 ③编制车间领料及成品报检报告
		生产统计员 ①负责车间人员、物料、工时、生产订单的录入与统计工作 ②车间生产产量、成本、耗损等分析报表的制作
		生产跟单员 ①验签订单,进行生产量及加工费的计算和报价 ②负责排单给生产车间 ③对生产进度进行跟进,及时评估生产及品质情况
		生产工人 ①执行车间班组生产任务 ②生产设备维护与保养,工位清洁

(3) 生产部门绩效考核标准

生产部门绩效考核标准如表 3-3 所示。

表 3-3 生产部门绩效考核标准

考核项目	绩效考核标准	考核等级
工作质量	所生产产品全部达到并超过一级品检验标准 110% 以上	A
	所生产产品全部达到并超过一级品检验标准 105% 以上	B
	所生产产品基本达到一级品检验标准 98%～100%	C
	所生产产品能够接近一级品检验标准 90%～97%	D
	所生产产品全部达到一级品检验标准 90% 以下	E
工作效率	生产效率很高,工时利用率 95% 以上	A
	生产效率较高,工时利用率 90% 以上	B
	生产效率正常,工时利用率 80% 以上	C

续表

考核项目	绩效考核标准	考核等级
工作效率	生产效率不高,工时利用率70%以上	D
	生产效率很低,工时利用率60%以上	E
工作数量	年度生产总量同比增长超过80%以上	A
	年度生产总量同比增长达到70%~80%	B
	年度生产总量同比增长达到60%~69%	C
	年度生产总量同比增长达到40%~59%	D
	年度生产总量同比增长不到40%	E
工作能力	具有极强的工作能力,总能将生产任务保质保量提前完成	A
	具有良好的工作能力,总能将生产任务保质保量按时完成	B
	具有较强的工作能力,生产任务基本能保质保量按时完成	C
	工作能力一般,生产任务基本可以保质保量完成	D
	有较差的工作能力,需要在一定的指导下方可完成生产任务	E
工作态度	工作态度非常好,执行生产任务总能积极主动、认真完成	A
	工作态度比较好,执行生产任务基本能积极主动、认真完成	B
	工作态度比较好,执行生产任务基本能认真完成,但缺乏主动性	C
	工作态度一般,执行生产任务基本能认真完成	D
	工作态度一般,执行生产任务需要领导的催促和监督才能完成工作	E

3.1.2 生产部门考核关键指标

生产部门考核关键指标如表3-4所示。

表3-4 生产部门考核关键指标

考核维度	KPI名称	指标定义或计算公式	考核周期	信息来源
财务管理	生产成本降低率	$\frac{上期生产成本-本期生产成本}{上期生产成本} \times 100\%$	月/季/年度	生产预算报表
	部门管理费用节约率	$\frac{上期管理费用-本期管理费用}{上期管理费用} \times 100\%$	月/季/年度	费用支出记录
内部运营管理	生产计划完成率	$\frac{实际生产量}{计划生产量} \times 100\%$	季/年度	生产计划书
	按期交货率	$\frac{按期交货批次}{交货总批次} \times 100\%$	月/季度	生产计划书
	产能利用率	$\frac{实际产能}{设计产能} \times 100\%$	季/年度	生产执行记录
	产品质量合格率	$\frac{合格产品数量}{总产品数量} \times 100\%$	月/季/年度	质检记录
	重大质量事故发生次数	考核期内重大生产产品质量事故出现的次数	年度	质检记录

续表

考核项目	KPI名称	指标定义或计算公式	考核周期	信息来源
内部运营管理	生产设备完好率	$\dfrac{\text{生产设备完好台数}}{\text{生产设备总台数}} \times 100\%$	月/季/年度	设备保养记录
	重大安全事故发生次数	考核期内重大生产安全事故出现的次数	年度	安检记录表
客户管理	外部客户满意度	外部客户对生产产品各方面满意度评分的算术平均值	月/年度	满意度调查表
	内部协作部门满意度	内部各业务部门对生产部的协作、配合程度满意度评分的算术平均值	月/年度	满意度调查表
	质量问题投诉次数	考核期内生产产品被投诉有质量问题出现的次数	月/年度	客服登记信息记录
员工学习与发展	部门员工任职资格达标率	$\dfrac{\text{当期任职资格考核达标员工数}}{\text{当期员工总数}} \times 100\%$	月/季/年度	员工考核成绩记录

3.1.3 生产部门绩效考核方案

下面是某企业生产部门绩效考核方案。

生产部门绩效考核方案

编号：　　　　编制部门：　　　　审批人员：　　　　审批日期：　年　月　日

一、绩效考核目的
（一）为加强生产部门的建设，提高生产部门人员的素质，全面评价生产部门人员的工作绩效，保证企业经营目标的实现。
（二）为企业评选内部优秀部门及生产部门人员的薪资调整、教育培训、晋升等提供准确、客观的依据。
二、绩效考核原则
生产部门绩效考核要遵循公平公开、定期化与制度化、沟通与反馈的相关原则来执行。
（一）公平公开原则。
1. 绩效考核标准、考核程序和考核责任都应当有明确的规定且对企业内部全体员工公开。
2. 绩效考核一定要建立在客观事实的基础上进行评价，尽量避免掺入主观性和感情色彩。
3. 企业生产部门所有人员都要接受考核，同一职位的考核执行相同的标准。
（二）定期化与制度化。
1. 绩效考核制度作为人力资源管理的一项重要制度，企业所有员工都要遵守执行。
2. 生产部门人员绩效考核分为月考核、半年考核和年度考核三种。
（三）沟通与反馈。
1. 在生产部门人员绩效考核评价结束后，人力资源部或生产部门相关领导应及时与被考核者进行沟通，将绩效考核结果告知被考核者。
2. 在反馈绩效考核结果的同时，应当向被考评者就评语进行说明解释，肯定成绩和进步，说明不足之处，提出今后努力方向的参考意见，并认真听取被考核者的意见或建议，共同制订下一阶段的工作绩效改进计划。
三、组建绩效考核小组
（一）人力资源部负责组织绩效考核的组织工作。
（二）绩效考核小组的主要成员应该包括总经理、董事会、人力资源部、生产部经理、销售部经理及其他绩效考核专员等。
（三）绩效考核权责划分。
1. 公司人力资源部负责拟定生产部门绩效考核办法。

续表

2. 公司董事会或总经理负责年度生产目标的分解。
3. 公司董事会负责生产部门绩效考核结果的审核。
4. 生产部经理、销售经理及其他绩效考核专员负责协助人力资源部对生产部门的绩效考核工作。

四、绩效考核周期
生产部门人员的绩效考核,需要在绩效考核小组的直接领导下进行。
(一)月度考核的时间一般是下一个月的1～10日进行。
(二)半年考核的时间一般是在____月份1～10日进行。
(三)年度考核时间为次年____月份的5～20日进行。

五、绩效考核对象
生产部门的绩效考核针对人员主要包括生产经理、生产主管、车间主任、车间班组长、生产领料员、生产统计员、生产跟单员和生产工人。

六、绩效考核内容及形式
(一)绩效考核内容。
生产部门的绩效考核主要从部门财务管理、内部运营管理、客户管理和员工学习与发展4个维度进行考核。
(二)绩效考核形式。
1. 生产部门绩效考核形式。
生产部门绩效考核具体形式如生产部门绩效合约表所示。

生产部门绩效合约表

受约部门		发约人1	姓名	
部门编号			职位	
合约有效期			签字	
受约部门负责人签字		发约人2	姓名	
负责人职位			职位	
受约日期			签字	

考核维度	权重	考核指标	权重细分	目标值	挑战值	差异率	考核分
财务管理	20%	生产费用预达成率	15%				
		部门管理费用降低率	5%				
内部运营管理	50%	生产计划完成率	15%				
		按期交货率	5%				
		产能利用率	5%				
		产品质量合格率	10%				
		重大质量事故发生次数	5%				
		生产设备完好率	5%				
		重大安全事故发生次数	5%				
客户管理	20%	外部客户满意度	10%				
		内部协作部门满意度	5%				
		质量问题投诉次数	5%				
员工学习与发展	10%	部门员工任职资格达标率	10%				

续表

关键事项	1.发生重大安全事故扣____分;2.发生重大质量事故扣____分; 3.发生重大生产贻误事故扣____分			
综合计分	目标值		差异分析	
	实际值			
	差异			
考核小组			董事会	

2.生产部门职位绩效考核形式。

生产部门职位绩效考核具体形式如生产部门_____职位绩效合约表所示。

_____职位绩效合约表

生产部门_____职位绩效合约表					考核日期		
被考核人					考核人		
考核维度	考核指标	分值	权重	计量单位	考核量化标准		得分
财务管理							X_1
							X_2
内部运营管理							X_3
							X_4
							X_5
客户管理							X_6
							X_7
							…
员工学习与发展							X_n
计算公式	考核得分=$X_1 \times$ ___%+$X_2 \times$ ___%+$X_3 \times$ ___%+…+$X_n \times$ ___%					考核得分	
被考核人			考核人			复核人	
签字:_____ 日期:_____			签字:_____ 日期:_____			签字:_____ 日期:_____	

(1)生产经理职位绩效合约表。

生产经理绩效合约表

生产经理考核量表					考核日期	
被考核人					考核人	
考核维度	考核指标	分值	权重	计量单位	考核量化标准	得分
财务管理	生产费用预算达成率	10	10%	百分率(%)	考核期内,生产费用预算达成率达到__%,每降低__%,扣__分	X_1
	部门管理费用节约率	5	5%	百分率(%)	考核期内,部门管理费用节约率达到__%,每降低__%,扣__分	X_2

续表

考核维度	考核指标	分值	权重	计量单位	考核量化标准	得分
内部运营管理	产值	10	10%	数量	考核期内，生产部门产值达到__万元，每降低__万元，扣__分	X_3
	生产计划完成率	10	10%	百分率（%）	考核期内，生产计划完成率达到__%，每降低__%，扣__分	X_4
	按期交货率	5	5%	百分率（%）	考核期内，按期交货率达到__%，每降低__%，扣__分	X_5
	生产效率提高率	5	5%	百分率（%）	考核期内，生产效率提高率达到__%，每降低__%，扣__分	X_6
	产品质量合格率	10	10%	百分率（%）	考核期内，产品质量合格率达到__%，每降低__%，扣__分	X_7
	废品率	5	5%	百分率（%）	考核期内，废品率低于__%，每超出__%，扣__分	X_8
	重大质量事故发生次数	5	5%	频次	考核期内，重大质量事故发生次数低于__次，每超出__次，扣__分	X_9
	重大安全事故发生次数	5	5%	频次	考核期内，重大安全事故发生次数低于__次，每超出__次，扣__分	X_{10}
	生产设备完好率	5	5%	百分率（%）	考核期内，生产设备完好率低于__%，每超出__%，扣__分	X_{11}
	生产设备利用率	5	5%	百分率（%）	考核期内，生产设备利用率低于__%，每超出__%，扣__分	X_{12}
客户管理	内部客户满意度	5	5%	分	考核期内，内部协作部门满意度评价达到__%，每降低__%，扣__分	X_{13}
	外部客户满意度	5	5%	分	考核期内，外部客户满意度评价达到__%，每降低__%，扣__分	X_{14}
员工学习与发展	部门培训计划完成率	5	5%	百分率（%）	考核期内，部门培训计划完成率达到__%，每降低__%，扣__分	X_{15}
	员工任职资格考核达标率	5	5%	百分率（%）	考核期内，部门员工任职资格考核达标率达到__%，每降低__%，扣__分	X_{16}
计算公式	考核得分 = $X_1 \times 10\% + X_2 \times 5\% + X_3 \times 10\% + \cdots + X_{16} \times 5\%$				考核得分	
被考核人			考核人		复核人	
签字：_____ 日期：_____			签字：_____ 日期：_____		签字：_____ 日期：_____	

（2）生产主管绩效合约表。（略）
（3）车间主任绩效合约表。（略）
（4）车间班组长绩效合约表。（略）
（5）生产领料员绩效合约表。（略）
（6）生产统计员绩效合约表。（略）

续表

(7)生产跟单员绩效合约表。(略)
(8)生产工人绩效合约表。(略)

七、绩效考核实施

(一)每月生产部提供员工百分考核情况,绩效考核小组对每人的百分考核进行分类、统计记录。

(二)日常工作中,生产经理负责对本部门员工工作行为表现、典型事件进行记录,并按规定进行加减分,部门主管和员工对工作计划实施和目标达成情况进行评定。生产部负责收集资料信息上交绩效考核小组。

(三)每半年绩效考核进行收集汇总百分考核、出勤情况、各部门3个月的记录和考核表,每年____月初组织半年度的综合考核,作为日常考核记录成绩的补充,占绩效考评总成绩的一小部分比例。

(四)每年____月份绩效考核小组部将各项成绩按比例划分,采取科学的折合方法,把员工的各项成绩换算成可比较的百分制成绩,并按一定的比例划分出卓越、优秀、良好、中等、基本合格、不合格。

(五)每年____月底,绩效考核小组把员工半年度的绩效考核成绩汇总上报,同时把每人成绩反馈到部门和员工,要求生产部门对员工进行绩效改进面谈并提出改进计划上报人力资源部,以作为下半年考核的依据。绩效改进面谈期间同时也是"考核申诉期间",具体按考核申诉规定执行。

(六)每年____月初,人力资源部针对半年度的绩效考核综合成绩,提出奖惩、薪级调整、职位调动、人才储备、培训发展教育等各项结果处理建议方案报总经理审批。

(七)每年底生产部门员工考评如月度考核成绩、半年度考核,再加上上半年绩效考核成绩,综合后为员工全年的员工绩效考核成绩。

(八)下一年的第一个月中旬完成年度考核,下旬完成成绩汇总和信息反馈,第二个月提出奖惩、薪级调整、职位调动、培训发展教育、人力储备等各项结果处理措施建议方案,批准后执行。

八、绩效结果申诉程序

生产部门员工如果对绩效管理和绩效考核工作有重大疑义,可以在获得绩效反馈信息后的15天之内,向绩效考核小组或人力资源部提出申诉。绩效考核小组接到投诉后,双方合作共同对申诉事件进行处理。

对申诉的处理程序如下所示。

(一)调查事实。

绩效考核小组要与申诉涉及的各方面人员核实员工申诉事项,听取员工本人、同事、直接上级、部门总经理或主管副总经理和相关人员的意见和建议,了解事情的经过和原因,以使能对申诉的事实进行准确认定。

(二)协调沟通。

在了解情况、掌握事实的基础上,促进申诉双方当事人的沟通和理解,与申诉双方当事人探讨协商解决的途径。

(三)提出处理意见。

在综合各方面的意见的情况下,绩效考核小组对申诉所涉及事实进行认定,确认在绩效管理中是否存在违反公司规定的行为,对申诉提出处理建议。

(四)落实处理意见。

绩效考核小组将事实认定结果和申诉处理意见反馈给申诉双方当事人和所在部门总经理,并监督落实。

九、绩效考核结果应用

生产部门员工的绩效考核结果主要可以划分6个等级,具体如下表所示。

生产部门员工绩效考核结果划分及应用

等级	卓越	优秀	良好	中等	基本合格	不合格
分数	98(含)分以上	95(含)~98分	85(含)~94分	75(含)~84分	65(含)~74分	65分以下
考核结果	150%的绩效工资	125%的绩效工资	100%的绩效工资	75%的绩效工资	50%的绩效工资	无

(一)连续两次考核为"不合格"的,工资降一级;连续三次考核"不合格"的,职位降级。

(二)连续三个月考核为"基本合格"的,第三个月记为"不合格"。

(三)连续三次考核为"优秀"的,第三个月起工资上调一级。

(四)连续两次考核为"卓越"的,第二个月工资上调一级。

(五)凡本部门员工有重大违规(降级、记过、停薪留职)行为的,考核结果不超过"合格"级别。

(六)凡部门经理自身有重大违规(降级、记过、停薪留职)行为的,考核结果为"不合格"级别。

十、绩效考核效果达成标准

生产部门绩效考核效果应达成的标准主要表现为以下6个方面。

续表

> （一）辨认出生产部门员工杰出的品行和杰出的绩效，辨认出较差的品行和较差的绩效，对员工进行甄别与区分，使优秀人才脱颖而出。
> （二）了解生产部门每个人的品行和绩效水平并提供建设性的反馈，让员工清楚公司对他工作的评价，知道上司对他的期望和要求，知道公司优秀员工的标准和要求是什么。
> （三）帮助企业生产管理人员强化下属人员已有的正确行为，促进上级和下属员工的有效持续的沟通，提高管理绩效。
> （四）了解生产部门员工培训和教育的需要，为公司的培训发展计划提供依据。
> （五）为公司的薪酬决策、员工晋升降职、职位调动、奖金等提供确切有用的依据。
> （六）加强生产部门和生产部门员工的工作计划和目标明确性，从粗放管理向可监控考核的方向转变，有利于促进公司整体绩效的提高，有利于推动公司总体目标的实现。

实施对象：　　　　　　　　　　　　　　　　　　实施日期：　　年　月　日

3.2 生产经理绩效考核

3.2.1 生产经理考核关键指标

生产经理考核关键指标如表 3-5 所示。

表 3-5　生产经理考核关键指标

考核维度	KPI 名称	指标定义或计算公式	考核周期	信息来源
财务管理	生产费用预算达成率	$\dfrac{生产费用实际发生额}{生产费用预算额} \times 100\%$	月/季/年度	生产预算报表
	部门管理费用节约率	$\dfrac{上期管理费用-本期管理费用}{上期管理费用} \times 100\%$	月/季/年度	费用支出记录
内部运营管理	产值	考核期内生产部门生产总量	季/年度	生产统计
	生产计划完成率	$\dfrac{实际生产量}{计划生产量} \times 100\%$	季/年度	生产计划书
	按期交货率	$\dfrac{按期交货批次}{交货总批次} \times 100\%$	月/季/年度	生产计划书
	生产效率提高率	$\dfrac{本期生产效率-上期生产效率}{上期生产成本} \times 100\%$	年度	生产统计
	产品质量合格率	$\dfrac{合格产品数量}{总产品数量} \times 100\%$	月/季/年度	质检记录
	废品率	$\dfrac{废品数量}{总产品数量} \times 100\%$	月/季/年度	质检记录
	重大质量事故发生次数	考核期内重大产品质量事故出现的次数	年度	质检记录
	重大安全事故发生次数	考核期内重大生产安全事故出现的次数	年度	安检记录表

续表

考核维度	KPI名称	指标定义或计算公式	考核周期	信息来源
内部运营管理	生产设备完好率	$\dfrac{生产设备完好台数}{生产设备总台数}\times 100\%$	月/季/年度	设备保养记录
	生产设备利用率	$\dfrac{全部设备实际工作时数}{生产设备工作总能力(时数)}\times 100\%$	月/季/年度	设备保养记录
客户管理	内部客户满意度	外部客户对生产产品各方面满意度评分的算术平均值	月/年度	满意度调查表
	外部客户满意度	内部各业务部门对生产部的协作、配合程度满意度评分的算术平均值	月/年度	满意度调查表
员工学习与发展	核心员工保留率	$\dfrac{当期核心员工人数}{当期部门总人数}\times 100\%$	季/年度	人事流动记录
	部门培训计划完成率	$\dfrac{实际完成的培训项目(次数)}{计划培训的项目(次数)}\times 100\%$	月/季/年度	培训记录
	员工任职资格考核达标率	$\dfrac{当期任职资格考核达标员工数}{当期员工总数}\times 100\%$	月/季/年度	员工考核成绩记录

3.2.2 生产经理绩效考核量表

生产经理绩效考核量表如表3-6所示。

表3-6 生产经理绩效考核量表

生产经理绩效考核量表					考核日期		
被考核人					考核人		
考核维度	考核指标	分值	权重	计量单位	考核量化标准		得分
财务管理	生产费用预算达成率	10	10%	百分率(%)	考核期内,生产费用预算达成率达到__%,每降低__%,扣__分		X_1
	部门管理费用节约率	5	5%	百分率(%)	考核期内,部门管理费用节约达到__%,每降低__%,扣__分		X_2
内部运营管理	产值	10	10%	金额	考核期内,生产部门产值达到__万元,每降低__万元,扣__分		X_3
	生产计划完成率	5	5%	百分率(%)	考核期内,生产计划完成率达到__%,每降低__%,扣__分		X_4
	按期交货率	5	5%	百分率(%)	考核期内,按期交货率达到__%,每降低__%,扣__分		X_5
	生产效率提高率	5	5%	百分率(%)	考核期内,生产效率提高率达到__%,每降低__%,扣__分		X_6
	产品质量合格率	10	10%	百分率(%)	考核期内,产品质量合格率达到__%,每降低__%,扣__分		X_7

续表

考核维度	考核指标	分值	权重	计量单位	考核量化标准	得分
内部运营管理	废品率	5	5%	百分率（%）	考核期内，废品率低于__%，每超出__%，扣__分	X_8
	重大质量事故发生次数	5	5%	频次	考核期内，重大质量事故发生次数低于__次，每超出__次，扣__分	X_9
	重大安全事故发生次数	5	5%	频次	考核期内，重大安全事故发生次数低于__次，每超出__次，扣__分	X_{10}
	生产设备完好率	5	5%	百分率（%）	考核期内，生产设备完好率达到__%，每降低__%，扣__分	X_{11}
	生产设备利用率	5	5%	百分率（%）	考核期内，生产设备利用率达到__%，每降低__%，扣__分	X_{12}
客户管理	内部客户满意度	5	5%	百分率（%）	考核期内，内部协作部门满意度评价达到__%，每降低__%，扣__分	X_{13}
	外部客户满意度	5	5%	百分率（%）	考核期内，外部客户满意度评价达到__%，每降低__%，扣__分	X_{14}
员工学习与发展	核心员工保留率	5	5%	百分率（%）	考核期内，核心员工保留率达到__%，每降低__%，扣__分	X_{15}
	部门培训计划完成率	5	5%	百分率（%）	考核期内，部门培训计划完成率达到__%，每降低__%，扣__分	X_{16}
	员工任职资格考核达标率	5	5%	百分率（%）	考核期内，部门员工任职资格考核达标率达到__%，每降低__%，扣__分	X_{17}
计算公式	考核得分 $= X_1 \times 10\% + X_2 \times 5\% + X_3 \times 10\% + \cdots + X_{17} \times 5\%$				考核得分	
被考核人 签字：_____ 日期：_____			考核人 签字：_____ 日期：_____		复核人 签字：_____ 日期：_____	

3.3 生产主管绩效考核

3.3.1 生产主管考核关键指标

生产主管考核关键指标如表3-7所示。

表3-7 生产主管考核关键指标

考核项目	KPI名称	指标定义或计算公式	考核周期	信息来源
生产任务管理	产值	考核期内生产部门生产总量	季/年度	生产统计
	生产任务完成率	$\dfrac{\text{生产任务实际完成量}}{\text{生产任务计划完成量}} \times 100\%$	月/季/年度	生产计划书
	按期交货率	$\dfrac{\text{按期交货批次}}{\text{交货总批次}} \times 100\%$	月/季度	生产计划书

续表

考核项目	KPI名称	指标定义或计算公式	考核周期	信息来源
生产成本控制	单耗	生产每单位合格产品平均实际消耗的某种原材料、燃料、动力等资源的成本	月/季度	单位产品成本分析
生产成本控制	生产成本节约率	$\frac{上期生产成本-本期生产成本}{上期生产成本}\times100\%$	月/季/年度	费用支出记录
生产调度	因生产调度不力影响生产的次数	因生产调度不力影响生产的发生次数	月/季/年度	生产计划执行记录
质量管理	产品质量合格率	$\frac{合格产品数量}{总产品数量}\times100\%$	月/季/年度	质检记录
质量管理	重大质量事故发生次数	考核期内重大产品质量事故出现的次数	年度	质检记录
生产设备利用	生产设备完好率	$\frac{生产设备完好台数}{生产设备总台数}\times100\%$	年度	设备保养记录
生产设备利用	生产设备利用率	$\frac{全部设备实际工作时数}{生产设备工作总时数}\times100\%$	月/季/年度	设备保养记录
生产安全管理	生产安全事故发生次数	考核期内重大生产安全事故出现的次数	季/年度	安全记录表
生产安全管理	安全事故损失金额	考核期内因生产安全事故而损失的费用金额	季/年度	财务损失统计分析
员工管理	培训计划完成率	$\frac{实际完成的培训项目(次数)}{计划培训的项目(次数)}\times100\%$	月/季/年度	培训记录

3.3.2 生产主管绩效考核量表

生产主管绩效考核量表如表 3-8 所示。

表 3-8 生产主管绩效考核量表

生产主管绩效考核量表					考核日期		
被考核人					考核人		
考核项目	考核指标	分值	权重	计量单位	考核量化标准		得分
生产任务管理	产值	10	10%	金额	考核期内,生产部门产值达到__万元,每降低__万元,扣__分		X_1
生产任务管理	生产任务完成率	10	10%	百分率(%)	考核期内,生产任务完成率达到__%,每降低__%,扣__分		X_2
生产任务管理	按期交货率	5	5%	百分率(%)	考核期内,按期交货率达到__%,每降低__%,扣__分		X_3
生产成本控制	单耗	5	5%	金额	考核期内,单位生产成本低于__%,每超出__元,扣__分		X_4
生产成本控制	生产成本节约率	10	10%	百分率(%)	考核期内,生产成本节约率达到__%,每降低__%,扣__分		X_5

续表

考核项目	考核指标	分值	权重	计量单位	考核量化标准	得分
生产调度	因生产调度不力影响生产的次数	10	10%	频次	考核期内,因生产调度不力影响生产的次数低于__次,每超出__次,扣__分	X_6
质量管理	产品质量合格率	10	10%	百分率(%)	考核期内,产品质量合格率达到__%,每降低__%,扣__分	X_7
质量管理	重大质量事故发生次数	5	5%	频次	考核期内,重大质量事故发生次数低于__次,每超出__次,扣__分	X_8
生产设备利用	生产设备完好率	5	5%	百分率(%)	考核期内,生产设备完好率达到__%,每降低__%,扣__分	X_9
生产设备利用	生产设备利用率	5	5%	百分率(%)	考核期内,生产设备利用率达到__%,每降低__%,扣__分	X_{10}
生产安全管理	生产安全事故发生次数	5	5%	频次	考核期内,生产安全事故发生次数低于__次,每超出__次,扣__分	X_{11}
生产安全管理	安全事故损失金额	10	10%	金额	考核期内,因安全事故而损失的金额应低于__万元,每超出__万元,扣__分	X_{12}
员工管理	培训计划完成率	10	10%	百分率(%)	考核期内,培训计划完成率达到__%,每降低__%,扣__分	X_{13}
计算公式	考核得分=$X_1\times10\%+X_2\times10\%+X_3\times5\%+\cdots+X_{13}\times10\%$				考核得分	

被考核人	考核人	复核人
签字:___ 日期:___	签字:___ 日期:___	签字:___ 日期:___

3.4 车间主任绩效考核

3.4.1 车间主任考核关键指标

车间主任考核关键指标如表 3-9 所示。

表 3-9 车间主任考核关键指标

考核项目	KPI 名称	指标定义或计算公式	考核周期	信息来源
车间产量管理	车间生产产量	考核期内车间实际生产总量	月/季/年度	生产统计
车间产量管理	生产计划完成率	$\frac{生产计划实际完成量}{生产计划计划完成量}\times100\%$	月/季/年度	生产计划书
车间产量管理	执行车间生产及时率	$\frac{车间生产任务及时执行次数}{车间生产任务执行总次数}\times100\%$	月度	生产计划书
车间生产进度管理	按期交货率	$\frac{按期交货批次}{交货总批次}\times100\%$	月/季度	生产计划书
车间生产进度管理	因生产调度不力影响生产的次数	因生产调度不力影响生产的发生次数	月/季/年度	生产计划执行记录

续表

考核项目	KPI名称	指标定义或计算公式	考核周期	信息来源
车间生产质量管理	产品质量合格率	$\frac{合格产品数量}{总产品数量} \times 100\%$	月/季/年度	质检记录
	产品优良率	$\frac{一次性检验优良产品数量}{检验产品总数量} \times 100\%$	月/季/年度	质检记录
	重大质量事故发生次数	考核期内重大产品质量事故出现的次数	年度	质检记录
车间生产设备管理	生产设备完好率	$\frac{生产设备完好台数}{生产设备总台数} \times 100\%$	年度	设备保养记录
	生产设备利用率	$\frac{全部设备实际工作时数}{生产设备工作总时数} \times 100\%$	月/季/年度	设备保养记录
车间生产成本控制	单耗	生产每单位合格产品平均实际消耗的某种原材料、燃料、动力等资源的成本	月/季度	单位产品成本分析
	生产成本控制率	$\frac{上期生产成本-本期生产成本}{上期生产成本} \times 100\%$	月/季/年度	费用支出记录
车间安全管理	生产安全事故发生次数	考核期内车间生产安全事故发生的次数	季/年度	安全记录表
员工管理	培训计划完成率	$\frac{实际完成的培训项目(次数)}{计划培训的项目(次数)} \times 100\%$	月/季/年度	培训记录
	重大违纪次数	考核期内下属车间员工发生重大违纪的次数	季/年度	考核记录
	核心员工保留率	$\frac{当期车间核心员工人数}{当期车间员工总人数} \times 100\%$	季/年度	人事流动记录

3.4.2 车间主任绩效考核量表

车间主任绩效考核量表如表3-10所示。

表3-10 车间主任绩效考核量表

车间主任绩效考核量表				考核日期		
被考核人				考核人		
考核项目	考核指标	分值	权重	计量单位	考核量化标准	得分
车间产量管理	车间生产产量	10	10%	数量	考核期内,车间生产产量达到__吨(台),每降低____吨(台),扣__分	X_1
	生产计划完成率	10	10%	百分率(%)	考核期内,生产计划完成率达到__%,每降低__%,扣__分	X_2
	执行车间生产及时率	5	5%	百分率(%)	考核期内,执行车间生产及时率达到__%,每降低__%,扣__分	X_3

续表

考核项目	考核指标	分值	权重	计量单位	考核量化标准	得分
车间生产进度管理	按期交货率	5	5%	百分率（%）	考核期内，按期交货率达到__%，每降低__%，扣__分	X_4
	因生产调度不力影响生产的次数	5	5%	频次	考核期内，因生产调度不力影响生产的次数低于__次，每超出__次，扣__分	X_5
车间生产质量管理	产品质量合格率	10	10%	百分率（%）	考核期内，产品质量合格率达到__%，每降低__%，扣__分	X_6
	产品优良率	5	5%	百分率（%）	考核期内，产品优良率达到__%，每降低__%，扣__分	X_7
	重大质量事故发生次数	5	5%	频次	考核期内，重大质量事故发生次数低于__次，每超出__次，扣__分	X_8
车间生产设备管理	生产设备完好率	5	5%	百分率（%）	考核期内，生产设备完好率达到__%，每降低__%，扣__分	X_9
	生产设备利用率	5	5%	百分率（%）	考核期内，生产设备利用率达到__%，每降低__%，扣__分	X_{10}
车间生产成本控制	单耗	5	5%	金额	考核期内，单位生产成本低于__%，每超出__元，扣__分	X_{11}
	生产成本控制率	10	10%	百分率（%）	考核期内，生产成本控制率达到__%，每降低__%，扣__分	X_{12}
车间安全管理	生产安全事故发生次数	5	5%	频次	考核期内，生产安全事故发生次数低于__次，每超出__次，扣__分	X_{13}
员工管理	培训计划完成率	5	5%	百分率（%）	考核期内，培训计划完成率达到__%，每降低__%，扣__分	X_{14}
	重大违纪次数	5	5%	频次	考核期内，车间生产人员发生重大违纪行为的次数低于__次，每超出__次，扣__分	X_{15}
	核心员工保留率	5	5%	百分率（%）	考核期内，核心员工保留率达到__%，每降低__%，扣__分	X_{16}
计算公式	考核得分=$X_1\times10\%+X_2\times10\%+X_3\times5\%+\cdots+X_{16}\times10\%$				考核得分	
被考核人			考核人		复核人	
签字：____ 日期：____			签字：____ 日期：____		签字：____ 日期：____	

3.5 车间班组长绩效考核

3.5.1 车间班组长考核关键指标

车间班组长考核关键指标如表 3-11 所示。

表 3-11 车间班组长考核关键指标

考核项目	KPI 名称	指标定义或计算公式	考核周期	信息来源
生产计划管理	班组生产产量	考核期内生产班组生产总量	月/季/年度	生产统计
	生产计划完成率	$\frac{生产计划实际完成量}{生产计划计划完成量} \times 100\%$	月/季/年度	生产计划书
	按期交货率	$\frac{按期交货批次}{交货总批次} \times 100\%$	月/季度	生产计划书
	补货订单达成率	$\frac{补货订单按时按量执行数}{补货订单总数} \times 100\%$	月/季度	补货记录
产品质量管理	产品质量合格率	$\frac{合格产品数量}{产品总数量} \times 100\%$	月/季/年度	质检记录
	废品率	$\frac{废品数量}{总产品数量} \times 100\%$	月/季/年度	质检记录
	重大质量事故发生次数	考核期内重大产品质量事故出现的次数	年度	质检记录
	5S 及现场管理情况	考核期内班组生产不合格项的次数	月度	5S检查登记表单
生产设备管理	生产设备完好率	$\frac{生产设备完好台数}{生产设备总台数} \times 100\%$	季/年度	设备保养记录
	生产设备保养及时率	$\frac{生产设备实际及时保养次数}{生产设备计划保养次数} \times 100\%$	月/季/年度	设备保养记录
	生产设备利用率	$\frac{全部设备实际工作时数}{生产设备工作总时数} \times 100\%$	月/季/年度	设备保养记录
生产安全管理	生产安全事故发生次数	考核期内重大生产安全事故出现的次数	季/年度	安全记录表
	安全事故损失金额	考核期内因生产安全事故而损失的费用金额	季/年度	财务损失统计分析
员工管理	培训计划完成率	$\frac{实际完成的培训项目(次数)}{计划培训的项目(次数)} \times 100\%$	月/季/年度	培训记录
	班组成员生产操作违规次数	考核期内班组成员发生生产违规操作的次数	月度	班组生产巡检表
班组卫生管理	班组工位卫生合格率	$\frac{工位卫生检查合格次数}{工位卫生检查总次数} \times 100\%$	月度	班组生产巡检表
规章制度执行	班组管理规章制度执行情况	考核期内班组成员出现违规违纪行为的次数	月/季度	班组生产巡检表

3.5.2 车间班组长绩效考核量表

车间班组长绩效考核量表如表 3-12 所示。

表 3-12　车间班组长绩效考核量表

车间班组长绩效考核量表					考核日期	
被考核人					考核人	
考核项目	考核指标	分值	权重	计量单位	考核量化标准	得分
生产计划管理	班组生产产量	10	10%	数量	考核期内，班组生产产量达到____吨（台），每降低____吨（台），扣____分	X_1
	生产计划完成率	10	10%	百分率（%）	考核期内，生产计划完成率达到____%，每降低____%，扣____分	X_2
	按期交货率	5	5%	百分率（%）	考核期内，按期交货率达到____%，每降低____%，扣____分	X_3
	补货订单达成率	5	5%	百分率（%）	考核期内，补货订单达成率达到____%，每降低____%，扣____分	X_4
产品质量管理	产品质量合格率	10	10%	百分率（%）	考核期内，产品质量合格率达到____%，每降低____%，扣____分	X_5
	废品率	5	5%	百分率（%）	考核期内，废品率低于____%，每超出____%，扣____分	X_6
	重大质量事故发生次数	5	5%	频次	考核期内，重大质量事故发生次数低于____次，每超出____次，扣____分	X_7
	5S及现场管理情况	5	5%	频次	考核期内，班组生产不合格项的次数低于____次，每超出____次，扣____分	X_8
生产设备管理	生产设备完好率	5	5%	百分率（%）	考核期内，生产设备完好率达到____%，每降低____次，扣____分	X_9
	生产设备保养及时率	5	5%	百分率（%）	考核期内，生产设备保养及时率达到____%，每降低____%，扣____分	X_{10}
	生产设备利用率	5	5%	百分率（%）	考核期内，生产设备利用率达到____%，每降低____%，扣____分	X_{11}
生产安全管理	生产安全事故发生次数	5	5%	频次	考核期内，生产安全事故发生次数低于____次，每超出____次，扣____分	X_{12}
	安全事故损失金额	5	5%	金额	考核期内，因安全事故而损失的金额应低于____万元，每超出____万元，扣____分	X_{13}
员工管理	培训计划完成率	5	5%	百分率（%）	考核期内，培训计划完成率达到____%，每降低____%，扣____分	X_{14}
	班组成员生产操作违规次数	5	5%	频次	考核期内，班组成员生产操作违规次数低于____次，每超出____次，扣____分	X_{15}
班组卫生管理	班组工位卫生合格率	5	5%	百分率（%）	考核期内，班组工位卫生合格率达到____%，每降低____%，扣____分	X_{16}
规章制度执行	班组管理规章制度执行情况	5	5%	频次	考核期内，班组成员出现违规违纪行为的次数低于____次，每超出____次，扣____分	X_{17}
计算公式	考核得分＝$X_1×10\%+X_2×10\%+X_3×5\%+…+X_{17}×5\%$				考核得分	
被考核人			考核人		复核人	
签字：_____　　日期：_____			签字：_____　　日期：_____		签字：_____　　日期：_____	

3.6 生产领料员绩效考核

3.6.1 生产领料员考核关键指标

生产领料员考核关键指标如表3-13所示。

表3-13 生产领料员考核关键指标

考核项目	KPI名称	指标定义或计算公式	考核周期	信息来源
领料任务执行	领料及时率	$\dfrac{\text{及时领料次数}}{\text{领料任务总次数}} \times 100\%$	月/季度	领料记录
	领料任务完成率	$\dfrac{\text{实际领料数量}}{\text{领料任务总量}} \times 100\%$	月/季度	领料记录
领料错误控制	缺料发生次数	考核期内发生领料缺料的总次数	月/季/年度	领料记录
	错料发生次数	考核期内发生领料错料的总次数	月/季/年度	领料记录
	物料记录差错率	$\dfrac{\text{物料记录差错项数}}{\text{物料记录总项数}} \times 100\%$	月/季/年度	领料记录
物料领退延误控制	领料延误停工率	$\dfrac{\text{领料延误致停工次数}}{\text{领料延误总次数}} \times 100\%$	年度	生产停工记录
	领料延误停工时间	考核期内领料延误造成停工待料的累计时间	年度	生产停工记录
	物料超期留仓次数	考核期内现场应退物料超期未退仓库的次数	年度	物料仓储记录
物料保管	物料保管不善损失金额	考核期内物料因保管不善而造成损失的金额	季/年度	财务损失统计分析
	物料保管不符5S管理项数	考核期内物料保管不符合5S管理的项数	月/季/年度	5S委员会检查记录

3.6.2 生产领料员绩效考核量表

生产领料员绩效考核量表如表3-14所示。

表3-14 生产领料员绩效考核量表

生产领料员绩效考核量表					考核日期		
被考核人					考核人		
考核项目	考核指标	分值	权重	计量单位	考核量化标准		得分
领料任务执行	领料及时率	15	15%	百分率(%)	考核期内,领料及时率达到____%,每降低____%,扣____分		X_1
	领料任务完成率	15	15%	百分率(%)	考核期内,领料任务完成率达到____%,每降低____%,扣____分		X_2
领料错误控制	缺料发生次数	5	5%	频次	考核期内,领料缺料发生次数低于____次,每超出____次,扣____分		X_3

续表

考核项目	考核指标	分值	权重	计量单位	考核量化标准	得分
领料错误控制	错料发生次数	5	5%	频次	考核期内,领料错料发生次数低于____次,每超出____次,扣____分	X_4
	物料记录差错率	5	5%	百分率(%)	考核期内,物料记录差错率达到____%,每降低____%,扣____分	X_5
物料领退延误控制	领料延误停工率	10	10%	百分率(%)	考核期内,领料延误停工率低于____%,每超出____%,扣____分	X_6
	领料延误停工时间	10	10%	时间	考核期内,领料延误造成停工待料的累计时间低于____小时,每超出____小时,扣____分	X_7
	物料超期留仓次数	10	10%	频次	考核期内,现场应退物料超期未退库的次数低于____次,每超出____次,扣____分	X_8
物料保管	物料保管不善损失金额	15	15%	金额	考核期内,物料因保管不善而造成损失的金额低于____元,每超出____元,扣____分	X_9
	物料保管不符5S管理项数	10	10%	数量	考核期内,物料保管不符合5S管理的项数低于____个,每超出____个,扣____分	X_{10}
计算公式	考核得分 = $X_1 \times 15\% + X_2 \times 15\% + X_3 \times 5\% + \cdots + X_{10} \times 10\%$				考核得分	
被考核人			考核人		复核人	
签字:_____ 日期:_____			签字:_____ 日期:_____		签字:_____ 日期:_____	

3.7 生产统计员绩效考核

3.7.1 生产统计员考核关键指标

生产统计员考核关键指标如表3-15所示。

表3-15 生产统计员考核关键指标

考核项目	KPI名称	指标定义或计算公式	考核周期	信息来源
生产统计任务执行	盘点统计工作按时完成率	$\dfrac{\text{盘点统计工作按时完成数}}{\text{盘点统计工作总项数}} \times 100\%$	月/季度	生产统计任务书
	异常状况统计上报及时率	$\dfrac{\text{异常状况及时统计上报数}}{\text{异常状况发生总次数}} \times 100\%$	月/季度	生产统计任务书
	统计报表上报及时率	$\dfrac{\text{统计报表及时上报数}}{\text{统计报表上报总数}} \times 100\%$	月/季/年度	生产统计任务书
	统计分析报告上报及时率	$\dfrac{\text{统计分析报告及时上报数}}{\text{统计分析报告上报总数}} \times 100\%$	月/季/年度	生产统计任务书

续表

考核项目	KPI 名称	指标定义或计算公式	考核周期	信息来源
统计质量管理	统计差错项数	考核期内生产统计材料出现差错总项数	月/季/年度	各统计资料
	统计信息录入差错率	$\dfrac{\text{统计信息录入错误项数}}{\text{统计信息录入总项数}} \times 100\%$	月/季度	生产统计登记信息
	统计报表编写差错率	$\dfrac{\text{统计报表编写错误项数}}{\text{统计报表编写总项数}} \times 100\%$	季/年度	统计报表
	统计分析报告编写差错率	$\dfrac{\text{统计分析报告编写错误项数}}{\text{统计分析编写总项数}} \times 100\%$	季/年度	统计分析报告
统计资料管理	统计资料完备率	$\dfrac{\text{统计资料完整上报数量}}{\text{统计资料上报总数量}} \times 100\%$	月/季/年度	各统计资料

3.7.2 生产统计员绩效考核量表

生产统计员绩效考核量表如表 3-16 所示。

表 3-16　生产统计员绩效考核量表

生产统计员绩效考核量表					考核日期		
被考核人					考核人		
考核项目	考核指标	分值	权重	计量单位	考核量化标准		得分
生产统计任务执行	盘点统计工作按时完成率	15	15%	百分率（%）	考核期内，盘点统计工作按时完成率达到____%，每降低____%，扣____分		X_1
	异常状况统计上报及时率	10	10%	百分率（%）	考核期内，异常状况统计上报及时率达到____%，每降低____%，扣____分		X_2
	统计报表上报及时率	10	10%	百分率（%）	考核期内，统计报表上报及时率达到____%，每降低____%，扣____分		X_3
	统计分析报告上报及时率	15	15%	百分率（%）	考核期内，统计分析报告上报及时率达到____%，每降低____%，扣____分		X_4
统计质量管理	统计差错项数	10	10%	数量	考核期内，生产统计材料出现差错总项数低于____项，每超出____项，扣____分		X_5
	统计信息录入差错率	10	10%	百分率（%）	考核期内，统计信息录入差错率低于____%，每超出____%，扣____分		X_6
	统计报表编写差错率	10	10%	百分率（%）	考核期内，统计报表编写差错率低于____%，每超出____%，扣____分		X_7
	统计分析报告编写差错率	10	10%	百分率（%）	考核期内，统计分析报告编写差错率低于____%，每超出____%，扣____分		X_8
统计资料管理	统计资料完备率	10	10%	百分率（%）	考核期内，统计资料完备率达到____%，每降低____%，扣____分		X_9
计算公式	考核得分 = $X_1 \times 15\% + X_2 \times 10\% + X_3 \times 10\% + \cdots + X_9 \times 10\%$					考核得分	
被考核人			考核人			复核人	
签字：_____ 日期：_____			签字：_____ 日期：_____			签字：_____ 日期：_____	

3.8 生产跟单员绩效考核

3.8.1 生产跟单员考核关键指标

生产跟单员考核关键指标如表 3-17 所示。

表 3-17 生产跟单员考核关键指标

考核项目	KPI 名称	指标定义或计算公式	考核周期	信息来源
生产跟单任务执行	跟单及时率	$\dfrac{\text{生产跟单任务及时执行数量}}{\text{生产跟单任务总项数}} \times 100\%$	月/季度	生产跟单任务书
	生产跟单任务完成率	$\dfrac{\text{生产跟单任务实际完成量}}{\text{生产跟单任务计划完成量}} \times 100\%$	月/季度	生产跟单任务书
	交期达成率	$\dfrac{\text{交期达成生产批数}}{\text{交期生产总批数}} \times 100\%$	月/季度	生产跟单任务书
排单管理	排单及时率	$\dfrac{\text{生产及时排单项数}}{\text{生产排单总项数}} \times 100\%$	月/季度	排单记录
	排单准确率	$\dfrac{\text{生产调度排单准确次数}}{\text{生产调度排单总次数}} \times 100\%$	月/季度	排单记录
	在制品周转率	$\dfrac{2 \times \text{入库成品原料总成本}}{\text{在制品期初库存额} + \text{在制品期末库存额}} \times 100\%$	季/年度	排单记录
生产效率管理	劳动生产率	$\dfrac{\text{工业产值}}{\text{全部职工平均人数}} \times 100\%$	季/年度	生产记录
	设备利用率	$\dfrac{\text{全部设备实际工作时数}}{\text{设备工作总时数}} \times 100\%$	月/季度	生产记录
生产质量管理	产品质量合格率	$\dfrac{\text{合格产品数量}}{\text{产品总数量}} \times 100\%$	月/季度	质检记录
跟单失误管理	生产跟单核算失误率	$\dfrac{\text{生产跟单核算差错项数}}{\text{生产跟单核算总项数}} \times 100\%$	年度	生产跟单记录
	生产跟单失误损失金额	考核期内因生产跟单失误所损失的费用金额	年度	财务损失统计分析
协作管理	工作满意度	各业务部门、客户及同事对生产跟单员的协作、配合程度满意度评分的算术平均值	季/年度	满意度评价表

3.8.2 生产跟单员绩效考核量表

生产跟单员绩效考核量表如表 3-18 所示。

表 3-18 生产跟单员绩效考核量表

生产跟单员绩效考核量表					考核日期		
被考核人					考核人		
考核项目	考核指标	分值	权重	计量单位	考核量化标准		得分
生产跟单任务执行	跟单及时率	10	10%	百分率(%)	考核期内,跟单及时率达到____%,每降低____%,扣____分		X_1
	生产跟单任务完成率	10	10%	百分率(%)	考核期内,生产跟单任务完成率达到____%,每降低____%,扣____分		X_2
	交期达成率	10	10%	百分率(%)	考核期内,交期达成率达到____%,每降低____%,扣____分		X_3
排单管理	排单及时率	10	10%	百分率(%)	考核期内,排单及时率达到____%,每降低____%,扣____分		X_4
	排单准确率	10	10%	百分率(%)	考核期内,排单准确率达到____%,每降低____%,扣____分		X_5
	在制品周转率	5	5%	百分率(%)	考核期内,在制品周转率达到____%,每降低____%,扣____分		X_6
生产效率管理	劳动生产率	5	5%	百分率(%)	考核期内,劳动生产率达到____%,每降低____%,扣____分		X_7
	设备利用率	5	5%	百分率(%)	考核期内,设备利用率达到____%,每降低____%,扣____分		X_8
生产质量管理	产品质量合格率	15	15%	百分率(%)	考核期内,产品质量合格率达到____%,每降低____%,扣____分		X_9
跟单失误管理	生产跟单核算失误率	5	5%	百分率(%)	考核期内,生产跟单核算失误率低于____%,每超出____%,扣____分		X_{10}
	生产跟单失误损失金额	10	10%	金额	考核期内,因生产跟单失误而损失的金额低于____元,每超出____元,扣____分		X_{11}
协作管理	工作满意度	5	5%	分	考核期内,各业务部门、客户及同事对生产跟单员的协作、配合程度满意度评分的算术平均值达到____分,每降低____分,扣____分		X_{12}
计算公式	考核得分= $X_1\times10\%+X_2\times10\%+X_3\times10\%+\cdots+X_{12}\times5\%$					考核得分	
被考核人			考核人			复核人	
签字:_____ 日期:_____			签字:_____ 日期:_____			签字:_____ 日期:_____	

3.9 生产工人绩效考核

3.9.1 生产工人考核关键指标

生产工人考核关键指标如表 3-19 所示。

表 3-19　生产工人考核关键指标

考核项目	KPI 名称	指标定义或计算公式	考核周期	信息来源
生产任务管理	生产定额完成率	$\dfrac{实际生产额}{计划生产额} \times 100\%$	月/季度	生产计划书
	生产任务完成及时率	$\dfrac{生产任务及时完成数}{生产任务总数量} \times 100\%$	月/季度	生产计划书
	个人劳动生产率	$\dfrac{工业产值}{部门职工平均人数} \times 100\%$	月/季/年度	生产统计
产品交验	产品交验及时率	$\dfrac{及时交验产品数量}{交验产品总数量} \times 100\%$	月/季度	产品交验记录
	产品交验合格率	$\dfrac{交验合格产品数量}{交验产品总数量} \times 100\%$	月/季度	产品交验记录
生产设备运用	设备利用率	$\dfrac{全部设备实际工作时数}{生产设备工作总时数} \times 100\%$	月/季/年度	设备保养记录
	设备完好率	$\dfrac{生产设备完好台数}{生产设备总台数} \times 100\%$	月/季/年度	设备保养记录
	设备违规操作次数	考核期内违反设备操作规程的设备操作次数	月/季/年度	设备保养记录
生产成本控制	生产成本节约率	$\dfrac{上期生产成本-当期生产成本}{上期生产成本} \times 100\%$	年度	费用支出记录
生产安全事故规避	生产安全事故发生次数	考核期内生产安全事故出现的次数	年度	安全记录表
	安全事故损失金额	考核期内因生产安全事故而损失的费用金额	年度	财务损失统计分析
	安全生产建议情况	考核期内安全生产改进建议所被采纳及实施的次数	年度	安全会议记录
卫生管理	工位卫生合格率	$\dfrac{工位卫生检查合格次数}{工位卫生检查总次数} \times 100\%$	月度	班组生产巡检表
生产协作	工作满意度	考核期内相关领导和同事对其工作的满意度评分情况	年度	满意度调查表

3.9.2　生产工人绩效考核量表

生产工人绩效考核量表如表 3-20 所示。

表 3-20　生产工人绩效考核量表

生产工人绩效考核量表				考核日期			
被考核人				考核人			
考核项目	考核指标	分值	权重	计量单位	考核量化标准		得分
生产任务管理	生产定额完成率	15	15%	百分率（%）	考核期内，生产定额完成率达到____%，每降低____%，扣____分		X_1

续表

考核项目	考核指标	分值	权重	计量单位	考核量化标准	得分
生产任务管理	生产任务完成及时率	10	10%	百分率（%）	考核期内，生产任务完成及时率达到____%，每降低____%，扣____分	X_2
	个人劳动生产率	5	5%	百分率（%）	考核期内，个人劳动生产率达到____%，每降低____%，扣____分	X_3
产品交验	产品交验及时率	5	5%	百分率（%）	考核期内，产品交验及时率达到____%，每降低____%，扣____分	X_4
	产品交验合格率	10	10%	百分率（%）	考核期内，产品交验合格率达到____%，每降低____%，扣____分	X_5
生产设备运用	设备利用率	5	5%	百分率（%）	考核期内，设备利用率达到____%，每降低____%，扣____分	X_6
	设备完好率	5	5%	百分率（%）	考核期内，设备完好率达到____%，每降低____%，扣____分	X_7
	设备违规操作次数	5	5%	频次	考核期内，设备违规操作次数低于____次，每超出____次，扣____分	X_8
生产成本控制	生产成本节约率	15	15%	百分率（%）	考核期内，生产成本节约率达到____%，每降低____%，扣____分	X_9
生产安全事故规避	生产安全事故发生次数	5	5%	频次	考核期内，生产安全事故发生次数低于____次，每超出____次，扣____分	X_{10}
	安全事故损失金额	5	5%	金额	考核期内，因安全事故而损失的金额低于____万元，每超出____万元，扣____分	X_{11}
	安全生产建议情况	5	5%	频次	考核期内，安全生产改进建议所被采纳及实施的次数达到____次，没有或低于____次，扣____分	X_{12}
卫生管理	工位卫生合格率	5	5%	百分率（%）	考核期内，工位卫生合格率达到____%，每降低____%，扣____分	X_{13}
生产协作	工作满意度	5	5%	分	考核期内，相关领导和同事对生产工人的工作满意度评分达到____分，每降低____分，扣____分	X_{14}
计算公式	考核得分＝$X_1×15\%＋X_2×10\%＋X_3×5\%＋\cdots＋X_{14}×5\%$				考核得分	
被考核人			考核人		复核人	
签字：_____ 日期：_____			签字：_____ 日期：_____		签字：_____ 日期：_____	

Chapter 4

第 4 章

中小企业采购绩效考核

4.1 采购部门绩效考核

4.1.1 采购部门绩效考核标准

（1）采购部门职能等级标准

采购部门职能等级标准如表4-1所示。

表4-1 采购部门职能等级标准

职能等级	知识		技能	
	基本知识	专业知识	技术	能力
5级	熟悉企业采购管理规章制度,掌握合同法、经济法、反不正当竞争法等法律法规以及国际货物买卖合同公约	①掌握物流管理、工商管理等管理知识或行业相关知识 ②具备采购管理与供应链管理的专业知识	熟练掌握物资采购程序、熟悉采购预算编制、成本控制及采购需求预测方法	①具备很强书面及口头表达能力 ②具备出色的组织协调能力和团队协作与管控能力 ③具备很强的部门内和跨部门的组织与协调能力 ④具备优秀的创新能力及应变能力
4级	熟悉企业采购管理规章制度,基本掌握合同法、经济法、反不正当竞争法等法律法规	①熟悉物流管理、工商管理等管理知识或行业相关知识 ②掌握采购管理与供应链管理的专业知识	掌握采购预算编制、成本控制、市场调研以及采购需求预测方法	①具有很强的计划管理能力、逻辑分析能力和组织协调能力 ②具备良好的问题分析与解决能力、团队领导能力以及良好的信息收集与管理能力 ③具备较强的商业谈判能力
3级	了解企业采购管理规章制度,基本熟悉合同法、经济法、反不正当竞争法等法律法规	①基本掌握物流管理、工商管理等管理知识 ②熟悉采购管理与供应链管理的专业知识	具备采购预算编制、成本控制以及市场调研和采购需求预测的方法	①具备良好的创新能力和应变能力 ②具备良好的合同管理及风险控制能力 ③具备较强的督导能力和教练能力,能够督导和指导下属有效完成任务
2级	基本了解企业采购管理相关的规章制度,了解合同法、经济法等法律法规	①具备供应链管理基本的专业知识 ②了解物流管理相关专业知识	熟悉采购基本程序和方法,掌握成本控制、市场调研技巧	①具备良好的计划管理能力、应变能力和解决问题能力 ②具备较强的人际交往能力、沟通能力以及组织协调能力
1级	了解公司相关生产制度及安全生产作业规范	熟悉机械制造专业知识和生产统计管理业务知识	掌握各种生产设备安全操作规程	善于沟通,具备较强的进取精神和良好的团队协作能力

（2）采购部门职位等级标准

采购部门职位等级标准如表4-2所示。

表 4-2 采购部门职位等级标准

等级	职位等级		工作内容
5级	高级管理工作	采购经理	①设计采购标准及流程 ②编制及执行采购计划 ③负责供应商管理 ④负责采购招标管理 ⑤采购谈判和合同制定与管理 ⑥负责采购交期控制 ⑦制定及执行采购质量标准 ⑧负责采购运输过程控制及执行 ⑨负责采购成本控制管理
4～3级	中级管理工作	采购主管	①制定采购成本控制目标 ②编制、实施采购成本控制计划 ③编制与执行采购预算，并对预算进行适时调整 ④制定采购物资质量检验标准和规范 ⑤物资质量改善意见及建议处理 ⑥建立采购物资质量标准档案 ⑦建立采购价格和合同管理体系 ⑧编制并评审采购价格分析报告 ⑨采购合同执行与协调 ⑩供应商管理事项执行与控制 ⑪建立供应商资料库 ⑫维护供应商关系
		采购师	①制定采购总体预算 ②设计及控制采购计划项目 ③采购成本控制预算方案编制 ④采购物资质量异常情况解决办法制定 ⑤采购合同价格分析 ⑥供应商调研及选择
2～1级	初级管理工作	采购员	①执行采购计划 ②采购成本控制执行 ③采购质量控制执行 ④采购资料保管执行 ⑤供应商关系维护

（3）采购部门绩效考核标准

采购部门绩效考核标准如表 4-3 所示。

表 4-3 采购部门绩效考核标准

考核项目	绩效考核标准	考核等级
工作质量	所采购物资全部达到并超过一级品检验标准100%以上	A
	所采购物资全部达到并超过一级品检验标准95%以上	B
	所采购物资基本达到一级品检验标准90%～94%	C
	所采购物资能够接近一级品检验标准85%～89%	D
	所采购物资难以全部达到一级品检验标准85%以下	E

续表

考核项目	绩效考核标准	考核等级
工作效率	采购工作高效率化,工时利用率95%以上	A
	采购工作效率较高,工时利用率90%以上	B
	采购工作效率正常,工时利用率80%以上	C
	采购工作效率不高,工时利用率70%以上	D
	采购工作效率很低,工时利用率60%以上	E
工作数量	年度采购物资总量达到计划采购量的100%	A
	年度采购物资总量达到计划采购量的99%以上	B
	年度采购物资总量达到计划采购量的96%~98%	C
	年度采购物资总量达到计划采购量的94%~95%	D
	年度采购物资总量达到计划采购量的90%~93%	E
工作能力	具有极强的工作能力,总能将采购任务保质保量提前完成	A
	具有良好的工作能力,总能将采购任务保质保量按时完成	B
	具有较强的工作能力,采购任务基本能保质保量按时完成	C
	工作能力一般,采购任务基本可以保质保量完成	D
	有较差的工作能力,需要一定的指导方可完成采购计划	E
工作态度	工作态度非常好,执行采购任务总能积极主动、认真完成	A
	工作态度比较好,执行采购任务基本能积极主动、认真地完成	B
	工作态度比较好,执行采购任务基本能认真地完成,但缺乏主动性	C
	工作态度一般,执行采购任务基本能认真完成	D
	工作态度一般,执行采购任务需要领导的催促和监督才能完成工作	E

4.1.2 采购部门考核关键指标

采购部门考核关键指标如表4-4所示。

表4-4 采购部门考核关键指标

考核维度	KPI名称	指标定义或计算公式	考核周期	信息来源
财务管理	采购成本降低目标达成率	$\dfrac{成本实际降低率}{成本目标降低率} \times 100\%$	月/季/年度	采购成本降低目标
	采购资金节约率	$\left(1 - \dfrac{实际采购物资金额}{采购物资预算金额}\right) \times 100\%$	月/季/年度	采购预算
	部门管理费用节约率	$\dfrac{上期管理费用 - 本期管理费用}{上期管理费用} \times 100\%$	月/季/年度	部门管理费用预算
内部运营管理	采购计划完成率	$\dfrac{考核期内采购物资总金额}{考核期内采购计划预算金额} \times 100\%$	月/季/年度	采购记录
	供应商开发计划完成率	$\dfrac{实际开发供应商数量}{计划开发供应商数量} \times 100\%$	季/年度	供应商开发计划书

续表

考核维度	KPI 名称	指标定义或计算公式	考核周期	信息来源
内部运营管理	采购订单按时完成率	$\dfrac{\text{实际按期完成订单数}}{\text{采购订单总数}} \times 100\%$	月度	采购记录
	订货差错率	$\dfrac{\text{问题物资发生项数}}{\text{采购物资总量}} \times 100\%$	季/年度	采购订单执行记录
	采购质量合格率	$\dfrac{\text{合格采购物资数量}}{\text{总采购物资数量}} \times 100\%$	月/年度	质检记录
	采购收货及时率	$\dfrac{\text{按时收货批次}}{\text{采购物资总批次}} \times 100\%$	月度	采购收货记录
	物资供应及时率	$\dfrac{\text{物资供应及时次数}}{\text{物资供应需求申请总次数}} \times 100\%$	月度	采购领料记录
	物资发放准确性	考核期内采购物资发放出错的次数	月度	采购物资发放记录
	物资保管损坏量	考核期内采购物资保管损坏量折合成金额的总量	季/年度	财务损失统计分析
	运输安全事故发生次数	考核期内在采购物资运输过程中发生安全事故的次数	年度	采购事故记录
	重大采购质量事故发生次数	考核期内重大采购质量事故出现的次数	年度	质检记录
客户管理	供应商满意度	供应商对采购部门各方面满意度评分的算术平均值	年度	满意度调查表
	供应商履约率	$\dfrac{\text{供应商履约合同数}}{\text{与供应商订立合同总数}} \times 100\%$	季/年度	采购合同
	内部协作满意度	内部各业务部门对采购部门的协作、配合程度满意度评分的算术平均值	季/年度	满意度调查表
	质量问题投诉次数	考核期内采购物资被投诉有质量问题出现的次数	季/年度	采购服务信息记录
员工学习与发展	培训计划完成率	$\dfrac{\text{实际完成的培训项目(次数)}}{\text{计划培训的项目(次数)}} \times 100\%$	月/季/年度	培训记录
	部门员工任职资格达标率	$\dfrac{\text{当期任职资格考核达标员工数}}{\text{当期员工总数}} \times 100\%$	月/季/年度	员工考核成绩记录

4.1.3 采购部门绩效考核方案

下面是某企业采购部门绩效考核方案。

采购部门绩效考核方案

| 编　号： | 编制部门： | 审批人员： | 审批日期：　　年　月　日 |

一、绩效考核目的
（一）贯彻企业绩效考核管理制度，全面评价采购人员工作绩效。
（二）帮助采购人员改进工作方式，提高工作效率，保证企业所需物资能够及时供应且保质保量，从而保证企业经营目标顺利实现。
（三）为企业评选内部优秀部门及生产部门人员的薪资调整、教育培训、晋升等提供依据。

二、绩效考核原则
生产部门绩效考核要遵循明确化与公开化、定期化与制度化、客观化与差别化、以量度标准为主导、有效沟通为渠道、个人利益与企业绩效挂钩等相关原则来执行。
（一）明确化与公开化。
1. 绩效考核标准、考核程序和考核责任都应当有明确的规定，而且考核者与被考核者在绩效考核过程中应当遵守这些规定。
2. 绩效考核标准、考核程序和考核责任都应在企业内部对全体员工公开。
（二）定期化与制度化。
1. 绩效考核制度作为人力资源管理的一项重要的制度，采购部门所有员工都要严格遵守并执行。
2. 采购部门人员绩效考核主要包括月度考核、季度考核和年度考核三种。
（三）客观化与差别化。
1. 绩效考核要有明确规定的绩效考核标准，并针对绩效考核资料进行客观评价，避免掺入主观性和感性色彩。
2. 绩效考核一定要建立在客观事实的基础上进行评价，尽量避免掺入主观性和感情色彩。
3. 绩效考核要把被考核者与既定标准进行比较，而不是在人与人之间进行比较。
4. 绩效考核等级之间应当有鲜明的差别界限。
5. 绩效考核针对不同的绩效考核评语在工资、晋升、使用等方面应体现明显的差别，使绩效考核带有激励性，鼓舞员工的上进心和积极性。
（四）以量度标准为主导。
关键业绩考核与目标考核相结合。
（五）有效沟通为渠道。
1. 绩效考核结果一定要反馈给被考核者本人，并就考核评语进行解释，肯定成绩和进步，说明不足之处，提供今后努力方向的参考意见等。
2. 在绩效考核过程中要坚持对存在争议的问题通过沟通的方式来解决，减少在绩效考核过程中不和谐因素的出现。
（六）个人利益与企业绩效挂钩。
绩效考核的实施必须相应体现企业的效益情况，以绩效考核为依据所进行的奖金发放额度随着企业效益的变化而变化。

三、绩效考核适用范围
此绩效考核方案主要适用于本企业采购部门人员，以下人员除外。
（一）考核期开始后进入本企业的员工。
（二）因私、因病、因伤而连续缺勤 30 日以上的人员。
（三）因工伤而连续缺勤 75 日以上的人员。

四、绩效考核周期
对采购部门人员的绩效考核，可以分为以下三种考核周期。
（一）月度考核的时间一般是下一个月的 1～10 日进行。
（二）季度考核的时间一般是在下一季度第一个月的 1～10 日进行。
（三）年度考核时间为次年____月份的 5～20 日进行。

五、绩效考核小组
人力资源部负责组织绩效考核的全面工作，并组织成立绩效考核小组，主要成员包括人力资源部经理、采购部经理、采购部主管、人力资源部绩效考核专员以及人力资源部一般工作人员等。

六、绩效考核指标及标准
（一）绩效考核指标。
采购部门人员绩效考核主要利用采购时间、采购品质、采购数量、采购价格、采购效率 5 个方面的指标来进行。其具体内容如下表所示。

续表

采购部门人员绩效考核指标

序号	考核项目	权重	考核指标或指标说明
1	采购时间	10%	停工断料,影响工时
			紧急采购的费用差额
2	采购品质	20%	进料品质合格率
			物料使用的不良率或退货率
3	采购数量	25%	呆物料金额
			库存周转率
4	采购价格	25%	采购成本降低率
			采购价格降低额
5	采购效率	20%	采购完成率
			订单处理时间

(二)绩效考核等级划分。

采购部门绩效考核等级划分,具体内容如下表所示。

采购部门绩效考核等级划分

考核项目	考核指标	指标等级划分说明				
		杰出	优秀	中等	有待提高	急需提高
采购时间	是否导致停工(10分)	从不(10分)	没有(8分)	无记录(6分)	___次以下(4分)	___次以上(2分)
采购品质	进料品质合格率(10分)	100%(含)(10分)	90%(含)~100%(8分)	85%(含)~90%(6分)	65%(含)~80%(4分)	65%以下(2分)
	物料使用不良率(10分)	0(10分)	5%(含)以下(8分)	5%~10%(含)(6分)	10%~15%(含)(4分)	15%以上(2分)
采购数量	呆料物料金额(10分)	___万元以下(10分)	___万~___元(8分)	___万~___元(6分)	___万~___元(4分)	___万元以上(2分)
	库存周转率(15分)	___%以上(15分)	___%~___%(8分)	___%~___%(6分)	___%~___%(4分)	___%以下(2分)
采购价格	采购成本降低率(15分)	___%以上(15分)	___%~___%(8分)	___%~___%(6分)	___%~___%(4分)	___%以下(2分)
	采购价格降低额(10分)	___元以下(10分)	___~___元(8分)	___~___元(6分)	___~___元(4分)	___元以上(2分)
采购效率	采购完成率(10分)	___%以上(10分)	___%~___%(8分)	___%~___%(6分)	___%~___%(4分)	___%以下(2分)
	订单处理时间(10分)	___天以内(10分)	___~___天(8分)	___~___天(6分)	___~___天(4分)	___天以上(2分)
指标等级得分说明						
杰出		优秀		中等	有待提高	急需提高
≥90分		80(含)~90分		70(含)~80分	60(含)~70分	<60分

续表

七、绩效考核实施

绩效考核小组工作人员根据采购部门员工的实际工作情况展开评估,员工本人将自己的考核期间的工作报告交予人力资源部,人力资源部汇总并统计结果,在绩效反馈阶段将考核结果告知被考核者本人。

八、绩效结果应用

绩效考核结果可以为采购部门人员的奖金发放、薪资调整、员工培训、职位调整和人事变动等提供客观的依据。采购部门人员的绩效考核结果主要可以划分5个等级,具体如下表所示。

采购部门员工绩效考核结果划分及应用

等级	杰出	优秀	中等	有待提高	急需提高
考核结果	120%的绩效工资	100%的绩效工资	80%的绩效工资	60%的绩效工资	无

根据员工绩效考核结果,可以发现员工与标准要求的差距,从而制订出具有针对性的员工发展计划和培训计划,提高培训的有效性,使员工的素质得以提高,最终为企业管理水平的提高打下坚实基础。

采购部门员工如果对绩效管理和绩效考核工作有重大疑问,可以在获得绩效反馈信息后的15天之内,向绩效考核小组或人力资源部提出申诉。绩效考核小组接到投诉后,双方合作共同对申诉事件进行处理。

九、绩效考核结果申诉

在被考核者对绩效考核结果有异议的情况下,员工进行申诉,由人力资源部协调处理员工的申诉,并给予员工解决的方案。以下是绩效考核结果申诉具体流程。

(一)被考核者对本部门绩效评定和考核的结果有异议,向人力资源部提出申诉,将申诉原因和理由记入员工申诉表。

(二)人力资源部经受理员工申诉,向员工直接上级的上级领导、员工直接上级和员工了解情况,进行调查核实,并将调查情况写入员工申诉表中。

(三)员工签字确认员工申诉表。

(四)人力资源部根据了解到的实际情况和公司制度,出具第三方解决意见。

(五)人力资源部与考核人面谈解释原因并在员工申诉表上签署意见。

(六)人力资源部与被考核者面谈解释原因并在员工申诉表上签署意见。

(七)人力资源部将员工申诉表归入员工绩效考核档案中,在作人事信息档案管理时结合员工绩效考评得分综合评价员工绩效。

实施对象:	实施日期: 年 月 日

4.2 采购经理绩效考核

4.2.1 采购经理考核关键指标

采购经理考核关键指标如表4-5所示。

表4-5 采购经理考核关键指标

考核维度	KPI名称	指标定义或计算公式	考核周期	信息来源
财务管理	采购成本降低目标达成率	$\dfrac{\text{成本实际降低率}}{\text{成本目标降低率}} \times 100\%$	月/季/年度	采购成本降低目标
	部门管理费用控制率	$\dfrac{\text{上期管理费用} - \text{本期管理费用}}{\text{上期管理费用}} \times 100\%$	月/季/年度	部门管理费用预算

续表

考核维度	KPI名称	指标定义或计算公式	考核周期	信息来源
内部运营管理	采购计划编制及时率	$\dfrac{\text{采购计划及时编制次数}}{\text{应完成采购计划编制总数}} \times 100\%$	月/季/年度	采购计划上报记录
	采购计划完成率	$\dfrac{\text{考核期内采购物资总金额}}{\text{考核期内采购计划预算金额}} \times 100\%$	月/季/年度	采购计划书
	供应商开发计划编制及时率	$\dfrac{\text{供应商开发计划及时编制次数}}{\text{应完成供应商开发计划编制总数}} \times 100\%$	季/年度	供应商开发计划上报记录
	供应商开发计划完成率	$\dfrac{\text{实际开发供应商数量}}{\text{计划开发供应商数量}} \times 100\%$	季/年度	供应商开发计划书
	采购及时率	$\dfrac{\text{实际按期完成订单数}}{\text{采购订单总数}} \times 100\%$	月度	采购记录
	采购质量合格率	$\dfrac{\text{合格采购物资数量}}{\text{总采购物资数量}} \times 100\%$	月/年度	质检记录
	供应计划编制及时率	$\dfrac{\text{供应计划及时编制次数}}{\text{应完成供应计划编制总数}} \times 100\%$	月度	供应计划上报记录
	供应计划完成率	$\dfrac{\text{实际完成供应项数}}{\text{计划供应总项数}} \times 100\%$	月度	供应计划书
	物资供应及时率	$\dfrac{\text{物资供应及时次数}}{\text{物资供应需求申请总次数}} \times 100\%$	月度	采购领料记录
	物资发放准确性	考核期内采购物资发放出错的次数	月度	采购物资发放记录
	物资保管损坏量	考核期内采购物资保管损坏量折合成金额的总量	季/年度	财务损失统计分析
	运输安全事故发生次数	考核期内在采购物资运输过程中发生安全事故的次数	年度	采购事故记录
客户管理	供应商满意度	供应商对采购部门各方面满意度评分的算术平均值	年度	满意度调查表
	供应商履约率	$\dfrac{\text{供应商履约合同数}}{\text{与供应商订立合同总数}} \times 100\%$	季/年度	采购合同
	供应商交货及时率	$\dfrac{\text{供应商按时交货次数}}{\text{供应商交货总次数}} \times 100\%$	月/季/年度	供应商交货记录
	内部协作满意度	内部各业务部门对采购部门的协作、配合程度满意度评分的算术平均值	季/年度	满意度调查表
员工学习与发展	核心员工保留率	$\dfrac{\text{当期核心员工人数}}{\text{当期部门总人数}} \times 100\%$	季/年度	人事流动记录
	培训计划完成率	$\dfrac{\text{实际完成的培训项目(次数)}}{\text{计划培训的项目(次数)}} \times 100\%$	月/季/年度	培训记录
	部门员工任职资格达标率	$\dfrac{\text{当期任职资格考核达标员工数}}{\text{当期员工总数}} \times 100\%$	月/季/年度	员工考核成绩记录

4.2.2 采购经理绩效考核量表

采购经理绩效考核量表如表4-6所示。

表 4-6 采购经理绩效考核量表

采购经理考核量表				考核日期		
被考核人				考核人		
考核维度	考核指标	分值	权重	计量单位	考核量化标准	得分
财务管理	采购成本降低目标达成率	10	10%	百分率(%)	考核期内,采购成本降低目标达成率达到____%,每降低____%,扣____分	X_1
	部门管理费用控制率	5	5%	百分率(%)	考核期内,部门管理费用控制率达到____%,每降低____%,扣____分	X_2
内部运营管理	采购计划编制及时率	3	3%	百分率(%)	考核期内,采购计划编制及时率达到____%,每降低____%,扣____分	X_3
	采购计划完成率	10	10%	百分率(%)	考核期内,采购计划完成率达到____%,每降低____%,扣____分	X_4
	供应商开发计划编制及时率	2	2%	百分率(%)	考核期内,供应商开发计划编制及时率达到____%,每降低____%,扣____分	X_5
	供应商开发计划完成率	10	10%	百分率(%)	考核期内,供应商开发计划完成率达到____%,每降低____%,扣____分	X_6
	采购及时率	5	5%	百分率(%)	考核期内,采购及时率达到____%,每降低____%,扣____分	X_7
	采购质量合格率	10	10%	百分率(%)	考核期内,采购质量合格率达到____%,每降低____%,扣____分	X_8
	供应计划编制及时率	2	2%	百分率(%)	考核期内,供应计划编制及时率达到____%,每降低____%,扣____分	X_9
	供应计划完成率	3	3%	百分率(%)	考核期内,供应计划完成率达到____%,每降低____%,扣____分	X_{10}
	物资供应及时率	5	5%	百分率(%)	考核期内,物资供应及时率达到____%,每降低____%,扣____分	X_{11}
	物资发放准确性	3	3%	频次	考核期内,采购物资发放出错次数低于____次,每超出____次,扣____分	X_{12}
	物资保管损坏量	2	2%	金额	考核期内,采购物资保管损坏量折合成金额的总量低于____万元,每超出____万元,扣____分	X_{13}
	运输安全事故发生次数	5	5%	频次	考核期内,在采购物资运输过程中发生安全事故的次数低于____次,每超出____次,扣____分	X_{14}

续表

考核维度	考核指标	分值	权重	计量单位	考核量化标准	得分
客户管理	供应商满意度	2	2%	百分率（%）	考核期内，内部协作部门满意度评价达到____%，每降低____%，扣____分	X_{15}
	供应商履约率	3	3%	百分率（%）	考核期内，供应商履约率达到____%，每降低____%，扣____分	X_{16}
	供应商交货及时率	3	3%	百分率（%）	考核期内，供应商交货及时率达到____%，每降低____%，扣____分	X_{17}
	内部协作满意度	2	2%	百分率（%）	考核期内，内部协作部门满意度评价达到____%，每降低____%，扣____分	X_{18}
员工学习与发展	核心员工保留率	5	5%	百分率（%）	考核期内，核心员工保留率达到____%，每降低____%，扣____分	X_{19}
	培训计划完成率	5	5%	百分率（%）	考核期内，部门培训计划完成率达到____%，每降低____%，扣____分	X_{20}
	部门员工任职资格达标率	5	5%	百分率（%）	考核期内，部门员工任职资格考核达标率达到____%，每降低____%，扣____分	X_{21}
计算公式	考核得分＝$X_1 \times 10\% + X_2 \times 5\% + X_3 \times 3\% + \cdots + X_{21} \times 5\%$				考核得分	
被考核人				考核人		复核人
签字：_____ 日期：_____				签字：_____ 日期：_____		签字：_____ 日期：_____

4.3 采购主管绩效考核

4.3.1 采购主管考核关键指标

采购主管考核关键指标如表 4-7 所示。

表 4-7 采购主管考核关键指标

考核项目	KPI 名称	指标定义或计算公式	考核周期	信息来源
生产任务管理	采购计划完成率	$\dfrac{考核期内采购物资总金额}{考核期内采购计划预算金额} \times 100\%$	月/季/年度	采购计划书
	采购及时率	$\dfrac{实际按期完成订单数}{采购订单总数} \times 100\%$	月/季度	采购记录
生产成本控制	采购资金节约率	$\left(1 - \dfrac{实际采购物资金额}{采购物资预算金额}\right) \times 100\%$	月/季/年度	单位产品成本分析
供应商管理	供应商开发计划完成率	$\dfrac{实际开发供应商数量}{计划开发供应商数量} \times 100\%$	季/年度	采购预算
	供应商评估报告按时完成率	$\dfrac{按时完成供应商评估报告数}{应完成供应商评估报告总数} \times 100\%$	季/年度	供应商评估上报记录

续表

考核项目	KPI 名称	指标定义或计算公式	考核周期	信息来源
供应商管理	供应商履约率	$\dfrac{供应商履约合同数}{与供应商订立合同总数} \times 100\%$	月/季度	采购合同
	原料退货次数	考核期内发生采购原料退货的次数	月/季度	采购原料退货记录
	采购收货及时率	$\dfrac{按时收货批次}{采购物资总批次} \times 100\%$	月/季度	采购收货记录
	供应商档案完备率	$\dfrac{完整的供应商档案数}{供应商总数} \times 100\%$	季/年度	供应商档案
	供应商满意度	考核期内供应商对采购主管各方面工作满意度评分的算术平均值	年度	满意度调查表
采购质量管理	采购质量合格率	$\dfrac{合格采购物资数量}{总采购物资数量} \times 100\%$	月/季度	质检记录
	重大采购质量事故发生次数	考核期内重大采购质量问题事故出现的次数	年度	质检记录
物资供应	物资供应及时率	$\dfrac{物资供应及时次数}{物资供应需求申请总次数} \times 100\%$	月/季度	采购领料记录
	物资供应准确性	考核期内采购物资发放出错的次数	月/季度	采购物资发放记录
物资保管	物资保管损坏量	考核期内采购物资保管损坏量折合成金额的总量	季/年度	财务损失统计分析

4.3.2 采购主管绩效考核量表

采购主管绩效考核量表如表 4-8 所示。

表 4-8 采购主管绩效考核量表

采购主管绩效考核量表				考核日期			
被考核人				考核人			
考核项目	考核指标	分值	权重	计量单位	考核量化标准		得分
生产任务管理	采购计划完成率	15	10%	百分率（%）	考核期内，采购计划完成率达到____%，每降低____%，扣____分		X_1
	采购及时率	5	10%	百分率（%）	考核期内，采购及时率达到____%，每降低____%，扣____分		X_2
生产成本控制	采购资金节约率	10	10%	百分率（%）	考核期内，采购资金节约率达到____%，每降低____%，扣____分		X_3
供应商管理	供应商开发计划完成率	5	10%	百分率（%）	考核期内，供应商开发计划完成率达到____%，每降低____%，扣____分		X_4

续表

考核项目	考核指标	分值	权重	计量单位	考核量化标准	得分
供应商管理	供应商评估报告按时完成率	5	5%	百分率（%）	考核期内，供应商评估报告按时完成率达到____%，每降低____%，扣____分	X_5
	供应商履约率	5	5%	百分率（%）	考核期内，供应商履约率达到____%，每降低____%，扣____分	X_6
	原料退货次数	5	5%	频次	考核期内，原料退货次数低于____次，每超出____次，扣____分	X_7
	采购收货及时率	5	5%	百分率（%）	考核期内，采购收货及时率达到____%，每降低____%，扣____分	X_8
	供应商档案完备率	5	5%	百分率（%）	考核期内，供应商档案完备率达到____%，每降低____%，扣____分	X_9
	供应商满意度	5	5%	百分率（%）	考核期内，供应商满意度评价达到____%，每降低____%，扣____分	X_{10}
采购质量管理	采购质量合格率	10	5%	百分率（%）	考核期内，采购质量合格率达到____%，每降低____%，扣____分	X_{11}
	重大采购质量事故次数	5	5%	频次	考核期内，重大采购质量事故次数低于____次，每超出____次，扣____分	X_{12}
物资供应	物资供应及时率	10	10%	百分率（%）	考核期内，物资供应及时率达到____%，每降低____%，扣____分	X_{13}
	物资供应准确性	5	5%	频次	考核期内，采购物资发放出错次数低于____次，每超出____次，扣____分	X_{14}
物资保管	物资保管损坏量	5	5%	金额	考核期内，采购物资保管损坏量折合成金额的总量低于____万元，每超出____万元，扣____分	X_{15}
计算公式	考核得分 = $X_1 \times 10\% + X_2 \times 10\% + X_3 \times 10\% + \cdots + X_{15} \times 5\%$				考核得分	
被考核人			考核人		复核人	
签字：_____ 日期：_____			签字：_____ 日期：_____		签字：_____ 日期：_____	

4.4 采购师绩效考核

4.4.1 采购师考核关键指标

采购师考核关键指标如表 4-9 所示。

表 4-9 采购师考核关键指标

考核项目	KPI 名称	指标定义或计算公式	考核周期	信息来源
采购计划管理	采购计划编制及时率	$\dfrac{\text{采购计划及时编制次数}}{\text{应完成采购计划编制总数}} \times 100\%$	月/季/年度	采购计划编制记录
	采购计划准确性	因采购计划制订错误而影响公司正常运营的次数	月/季/年度	采购计划书
	增补临时计划编制及时率	$\dfrac{\text{增补临时采购计划及时编制数}}{\text{增补临时采购计划需编制总数}} \times 100\%$	月/季/年度	增补临时计划编制记录
	采购计划完成率	$\dfrac{\text{考核期内采购物资总金额}}{\text{考核期内采购计划预算金额}} \times 100\%$	月/季/年度	采购计划书
采购预算控制	采购预算编制按时完成率	$\dfrac{\text{按时完成采购预算编制数}}{\text{应编制采购预算总数}} \times 100\%$	季/年度	采购预算上报记录
	采购资金节约率	$\left(1 - \dfrac{\text{实际采购物资金额}}{\text{采购物资预算金额}}\right) \times 100\%$	季/年度	采购预算
	采购资金占用率	$\dfrac{\text{未投入生产原材料占用资金}}{\text{同期投产总值}} \times 100\%$	季/年度	采购预算
供应商开发管理	供应商开发计划编制及时率	$\dfrac{\text{供应商开发计划及时编制次数}}{\text{应完成供应商开发计划编制总数}} \times 100\%$	季/年度	供应商开发计划上报单
	供应商开发计划完成率	$\dfrac{\text{实际开发供应商数量}}{\text{计划开发供应商数量}} \times 100\%$	季/年度	供应商开发计划
	供应商评估报告按时完成率	$\dfrac{\text{按时完成供应商评估报告数}}{\text{应完成供应商评估报告总数}} \times 100\%$	季/年度	供应商评估报告上报单
质量管理	采购质量标准编制及时率	$\dfrac{\text{采购质量标准及时编制次数}}{\text{应完成采购质量标准编制总数}} \times 100\%$	月/季/年度	采购质量标准上报单
	采购质量合格率	$\dfrac{\text{合格采购物资数量}}{\text{总采购物资数量}} \times 100\%$	月/季/年度	质检记录
物资供应	物资供应及时率	$\dfrac{\text{物资供应及时次数}}{\text{物资供应需求申请总次数}} \times 100\%$	月/季度	采购领料记录
	物资供应准确性	考核期内采购物资发放出错的次数	月/季度	采购物资发放记录
采购协作	供应商满意度	考核期内供应商对采购师各方面工作满意度评分的算术平均值	季/年度	满意度调查表
	物资需求部门满意度	考核期内物资需求部门对采购师各方面工作满意度评分的算术平均值	季/年度	满意度调查表
	上级主管满意度	考核期内上级主管对采购师各方面工作满意度评分的算术平均值	季/年度	满意度调查表

4.4.2 采购师绩效考核量表

采购师绩效考核量表如表 4-10 所示。

表 4-10 采购师绩效考核量表

采购师绩效考核量表					考核日期		
被考核人					考核人		
考核项目	考核指标	分值	权重	计量单位	考核量化标准		得分
采购计划管理	采购计划编制及时率	10	10%	百分率（%）	考核期内，采购计划编制及时率达到____%，每降低____%，扣____分		X_1
	采购计划准确性	5	5%	频次	考核期内，因采购计划制订错误而影响公司正常运营的次数低于____次，每超出____次，扣____分		X_2
	增补临时计划编制及时率	5	5%	百分率（%）	考核期内，增补临时计划编制及时率达到____%，每降低____%，扣____分		X_3
	采购计划完成率	5	5%	百分率（%）	考核期内，采购计划完成率达到____%，每降低____%，扣____分		X_4
采购预算控制	采购预算编制按时完成率	10	10%	百分率（%）	考核期内，采购预算编制按时完成率达到____%，每降低____%，扣____分		X_5
	采购资金节约率	5	5%	百分率（%）	考核期内，采购资金节约率达到____%，每降低____%，扣____分		X_6
	采购资金占用率	5	5%	百分率（%）	考核期内，采购资金占用率低于____%，每超出____%，扣____分		X_7
供应商开发管理	供应商开发计划编制及时率	5	5%	百分率（%）	考核期内，供应商开发计划编制及时率达到____%，每降低____%，扣____分		X_8
	供应商开发计划完成率	5	5%	百分率（%）	考核期内，供应商开发计划完成率达到____%，每降低____%，扣____分		X_9
	供应商评估报告按时完成率	5	5%	百分率（%）	考核期内，供应商评估报告按时完成率达到____%，每降低____%，扣____分		X_{10}
质量管理	采购质量标准编制及时率	10	10%	百分率（%）	考核期内，采购质量标准编制及时率达到____%，每降低____%，扣____分		X_{11}
	采购质量合格率	5	5%	百分率（%）	考核期内，采购质量合格率达到____%，每降低____%，扣____分		X_{12}
物资供应	物资供应及时率	5	5%	百分率（%）	考核期内，物资供应及时率达到____%，每降低____%，扣____分		X_{13}
	物资供应准确性	5	5%	频次	考核期内，采购物资发放出错次数低于____次，每超出____次，扣____分		X_{14}

续表

考核项目	考核指标	分值	权重	计量单位	考核量化标准	得分
采购协作	供应商满意度	5	5%	百分率（%）	考核期内，供应商满意度评价达到____%，每降低____%，扣____分	X_{15}
	物资需求部门满意度	5	5%	百分率（%）	考核期内，物资需求部门满意度评价达到____%，每降低____%，扣____分	X_{16}
	上级主管满意度	5	5%	百分率（%）	考核期内，上级主管满意度评价达到____%，每降低____%，扣____分	X_{17}
计算公式	考核得分＝$X_1 \times 10\% + X_2 \times 5\% + X_3 \times 5\% + \cdots + X_{17} \times 5\%$				考核得分	
被考核人		考核人			复核人	
签字：____ 日期：____		签字：____ 日期：____			签字：____ 日期：____	

4.5 采购员绩效考核

4.5.1 采购员考核关键指标

采购员考核关键指标如表 4-11 所示。

表 4-11 采购员考核关键指标

考核项目	KPI 名称	指标定义或计算公式	考核周期	信息来源
采购任务执行	采购订单按时完成率	$\dfrac{实际按期完成订单数}{采购订单总数} \times 100\%$	月/季度	采购订单
	订货差错率	$\dfrac{问题物资发生项数}{采购物资总项数} \times 100\%$	月/季度	采购订单
	采购收货及时率	$\dfrac{按时收货批次}{采购物资总批次} \times 100\%$	月度	采购收货记录
	采购资金节约率	$\left(1 - \dfrac{实际采购物资金额}{采购物资预算金额}\right) \times 100\%$	月/季/年度	采购预算
采购质量管理	采购质量合格率	$\dfrac{合格采购物资数量}{总采购物资数量} \times 100\%$	月/季度	质检记录
	采购退货次数	考核期内因质量问题导致退货的次数	月/季/年度	退货记录
供应商管理	供应商信息提供及时率	$\dfrac{供应商信息及时提供次数}{应提供供应商信息次数} \times 100\%$	月/季度	质检记录
	供应商档案完备率	$\dfrac{完整的供应商档案数}{供应商总数} \times 100\%$	季/年度	质检记录
	供应商满意度	考核期内供应商对采购师各方面工作满意度评分的算术平均值	年度	满意度调查表

续表

考核项目	KPI 名称	指标定义或计算公式	考核周期	信息来源
物资供应管理	供应任务完成率	$\dfrac{实际完成物资供应任务数}{计划完成物资供应任务数} \times 100\%$	月/季度	物资供应表
	物资供应及时率	$\dfrac{物资供应及时次数}{物资供应需求申请总次数} \times 100\%$	月度	采购领料记录
	物资供应准确性	考核期内采购物资发放出错的次数	月/季度	采购物资发放记录
	物资需求部门满意度	考核期内物资需求部门对采购员各方面工作满意度评分的算术平均值	季/年度	满意度调查表

4.5.2 采购员绩效考核量表

采购员绩效考核量表如 4-12 所示。

表 4-12 采购员绩效考核量表

采购员绩效考核量表					考核日期		
被考核人					考核人		
考核项目	考核指标	分值	权重	计量单位	考核量化标准		得分
采购任务执行	采购订单按时完成率	15	15%	百分率(%)	考核期内,采购订单按时完成率达到____%,每降低____%,扣____分		X_1
	订货差错率	5	5%	百分率(%)	考核期内,订货差错率低于____%,每超出____%,扣____分		X_2
	采购收货及时率	10	5%	百分率(%)	考核期内,采购收货及时率达到____%,每降低____%,扣____分		X_3
	采购资金节约率	10	15%	百分率(%)	考核期内,采购资金节约率达到____%,每降低____%,扣____分		X_4
采购质量管理	采购质量合格率	10	10%	百分率(%)	考核期内,采购质量合格率达到____%,每降低____%,扣____分		X_5
	采购退货次数	5	5%	频次	考核期内,采购退货次数低于____次,每超出____次,扣____分		X_6
供应商管理	供应商信息提供及时率	10	5%	百分率(%)	考核期内,供应商信息提供及时率达到____%,每降低____%,扣____分		X_7
	供应商档案完备率	5	5%	百分率(%)	考核期内,供应商档案完备率达到____%,每降低____%,扣____分		X_8
	供应商满意度	5	5%	百分率(%)	考核期内,供应商满意度评价达到____%,每降低____%,扣____分		X_9

续表

考核项目	考核指标	分值	权重	计量单位	考核量化标准	得分
物资供应管理	供应任务完成率	10	10%	百分率（%）	考核期内，供应任务完成率达到____%，每降低____%，扣____分	X_{10}
	物资供应及时率	5	10%	百分率（%）	考核期内，物资供应及时率达到____%，每降低____%，扣____分	X_{11}
	物资供应准确性	5	5%	频次	考核期内，采购物资发放出错次数低于____次，每超出____次，扣____分	X_{12}
	物资需求部门满意度	5	5%	百分率（%）	考核期内，物资需求部门满意度评价达到____%，每降低____%，扣____分	X_{13}
计算公式	考核得分 = $X_1 \times 15\% + X_2 \times 5\% + X_3 \times 5\% + \cdots + X_{13} \times 5\%$				考核得分	
被考核人			考核人		复核人	
签字：_____ 日期：_____			签字：_____ 日期：_____		签字：_____ 日期：_____	

Chapter 5

第 5 章

中小企业品管绩效考核

5.1 品管部门绩效考核

5.1.1 品管部门绩效考核标准

（1）品管部职能等级标准

品管部职能等级标准如表 5-1 所示。

表 5-1 品管部职能等级标准

职能等级	知识		技能	
	基本知识	专业知识	技术	能力
5级	①熟练掌握企业质量管理体系及技术监督法律法规 ②熟练掌握产品知识及质量管理相关基础知识	①熟悉质量管理体系，能够运用先进的质量管理方法对质量问题进行统计分析 ②熟练掌握标准化维护与完善知识	熟练掌握并擅于运用质量管理和分析工具	①优秀的决策能力，能够在复杂环境下做出有利于企业发展的质量管理决策 ②卓越的计划制订能力和产品质量管理能力 ③优秀的目标管理能力，能合理地分解目标并制订详细的工作计划
4级	①基本掌握企业质量管理体系及技术监督法律法规 ②基本掌握产品知识及质量管理相关基础知识	①基本熟悉质量管理体系，能够运用先进的质量管理方法对质量问题进行统计分析 ②基本掌握标准化维护与完善知识	基本掌握并能够运用质量管理和分析工具	①较强的目标管理能力和督导能力，能够制定合理的目标并及时跟踪实现情况 ②良好的团队建设能力，能根据团队成员的特点分配任务 ③具有一定激励能力，调动员工积极性，使其工作充满热情，按时完成工作目标
3级	①掌握部分企业质量管理体系及技术监督法律法规 ②掌握部分产品知识及质量管理相关基础知识	①熟悉部分质量管理体系，能够运用部分先进的质量管理方法对质量问题进行统计分析 ②掌握部分标准化维护与完善知识	掌握部分并能够运用质量管理和分析工具	①沟通清晰、简洁、客观，能有效地引导他人的思路 ②能进行理性的直接判断，估计客观形势 ③能够确保团队的合理需求得到满足，并为团队成员的工作开展争取所需要的各种信息、资源
2级	①了解企业质量管理体系及技术监督法律法规 ②了解产品知识及质量管理相关基础知识	①了解质量管理体系及质量管理方法 ②了解标准化维护与完善知识	了解质量管理和分析工具	①知晓沟通的重点，并能清晰流畅地表达出所要阐述的主要观点 ②能够根据工作需要，确定信息收集的目的、内容、质量标准及其他工作内容，并指导他人搜集信息
1级	①了解部分企业质量管理体系及技术监督法律法规 ②了解部分产品知识及质量管理相关基础知识	①了解部分质量管理体系及质量管理方法 ②了解部分标准化维护与完善知识	了解部分质量管理和分析工具	①能提供恰当的需求分析、辅导及相关支持，帮助他人学习与进步 ②能根据相关程序在上级即相关资源的指导下，对日常性、一般性的问题做出决定并采取行动 ③能给予部分同事具体的指导、建议以及工作示范

(2) 品管部职位等级标准

品管部职位等级标准如表 5-2 所示。

表 5-2 品管部职位等级标准

等级	职位等级	职位	工作内容
5级	高级管理工作	品管经理	①组织制定企业质量管理的各项规章制度,并根据企业的实际发展情况适时予以修订 ②组织制定技术标准、工艺标准、服务标准等文件,建设企业的质量管理体系 ③组织编制符合 ISO 9000 质量认证体系的质量手册和程序文件,并促进其在企业内的顺利实施 ④组织进行原材料的质量检验,严格把好质量关 ⑤组织对生产工艺质量进行监督、检查,妥善处理生产过程中的质量问题 ⑥对产品质量问题进行分析,并提出改进措施 ⑦安排人员收集、整理、归档产品质量记录
4～3级	中级管理工作	品管工程师	①设计质量管理流程及制定质量检验标准 ②根据产品质量保证需求,编制产品质量保证大纲、质量计划、程序文件,并监督质量保证要求的执行 ③监控生产或服务过程,持续改进产品或服务的质量水平 ④制程品质控制能力的分析及异常的改善 ⑤量规、检验仪器的校正与控制
4～3级	中级管理工作	质量认证员	①协助品管经理编制质量认证体系方案和文件 ②协助品管经理组织外审工作,确保企业 ISO 质量体系通过认证及复审 ③质量体系认证通过后,在企业各职能部门和生产车间进行推广、实施,确保企业质量体系正常运行 ④协助品管经理做好年度内审计划 ⑤协助品管经理做好质量体系的内审工作,对质量内审工作进行监督
4～3级	中级管理工作	班组长	①协助质量认证员做好每批产品投产前的质量检查准备工作,做好首件产品的检验工作 ②及时发现生产中出现的质量问题,协助品管经理采取解决措施,确保生产过程成品的质量 ③实施全班组人员的技术传授和培训活动,提高操作水平
2～1级	初级管理工作	来料检验员	①按照相关质量标准、要求、检验方法和进料检查程序,对原材料、外购件、外协件、包装物进货进行检验 ②鉴定不合格原料并进行分离处理,防止不合格原料入库并投入使用 ③对特许来或紧急放行的来料,进行质量检验跟踪,与其他职位检验员协作,及时隔离出不合格品 ④做好质量原始记录,对所检物品的质量情况进行统计、分析、上报
2～1级	初级管理工作	过程检验员	①根据检验标准要求,按照生产工艺和检验方法,完成品管经理分配的检验工作 ②对与质量相关的各个过程环节进行巡检、确认,提供相应的质量记录及报告 ③配合做好质量管理体系内审工作,并按要求提供质量记录 ④妥善保管检测仪器,并定期校对、维护

续表

等级	职位等级	工作内容
4级~1级	初级管理工作	最终检验员	①根据质量标准和任务要求,具体执行产成品的质量检验工作 ②鉴定并分离不合格品和不合格批次,协助不合格品处理的相关工作 ③负责产成品质量的最后定级及按照客户要求出具产品质量报告 ④妥善保管检验仪器,及时保养,定期送检

（3）品管部绩效考核标准

品管部绩效考核标准如表5-3所示。

表5-3 品管部绩效考核标准

考核项目	绩效考核标准		考核等级
工作业绩	在考核期内,工作业绩超过标准或计划内要求的110%(含)以上		A
	在考核期内,工作业绩达到标准或计划内要求的100%(含)~110%		B
	在考核期内,工作业绩达到标准或计划内要求的80%(含)~100%		C
	在考核期内,工作业绩达到标准或计划内要求的70%(含)~80%		D
	在考核期内,工作业绩达到标准或计划内要求的60%(含)~70%		E
工作效率	工作高效率化,工时利用率100%(含)以上		A
	工作效率较高,工时利用率80%(含)~100%		B
	工作效率正常,工时利用率70%(含)~80%		C
	工作效率不高,工时利用率60%(含)~70%		D
	工作效率很低,工时利用率60%以下		E
工作质量	在考核期内,产品质量合格率达100%		A
	在考核期内,产品质量合格率达80%(含)~100%		B
	在考核期内,产品质量合格率达70%(含)~80%		C
	在考核期内,产品质量合格率达60%(含)~70%		D
	在考核期内,发生重大产品质量不合格情况		E
工作能力	灵活性	善于根据环境变化迅速调整行为及方法,改变惯例,适应新的工作环境和工作方式	A
		通常依照惯例行事,但也能根据环境变化变通行事,以取得良好效果	B
		较少打破陈规,偶尔也会变通	C
		很少打破陈规,较少变通	D
		按惯例行事,做事僵化,不会变通	E
	问题解决能力	能迅速理解并把握复杂的事物,发现并明确关键问题,完美解决,有独到见解	A
		能够分辨关键问题,找到解决办法,并设法解决	B
		能够去想解决办法,但有时抓不注复杂问题的关键	C
		能够抓住简单问题的关键,并想办法解决	D
		对问题束手无策,没有办法解决	E

续表

考核项目		绩效考核标准	考核等级
工作能力	学习能力	学习能力很强,主动学习本工作相关知识并且能够很好地将其运用到实际工作中	A
		学习能力较强,能把新知识运用到实际工作中	B
		学习能力一般,能将部分知识运用到实际工作中	C
		学习能力较差,知识消化吸收慢	D
		学习能力极差,主动学习意识差	E
工作态度	工作责任心	有强烈的工作责任心,从来没有失职行为	A
		有较强的工作责任心,极少有失职行为	B
		有相当的工作责任心,偶尔也有失职行为	C
		有一定的工作责任心,时常有失职行为	D
		基本上没有工作责任心,工作失职习以为常	E
	工作纪律性	组织纪律性很强,能带头遵守公司各项规章制度	A
		组织纪律性较强,能自觉遵守公司的各项规章制度	B
		组织纪律性一般,偶尔发生违纪现象	C
		组织纪律性较差,经常发生违纪现象	D
		组织纪律性极差,发生重大违纪现象	E
	工作主动性	能提前完成工作任务并为下一项工作做好准备	A
		工作无须监督,能自觉完成	B
		工作需要监督才能完成	C
		工作在监督情况下能完成大部分工作	D
		工作在监督情况下仍不能完成	E

5.1.2 品管部门考核关键指标

品管部门考核关键指标如表5-4所示。

表5-4 品管部门考核关键指标

考核维度	KPI名称	指标定义或计算公式	考核周期	信息来源
财务管理	万元产值质量成本降低率	$\dfrac{\text{万元产值质量成本降低数额}}{\text{上一年度万元产值质量成本}} \times 100\%$	季/年度	财务报告
	质量管理费用控制率	$\dfrac{\text{实际质量管理费用}}{\text{计划质量管理费用}} \times 100\%$	季/年度	财务报告
内部运营管理	质量目标达成率	$\dfrac{\text{实际完成的质量目标数}}{\text{计划完成质量目标数}} \times 100\%$	季/年度	质量报告
	质检工作及时完成率	$\dfrac{\text{及时完成的质检次数}}{\text{应完成的检验总次数}} \times 100\%$	月/季度	质检工作记录
	产品质量合格率	$\dfrac{\text{合格的产品数量}}{\text{产品总数量}} \times 100\%$	月/季度	产品质量检验单

续表

考核维度	KPI名称	指标定义或计算公式	考核周期	信息来源
内部运营管理	产品免检认证通过率	$\dfrac{\text{通过免检认证的产品品种}}{\text{产品免检认证申请总次数}} \times 100\%$	年度	产品免检认证记录
	质量体系认证一次性通过率	$\dfrac{\text{质量体系认证一次性通过次数}}{\text{质量体系认证申请总次数}} \times 100\%$	年度	质量体系认证提交记录
	原辅材料现场使用合格率	$\left(1 - \dfrac{\text{发现的不合格原辅材料数}}{\text{现场使用的原辅材料总数}}\right) \times 100\%$	月/季度	原辅材料检验单
	产品质量原因退货率	$\dfrac{\text{质量原因产品退货数量}}{\text{交付的产品总数量}} \times 100\%$	月/季度	产品质量退货单
	质量会签率	$\dfrac{\text{实际会签文件数量}}{\text{应会签文件数量}} \times 100\%$	月/季度	质量会签表
	质量控制计划按时完成率	$\dfrac{\text{实际完成的质控工作项数}}{\text{计划的质控工作项数}} \times 100\%$	季/年度	质量控制计划提交记录
	质量事故及时处理率	$\dfrac{\text{及时处理的质量事故起数}}{\text{质量事故总起数}} \times 100\%$	月/季度	质量事故处理记录
客户管理	批次产品质量投诉率	$\dfrac{\text{客户投诉次数}}{\text{产品出货总批次}} \times 100\%$	季/年度	批次产品质量投诉记录
	客户投诉改善率	$\dfrac{\text{客户投诉按时改善的件数}}{\text{客户投诉总件数次}} \times 100\%$	季/年度	客户投诉改善调查表
员工学习与发展	培训计划完成率	$\dfrac{\text{已完成培训项目}}{\text{计划完成培训项目}} \times 100\%$	月/季度	培训记录
	核心员工流失率	$\dfrac{\text{核心员工离岗数}}{\text{核心员工总数}} \times 100\%$	季/年度	员工离职记录

5.1.3 品管部门绩效考核方案

下面是某企业品管部门绩效考核方案。

品管部门绩效考核方案

编　号：　　　　编制部门：　　　　审批人员：　　　　　　　审批日期：　年　月　日

一、考核目的
为检验并改善品管部门员工的工作绩效水平,不断提高公司产品质量,提升公司产品的市场竞争力,特制定本方案。
二、适用对象
本方案适用于品管部门所有员工。
三、考核频率
品管部门员工的考核分为季度考核和年度考核两种。季度考核的时间为每一季度最后一个月的25~30日,年度考核时间为下一年度1月的10~20日。
四、考核实施管理
(一)考核主体。
考核主体包括被考核者的直接上级、被考核者的同事、被考核者本人。人力资源部负责对考核工作进行组织、协调和监控。

续表

(二)考核内容。

1.考核内容构成。

考核内容由三部分组成,即员工工作业绩、工作能力、工作态度,其各自权重、考核内容及考核者如下图所示。

考核总分	= 工作能力得分	+ 工作态度得分	+ 工作业绩得分
权重	25%	10%	65%
考核内容	• 专业知识 • 专业技能 • 计划能力 • 发展潜力 • 创新能力	• 考勤 • 责任感 • 工作主动性 • 工作协作性	• 原材料质量检验合格率 • 品质控制 • 品质检测 • 产品质量问题处理 • 品质改进
考核者	直接主管考核	同事 直接主管考核	自评 直接主管考核

品管部门考核内容、权重设置及考核者明晰图

2.品管部考核内容的绩效目标。

品管部考核内容的绩效目标见下表。

品管部考核内容的绩效目标

考核内容		绩效目标
工作业绩考核	原材料质量检验合格率	原材料质量检验合格率达到____%以上
	品质控制	严格控制产品的不合格率
		严格执行产品检验标准和程序,不断完善公司产品质量管理体系
	产品质量问题处理	能够及时、有效地对出现的产品质量问题给予解决
	品质改进	严格执行品质改进计划,有效达成品质改进目标
工作能力考核	专业知识	熟练掌握本职位所要求具备的专业知识
	专业技能	熟练掌握本职位所要求具备的专业技能
	计划能力	根据工作事先的计划程度,做好合理的规划和安排
	创新能力	善于思考问题,经常提出一些切实可行的新方法,并积极将新方法运用到工作中
	发展潜力	积极主动地学习新知识、新技术;快速地将所学到的新知识或新技术运用到实际工作中去
工作态度考核	考勤状况	严格遵守公司的考勤管理规定
	工作责任感	工作尽职尽责,勇于对自己的过失承担责任
	工作主动性	能够积极、主动地完成本职工作
	工作协作性	较好地与他人进行工作上的协调与合作

五、考核结果应用

(一)考核等级划分。

将员工考核成绩划分为优、良、好、一般、差5个等级。下表给出了各等级具体分值标准及工作表现的内容。

续表

考核成绩等级划分标准一览表

等级	等级定义	分值	工作表现概述
S	优	90（含）～100分	①在规定的时间内，以出色的成绩完成工作任务 ②勇于承担额外的工作并以优异的成绩完成 ③得到其他相关部门或客户的高度评价 ④工作中乐于帮助他人
A	良	80（含）～90分	①在规定的时间内，以较好的成绩完成工作任务 ②主动完成额外的工作并努力做得更好 ③得到其他相关部门或客户的好评
B	好	70（含）～80分	介于A和C之间
C	一般	60（含）～70分	①基本上能在规定的时间内保质、保量地完成工作 ②对领导分派下来的额外的工作，尽力地完成 ③其他部门人员或客户没有不满意的评价
D	差	60分以下	①不能在规定的时间内完成相应的工作任务，或者完成的工作在数量、质量上达不到公司所要求的标准 ②工作上经常需要他人的指导和监督

（二）考核奖惩规定。

1. 品管部门人员季度考核结果主要作为季度奖金的发放依据。其中，考核结果达到S级的，季度奖金发放比例为110％；考核结果达到A级的，季度奖金发放比例为100％；考核结果达到B级的，季度奖金发放比例为85％；考核结果达到C级的，季度奖金发放比例为50％；考核结果达到D级的，无季度奖金。

2. 品管部门人员年度考核结果主要作为品管部门人员下一年度基本工资调整的依据。其中，年度考核结果达到S级的，下一年度基本工资上调10％；考核结果达到A级、B级、C级的，下一年度基本工资不予调整；考核结果达到D级的，下一年度基本工资下调10％。

六、考核申诉

员工对考核结果不服，可在得知考核结果7日内向品管经理或人力资源部申诉（绩效考核申诉表如下），超过申诉期限的，将不予处理。

绩效考核申诉表

申诉人		所在职位		所属部门		申诉日期	
申诉事由							
处理意见或建议						受理人签字： 受理日期：	
处理结果							
申诉人对申诉处理的意见							

实施对象：　　　　　　　　　　　　　　　　　　　　　　　　　　　　实施日期：　　年　月　日

5.2 品管经理绩效考核

5.2.1 品管经理考核关键指标

品管经理考核关键指标如表 5-5 所示。

表 5-5 品管经理考核关键指标

考核维度	KPI 名称	指标定义或计算公式	考核周期	信息来源
财务管理	质量预算实现率	$\dfrac{\text{实际质量预算}}{\text{计划质量预算}} \times 100\%$	季/年度	财务报告
	质量成本外部损失	由于产品质量问题造成的退货和对外赔偿经济损失	季/年度	财务报告
	退货费用占主营业务收入的比率	$\dfrac{\text{退货费用}}{\text{主营业务收入}} \times 100\%$	季/年度	财务报告
	质量成本控制率	$\dfrac{\text{质量成本}}{\text{产品销售收入}} \times 100\%$	季/年度	财务报告
内部运营管理	质量目标达成率	$\dfrac{\text{实际完成质量目标数}}{\text{计划完成质量目标数}} \times 100\%$	季/年度	质量报告
	质量检验任务完成率	$\dfrac{\text{实际完成质量检验工作量}}{\text{应完成质量检验工作量}} \times 100\%$	月/季度	质检检验工作记录
	产品质量合格率	$\dfrac{\text{合格的产品数量}}{\text{产品总数量}} \times 100\%$	月/季度	产品质量检验单
	质量问题处理及时率	$\dfrac{\text{实际处理质量问题数}}{\text{应处理质量问题数}} \times 100\%$	月/季度	质量问题处理记录
	质量报告编制及时率	$\dfrac{\text{实际报告编制完成时间}}{\text{计划报告编制完成时间}} \times 100\%$	季/年度	质量报告提交记录
	检验设备完好率	$\dfrac{\text{完好的检验设备数量}}{\text{检验设备总量}} \times 100\%$	季/年度	设备检验记录单
客户管理	客户对产品质量满意度	考核期内客户对产品质量满意度的算术平均分	季/年度	客户满意度调查表
	客户投诉降低率	$\dfrac{\text{本次考核期内客户投诉次数}}{\text{上一考核期内客户投诉次数}} \times 100\% - 1$	季/年度	客户满意度调查表
员工学习与发展	培训计划完成率	$\dfrac{\text{已完成培训项目}}{\text{计划完成培训项目}} \times 100\%$	月/季度	培训记录
	合理化建议被采纳率	$\dfrac{\text{被采纳的建议数量}}{\text{提交的建议数量}} \times 100\%$	季/年度	合理化建议记录

5.2.2 品管经理绩效考核量表

品管经理绩效考核量表如表 5-6 所示。

表 5-6 品管经理绩效考核量表

品管经理绩效考核量表					考核日期	
被考核人					考核人	
考核维度	考核指标	分值	权重	计量单位	考核量化标准	得分
财务管理	质量预算实现率	10	5%	百分率（%）	考核期内，质量预算实现率达到____%，每降低____%，扣____分	X_1
	质量成本外部损失	10	15%	万元	考核期内，质量成本外部损失低于____万元，每超出____万元，扣____分	X_2
	退货费用占主营业务收入的比率	5	5%	百分率（%）	考核期内，退货费用占主营业务收入的比率低于____%，每超出____%，扣____分	X_3
	质量成本控制率	10	15%	百分率（%）	考核期内，质量成本控制率达到____%，每降低____%，扣____分	X_4
内部运营管理	质量目标达成率	5	5%	百分率（%）	考核期内，质量目标达成率达到____%，每降低____%，扣____分	X_5
	质量检验任务完成率	5	5%	百分率（%）	考核期内，质量检验任务完成率达到____%，每降低____%，扣____分	X_6
	产品质量合格率	10	10%	百分率（%）	考核期内，产品质量合格率达到____%，每降低____%，扣____分	X_7
	质量问题处理及时率	10	5%	百分率（%）	考核期内，质量问题处理及时率达到____%，每降低____%，扣____分	X_8
	质量报告编制及时率	5	5%	百分率（%）	考核期内，质量报告编制及时率达到____%，每降低____%，扣____分	X_9
	检验设备完好率	5	5%	百分率（%）	考核期内，检验设备完好率达到____%，每降低____%，扣____分	X_{10}
客户管理	客户对产品质量满意度	5	5%	分	考核期内，客户对产品质量满意度达到____分，每减少____分，扣____分	X_{11}
	客户投诉降低率	10	10%	百分率（%）	考核期内，客户投诉降低率达到____%，每超出____%，扣____分	X_{12}
员工学习与发展	培训计划完成率	5	5%	百分率（%）	考核期内，培训计划完成率达到____%，每降低____%，扣____分	X_{13}
	合理化建议被采纳率	5	5%	百分率（%）	考核期内，合理化建议被采纳率达到____%，每降低____%，扣____分	X_{14}
计算公式	考核得分 = $X_1 \times 5\% + X_2 \times 15\% + X_3 \times 5\% + \cdots + X_{14} \times 5\%$				考核得分	
被考核人			考核人		复核人	
签字:_____ 日期:_____			签字:_____ 日期:_____		签字:_____ 日期:_____	

5.3 品管工程师绩效考核

5.3.1 品管工程师考核关键指标

品管工程师考核关键指标如表 5-7 所示。

表 5-7 品管工程师考核关键指标

考核项目	KPI 名称	指标定义或计算公式	考核周期	信息来源
质量成本	质量成本降低率	$1-\dfrac{\text{本年度质量成本发生额}}{\text{上一年度质量成本发生额}}\times 100\%$	季/年度	财务报告
	质量成本数据核算出错次数	考核期内质量成本数据核算出错的次数	月/季度	财务报告
质量控制	产品质量合格率	$\dfrac{\text{合格的产品数量}}{\text{产品总数量}}\times 100\%$	月/季度	产品质量检验单
	产品质量分析报告提交及时率	$\dfrac{\text{实际提交时间}}{\text{计划提交时间}}\times 100\%$	月/季度	报告提交记录
	客户质量问题投诉处理及时率	$\dfrac{\text{实际处理质量问题投诉数量}}{\text{计划处理质量问题投诉数量}}\times 100\%$	季/年度	客户投诉处理记录
	客户质量问题处理满意度	考核期内客户对产品质量问题处理满意度的算术平均分	季/年度	客户投诉处理记录
质量改进	质量改进方案提交数	考核期内提交的有效质量改进方案数	季/年度	质量改进方案提交记录
	质量改进目标达成率	$\dfrac{\text{质量改进目标实际完成数}}{\text{质量改进目标计划数}}\times 100\%$	季/年度	质量报告
质量管理体系	外部审核一次性通过率	$\dfrac{\text{参与外部认证机构审通过次数}}{\text{参与外部认证机构审核总次数}}\times 100\%$	季/年度	外部审核记录
	质量培训计划完成率	$\dfrac{\text{实际完成的质量培训项目数}}{\text{计划实施的质量培训项目总数}}\times 100\%$	季/年度	培训记录

5.3.2 品管工程师绩效考核量表

品管工程师绩效考核量表如表 5-8 所示。

表 5-8 品管工程师绩效考核量表

品管工程师绩效考核量表				考核日期		
被考核人				考核人		
考核项目	考核指标	分值	权重	计量单位	考核量化标准	得分
质量成本	质量成本降低率	20	15%	百分率（%）	考核期内，质量成本降低率达到____%，每超出____%，扣____分	X_1

续表

考核项目	考核指标	分值	权重	计量单位	考核量化标准	得分
质量成本	质量成本数据核算出错次数	10	10%	频次	考核期内,质量成本数据核算出错次数低于____次,每超出____次,扣____分	X_2
质量控制	产品质量合格率	15	15%	百分率(%)	考核期内,产品质量合格率达到____%,每降低____%,扣____分	X_3
质量控制	产品质量分析报告提交及时率	5	5%	百分率(%)	考核期内,产品质量分析报告提交及时率达到____%,每降低____%,扣____分	X_4
质量控制	客户质量问题投诉处理及时率	10	10%	百分率(%)	考核期内,客户质量问题投诉处理及时率达到____%,每降低____%,扣____分	X_5
质量控制	客户质量问题处理满意度	10	10%	分数	考核期内,客户质量问题处理满意度达到____分,每降低____,扣____分	X_6
质量改进	质量改进方案提交数	5	5%	数量	考核期内,质量改进方案提交方案达到____份,每降低____份,扣____分	X_7
质量改进	质量改进目标达成率	10	15%	百分率(%)	考核期内,质量改进目标达成率达到____%,每降低____%,扣____分	X_8
质量管理体系	外部审核一次性通过率	10	10%	百分率(%)	考核期内,外部审核一次性通过率达到____%,每降低____%,扣____分	X_9
质量管理体系	质量培训计划完成率	5	5%	百分率(%)	考核期内,质量培训计划完成率达到____%,每降低____%,扣____分	X_{10}
计算公式	考核得分=$X_1 \times 15\% + X_2 \times 10\% + X_3 \times 15\% + \cdots + X_{10} \times 5\%$				考核得分	

被考核人	考核人	复核人
签字:_____ 日期:_____	签字:_____ 日期:_____	签字:_____ 日期:_____

5.4 质量认证员绩效考核

5.4.1 质量认证员考核关键指标

质量认证员考核关键指标如表 5-9 所示。

表 5-9 质量认证员考核关键指标

考核项目	KPI 名称	指标定义或计算公式	考核周期	信息来源
质量管理体系建设	质量体系认证一次性通过率	$\dfrac{认证一次性通过次数}{认证申请总次数} \times 100\%$	季/年度	财务报告
质量管理体系建设	产品免检认证通过率	$\dfrac{通过免检认证的产品品种}{产品免检认证申请总次数} \times 100\%$	年度	产品免检认证记录
质量管理体系建设	质量体系运行问题及时解决率	$\dfrac{及时解决的质量体系运行问题}{质量体系运行发现的总问题数} \times 100\%$	季/年度	质量体系运行报告

续表

考核项目	KPI 名称	指标定义或计算公式	考核周期	信息来源
质量管理体系建设	质量体系推行工作按计划完成率	$\dfrac{\text{实际完成质量体系推行工作数}}{\text{计划的质量体系推行工作数}} \times 100\%$	季/年度	质量体系运行报告
质量体系认证	质量体系外审通过率	$\dfrac{\text{一次性通过外审次数}}{\text{提交外审总次数}} \times 100\%$	季/年度	质量体系外审记录
质量体系认证	质量认证手册编制及时率	$\dfrac{\text{实际编制时间}}{\text{计划编制时间}} \times 100\%$	季/年度	质量认证手册编制记录
质量体系认证	质量认证程序规范性	质量认证程序是否符合 ISO 标准的程序文件	季/年度	质量认证程序审核表
质量体系认证	质量认证年检、年审及时率	$\dfrac{\text{实际年检、年审时间}}{\text{计划年检、年审时间}} \times 100\%$	季/年度	年检、年审记录
质量体系认证	质量认证年检、年审通过率	$\dfrac{\text{一次性通过年检、年审次数}}{\text{提交年检、年审总次数}} \times 100\%$	年度	年检、年审记录
质量体系认证	内审计划提交及时率	$\dfrac{\text{实际提交时间}}{\text{计划提交时间}} \times 100\%$	季/年度	内审计划提交记录
质量管理体系文档管理	质量管理体系文档完整率	$\dfrac{\text{实际归档管理文件数}}{\text{计划归档管理文件数}} \times 100\%$	季/年度	档案管理统计台账
质量管理体系文档管理	质量管理体系文档规范性	考核期内对质量管理体系文档规范性评价的算术平均分	季/年度	档案管理统计台账
质量管理体系文档管理	质量管理体系文档保密性	考核期内重要质量管理体系文档是否发生泄密事件	季/年度	档案管理统计台账

5.4.2 质量认证员绩效考核量表

质量认证员绩效考核量表如表 5-10 所示。

表 5-10 质量认证员绩效考核量表

质量认证员绩效考核量表				考核日期		
被考核人				考核人		
考核项目	考核指标	分值	权重	计量单位	考核量化标准	得分
质量管理体系建设	质量体系认证一次性通过率	15	15%	百分率(%)	考核期内,质量体系认证一次性通过率达到____%,每降低____%,扣____分	X_1
质量管理体系建设	产品免检认证通过率	15	10%	百分率(%)	考核期内,产品免检认证通过率达到____%,每降低____%,扣____分	X_2
质量管理体系建设	质量体系运行问题及时解决率	5	10%	百分率(%)	考核期内,质量体系运行问题及时解决率达到____%,每降低____%,扣____分	X_3
质量管理体系建设	质量体系推行工作按计划完成率	5	5%	百分率(%)	考核期内,质量体系推行工作按计划完成率达到____%,每降低____%,扣____分	X_4

续表

考核项目	考核指标	分值	权重	计量单位	考核量化标准	得分
质量体系认证	质量体系外审通过率	10	10%	百分率（%）	考核期内，质量体系外审通过率达到____%，每降低____%，扣____分	X_5
	质量认证手册编制及时率	5	5%	百分率（%）	考核期内，质量认证手册编制及时率达到____%，每降低____%，扣____分	X_6
	质量认证程序规范性	5	5%	频次	考核期内，质量认证程序符合ISO标准的程序文件，每出现____次不规范情况，扣____分	X_7
	质量认证年检、年审及时率	5	5%	百分率（%）	考核期内，质量认证年检、年审及时率达到____%，每降低____%，扣____分	X_8
	质量认证年检、年审通过率	10	10%	百分率（%）	考核期内，质量认证年检、年审通过率达到____%，每降低____%，扣____分	X_9
	内审计划提交及时率	5	5%	百分率（%）	考核期内，内审计划提交及时率达到____%，每降低____%，扣____分	X_{10}
质量管理体系文档管理	质量管理体系文档完整率	5	5%	百分率（%）	考核期内，质量管理体系文档完整率达到____%，每降低____%，扣____分	X_{11}
	质量管理体系文档规范性	5	5%	分	考核期内，质量管理体系文档规范性达____分，每减少____分，扣____分	X_{12}
	质量管理体系文档保密性	10	10%	频次	考核期内，质量管理体系文档保密性达100%，每出现____次泄密情况，扣____分	X_{13}
计算公式	考核得分＝X_1×15%＋X_2×10%＋X_3×10%＋…＋X_{13}×10%				考核得分	
被考核人			考核人		复核人	
签字：____ 日期：____			签字：____ 日期：____		签字：____ 日期：____	

5.5 班组长工作绩效考核

5.5.1 班组长考核关键指标

班组长考核关键指标如表5-11所示。

表5-11 班组长考核关键指标

考核项目	KPI名称	指标定义或计算公式	考核周期	信息来源
产品质量管理	产品质量合格率	$\frac{合格产品数量}{总产品数量} \times 100\%$	月/季度	产品检验报告
	废品率	$\frac{废品数}{总产品数} \times 100\%$	月/季度	产品检验报告
	抽验合格率	$\frac{抽验合格的产品数量}{抽验的产品总数量} \times 100\%$	月/季度	产品出厂记录

续表

考核项目	KPI 名称	指标定义或计算公式	考核周期	信息来源
产品质量管理	产品优良率	$\dfrac{\text{一次性检验为优良的产品数量}}{\text{抽检验产品总数量}} \times 100\%$	季/年度	产品检验报告
	质量改进跟进及时率	$\dfrac{\text{及时跟进的质量改进项目}}{\text{质量改进总项目}} \times 100\%$	季/年度	质量改进记录
	质量改进目标达成率	$\dfrac{\text{质量改进目标实现完成数}}{\text{质量改进目标计划数}} \times 100\%$	季/年度	质量改进记录
质量事故处理	质量事故经济损失	因质量事故造成企业各方面经济损失的金额，包括直接经济损失和间接经济损失	季/年度	质量事故记录
	质量事故发生次数	考核期内质量事故发生的次数合计	季/年度	质量事故记录
	质量事故处理及时率	$\dfrac{\text{及时处理的质量事故起数}}{\text{发生的质量事故起数}} \times 100\%$	季/年度	质量事故记录

5.5.2 班组长绩效考核量表

班组长绩效考核量表如表 5-12 所示。

表 5-12 班组长绩效考核量表

班组长绩效考核量表					考核日期		
被考核人					考核人		
考核项目	考核指标	分值	权重	计量单位	考核量化标准		得分
产品质量管理	产品质量合格率	10	15%	百分率（%）	考核期内，产品质量合格率达到____%，每降低____%，扣____分		X_1
	废品率	10	15%	百分率（%）	考核期内，废品率低于____%，每超出____%，扣____分		X_2
	抽验合格率	10	10%	百分率（%）	考核期内，抽验合格率达到____%，每降低____%，扣____分		X_3
	产品优良率	10	10%	百分率（%）	考核期内，产品优良率达到____%，每降低____%，扣____分		X_4
	质量改进跟进及时率	10	5%	百分率（%）	考核期内，质量改进跟进及时率达到____%，每降低____%，扣____分		X_5
	质量改进目标达成率	5	10%	百分率（%）	考核期内，质量改进目标达成率达到____%，每降低____%，扣____分		X_6
质量事故处理	质量事故经济损失	15	10%	万元	考核期内，质量事故经济损失为0，每超出____万元，扣____分		X_7
	质量事故发生次数	20	15%	频次	考核期内，质量事故发生次数为0，每发生____次，扣____分		X_8

续表

考核项目	考核指标	分值	权重	计量单位	考核量化标准	得分
质量事故处理	质量事故处理及时率	10	10%	百分率（%）	考核期内，质量事故处理及时率达到____%，每降低____%，扣____分	X_9
计算公式	考核得分=$X_1×15\%+X_2×15\%+X_3×10\%+\cdots+X_9×10\%$				考核得分	
被考核人			考核人		复核人	
签字：____ 日期：____			签字：____ 日期：____		签字：____ 日期：____	

5.6 来料检验员绩效考核

5.6.1 来料检验员考核关键指标

来料检验员考核关键指标如表5-13所示。

表5-13 来料检验员考核关键指标

考核项目	KPI 名称	指标定义或计算公式	考核周期	信息来源
来料检验	来料检验合格率	$\frac{来料检验合格数}{来料检验总数}×100\%$	月/季度	来料检验报告
	来料检验完成及时率	$\frac{及时完成来料检验次数}{应完成检验的来料次数}×100\%$	月/季度	来料检验执行记录
	来料在线质量问题批次发生率	$\frac{在线发现来料质量问题批数}{总来料批数}×100\%$	季/年度	来料在线质量问题记录
	来料检验准确率	$\frac{来料检验准确次数}{来料检验总次数}×100\%$	月/季度	来料检验报告
	原辅材料现场使用合格率	$\left(1-\frac{发现的不合格原辅材料数}{现场使用的原辅材料总数}\right)×100\%$	月/季度	原辅材料检验单
	来料质量异常问题处理及时率	$\frac{实际处理来料质量异常问题}{应处理来料质量异常问题}×100\%$	季/年度	来料质量问题处理单
来料检验预算	来料检验预算通过率	$\frac{一次性通过来料检验预算次数}{提交来料检验预算次数}×100\%$	季/年度	财务报告
	来料检验费用控制率	$\frac{实际来料检验费用}{计划来料检验费用}×100\%$	季/年度	财务报告
来料检验设备	来料检验设备完好率	$\frac{完好的来料检验设备数量}{来料检验设备总量}×100\%$	月/季度	来料检验设备统计台账
	在用质检仪器受检率	$\frac{在用质检仪器受检台数}{在用质检仪器总台数}×100\%$	年度	在用质检仪器受检记录
来料检验记录	来料检验记录质量	来料检验记录项目是否完整，数据真实，内容规范	季/年度	来料检验记录
	来料检验记录存档	来料检验记录存档是否及时、准确、全面、整齐	季/年度	档案管理统计台账

5.6.2 来料检验员绩效考核量表

来料检验员绩效考核量表如表5-14所示。

表5-14 来料检验员绩效考核量表

来料检验员绩效考核量表					考核日期		
被考核人					考核人		
考核项目	考核指标	分值	权重	计量单位	考核量化标准		得分
来料检验	来料检验合格率	15	20%	百分率（%）	考核期内，来料检验合格率达到____%，每降低____%，扣____分		X_1
	来料检验完成及时率	10	10%	百分率（%）	考核期内，来料检验完成及时率达到____%，每降低____%，扣____分		X_2
	来料在线质量问题批次发生率	10	10%	百分率（%）	考核期内，来料在线质量问题批次发生率达到____%，每超出____%，扣____分		X_3
	来料检验准确率	10	5%	百分率（%）	考核期内，来料检验准确率达到____%，每降低____%，扣____分		X_4
	原辅材料现场使用合格率	10	10%	百分率（%）	考核期内，原辅材料现场使用合格率达到____%，每降低____%，扣____分		X_5
	来料质量异常问题处理及时率	5	5%	百分率（%）	考核期内，来料质量异常问题处理及时率达到____%，每超出____%，扣____分		X_6
来料检验预算	来料检验预算通过率	10	10%	百分率（%）	考核期内，来料检验预算通过率达到____%，每降低____%，扣____分		X_7
	来料检验费用控制率	10	10%	百分率（%）	考核期内，来料检验费用控制率达到____%，每降低____%，扣____分		X_8
来料检验设备	来料检验设备完好率	5	5%	百分率（%）	考核期内，来料检验设备完好率达到____%，每降低____%，扣____分		X_9
	在用质检仪器受检率	5	5%	百分率（%）	考核期内，在用质检仪器受检率达到____%，每降低____%，扣____分		X_{10}
来料检验记录	来料检验记录质量	5	5%	数量	考核期内，来料检验记录每出现____项质量问题，扣____分		X_{11}
	来料检验记录存档	5	5%	频次	考核期内，来料检验记录存档过程每出现____次漏项、错误或延误，扣____分		X_{12}
计算公式	考核得分＝$X_1 \times 20\% + X_2 \times 10\% + X_3 \times 10\% + \cdots + X_{12} \times 5\%$					考核得分	
被考核人			考核人			复核人	
签字：_____ 日期：_____			签字：_____ 日期：_____			签字：_____ 日期：_____	

5.7 过程检验员绩效考核

5.7.1 过程检验员考核关键指标

过程检验员考核关键指标如表 5-15 所示。

表 5-15 过程检验员考核关键指标

考核项目	KPI 名称	指标定义或计算公式	考核周期	信息来源
在制品检验	工序合格率	$\dfrac{\text{工序一次合格数量}}{\text{该工序生产总数量}} \times 100\%$	月/季度	工序检验报告
	产品直通率	用来衡量产品制造过程各个工序综合品质水平,指产品可以无缺损通过整个生产流程的概率值	月/季度	产品检验报告
	工序返工率	$\dfrac{\text{各道工序返工总数}}{\text{各道工序产出总数}} \times 100\%$	月/季度	工序报告
	制程检验及时完成率	$\dfrac{\text{错检的中间品数量}}{\text{制程中间品总数量}} \times 100\%$	月/季度	制程检验报告
	制程质量错检率	$\dfrac{\text{实际制程检验完成时间}}{\text{计划制程检验完成时间}} \times 100\%$	月/季度	制程检验报告
	百元制造成本质量成本	$\dfrac{\text{内部故障(损失)成本}}{\text{产品的制造成本}} \times 100\%$	季/年度	制程检验报告
	制程质量问题及时解决率	$\dfrac{\text{及时解决的制程质量问题数}}{\text{发现的制程质量问题总数}} \times 100\%$	月/季度	制程检验报告
	质检工作效率提高率	$\dfrac{\text{本考核期质检工作效率}}{\text{上一考核期质检工作效率}} \times 100\% - 1$	季/年度	制程检验报告
制程检验设备	制程检验设备完好率	$\dfrac{\text{完好的制程检验设备数量}}{\text{制程检验设备总量}} \times 100\%$	季/年度	制程检验设备统计台账
	在用质检仪器受检率	$\dfrac{\text{在用质检仪器受检台数}}{\text{在用质检仪器总台数}} \times 100\%$	年度	在用质检仪器受检记录
制程检验报表	制程检验报表提交及时	$\dfrac{\text{实际提交时间}}{\text{计划提交时间}} \times 100\%$	季/年度	制程检验报表提交记录
	制程检验报表准确率	$\dfrac{\text{制程检验报表无误的份数}}{\text{制程检验报表总份数}} \times 100\%$	季/年度	制程检验报表记录

5.7.2 过程检验员绩效考核量表

过程检验员绩效考核量表如表 5-16 所示。

表 5-16 过程检验员绩效考核量表

过程检验员绩效考核量表					考核日期	
被考核人					考核人	
考核项目	考核指标	分值	权重	计量单位	考核量化标准	得分
在制品检验	工序合格率	15	20%	百分率（%）	考核期内，工序合格率达到____%，每减少____%，扣____分	X_1
	产品直通率	15	15%	百分率（%）	考核期内，产品直通率达到____%，每减少____%，扣____分	X_2
	工序返工率	10	10%	百分率（%）	考核期内，工序返工率达到____%，每超出____%，扣____分	X_3
	制程检验及时完成率	5	5%	百分率（%）	考核期内，制程检验及时完成率达到____%，每减少____%，扣____分	X_4
	制程质量错检率	5	10%	百分率（%）	考核期内，制程质量错检率达到____%，每增加____%，扣____分	X_5
	百元制造成本质量成本	10	10%	百分率（%）	考核期内，百元制造成本质量成本达到____%，每增加____%，扣____分	X_6
	制程质量问题及时解决率	5	5%	百分率（%）	考核期内，制程质量问题及时解决率达到____%，每减少____%，扣____分	X_7
	质检工作效率提高率	10	5%	百分率（%）	考核期内，质检工作效率提高率达到____%，每减少____%，扣____分	X_8
制程检验设备	制程检验设备完好率	10	10%	百分率（%）	考核期内，制程检验设备完好率达到____%，每减少____%，扣____分	X_9
	在用质检仪器受检率	5	5%	百分率（%）	考核期内，在用质检仪器受检率达到____%，每减少____%，扣____分	X_{10}
制程检验报表	制程检验报表提交及时率	5	5%	百分率（%）	考核期内，制程检验报表提交及时率达到____%，每减少____%，扣____分	X_{11}
	制程检验报表准确率	5	5%	百分率（%）	考核期内，制程检验报表准确率达到____%，每减少____%，扣____分	X_{12}
计算公式	考核得分＝$X_1 \times 20\% + X_2 \times 15\% + X_3 \times 10\% + \cdots + X_{12} \times 5\%$				考核得分	
被考核人			考核人		复核人	
签字：_____ 日期：_____			签字：_____ 日期：_____		签字：_____ 日期：_____	

5.8 最终检验员绩效考核

5.8.1 最终检验员考核关键指标

最终检验员考核关键指标如表 5-17 所示。

表 5-17 最终检验员考核关键指标

考核项目	KPI 名称	指标定义或计算公式	考核周期	信息来源
成品检验	漏检率	$\dfrac{\text{检验结果合格数中实际不合格数}}{\text{检验总数中实际存在不合格数}} \times 100\%$	月/季度	成品检验报告
	错检率	$\dfrac{\text{检验结果不合格数中实际合格数}}{\text{检验总数中实际存在合格数}} \times 100\%$	月/季度	成品检验报告
	废品率	$\dfrac{\text{废品数}}{\text{总产品数}} \times 100\%$	月/季度	成品检验报告
	产品出厂合格率	$\dfrac{\text{产品出厂检验合格数}}{\text{产品出厂检验总数}} \times 100\%$	月/季度	产品出厂记录
	客户验货批次合格率	$\dfrac{\text{客户检验产品合格批次}}{\text{客户检验产品总批次}} \times 100\%$	月/季度	客户验货单
	批次产品质量投诉率	$\dfrac{\text{客户投诉次数}}{\text{产品出货总批次}} \times 100\%$	月/季度	客户投诉记录
	产品开箱合格率	$\dfrac{\text{开箱检验合格数}}{\text{开箱检验总数}} \times 100\%$	月/季度	产品开箱检验单
	质检工作效率提高率	$\dfrac{\text{本考核期质检工作效率}}{\text{上一考核期质检工作效率}} \times 100\% - 1$	季/年度	成品检验报告
成品检验设备	成品检验设备台账完整率	$\dfrac{\text{成品检验设备台账数}}{\text{成品检验设备实际数}} \times 100\%$	季/年度	成品检验设备统计台账
	设备状态标识出错次数	最终检验员未按企业的统一规定,对设备状态进行非正确标识的次数	月/季度	成品检验设备统计台账
	违反质检设备操作规程次数	最终检验员未按照质检设备操作规程进行操作的次数	月度/季度	质检设备操作记录
成品检验报告	成品检验报告出具及时率	$\dfrac{\text{成品检验报告及时出具的次数}}{\text{应出具成品检验报告的总次数}} \times 100\%$	季/年度	成品检验报告出具记录
	成品检验报告出具准确率	$\dfrac{\text{无错、漏的成品检验报告份数}}{\text{提交的成品检验报告的总份数}} \times 100\%$	季/年度	成品检验报告出具记录

5.8.2 最终检验员绩效考核量表

最终检验员绩效考核量表如表 5-18 所示。

表 5-18 最终检验员绩效考核量表

最终检验员绩效考核量表					考核日期		
被考核人					考核人		
考核项目	考核指标	分值	权重	计量单位	考核量化标准		得分
成品检验	漏检率	10	10%	百分率（%）	考核期内,漏检率低于____%,每超出____%,扣____分		X_1

续表

考核项目	考核指标	分值	权重	计量单位	考核量化标准	得分
成品检验	错检率	10	10%	百分率（%）	考核期内，错检率低于____%，每超出____%，扣____分	X_2
	废品率	10	10%	百分率（%）	考核期内，废品率低于____%，每超出____%，扣____分	X_3
	产品出厂合格率	10	15%	百分率（%）	考核期内，产品出厂合格率达到____%，每减少____%，扣____分	X_4
	客户验货批次合格率	10	10%	百分率（%）	考核期内，客户验货批次合格率达到____%，每减少____%，扣____分	X_5
	批次产品质量投诉率	10	5%	百分率（%）	考核期内，批次产品质量投诉率低于____%，每超出____%，扣____分	X_6
	产品开箱合格率	10	10%	百分率（%）	考核期内，产品开箱合格率达到____%，每减少____%，扣____分	X_7
	质检工作效率提高率	5	5%	百分率（%）	考核期内，质检工作效率提高率达到____%，每减少____%，扣____分	X_8
成品检验设备	成品检验设备台账完整率	5	5%	百分率（%）	考核期内，成品检验设备台账完整率达到____%，每减少____%，扣____分	X_9
	设备状态标识出错次数	5	5%	频次	考核期内，设备状态标识出错次数低于____次，每超出____次，扣____分	X_{10}
	违反质检设备操作规程次数	5	5%	频次	考核期内，违反质检设备操作规程次数低于____次，每超出____次，扣____分	X_{11}
成品检验报告	成品检验报告出具及时率	5	5%	百分率（%）	考核期内，成品检验报告出具及时率达到____%，每减少____%，扣____分	X_{12}
	成品检验报告出具准确率	5	5%	百分率（%）	考核期内，成品检验报告出具准确率达到____%，每减少____%，扣____分	X_{13}
计算公式	考核得分 = $X_1 \times 10\% + X_2 \times 10\% + X_3 \times 10\% + \cdots + X_{13} \times 5\%$				考核得分	
	被考核人			考核人		复核人
	签字：_____ 日期：_____			签字：_____ 日期：_____		签字：_____ 日期：_____

Chapter 6

第 6 章

中小企业市场绩效考核

6.1 市场部绩效考核

6.1.1 市场部绩效考核标准

(1) 市场部职能等级标准

市场部职能等级标准如表6-1所示。

表6-1 市场部职能等级标准

职能等级	知识		技能	
	基本知识	专业知识	技术	能力
5级	熟练掌握行业知识,深入理解本企业文化,严格执行企业规章制度	①熟练掌握营销策划、广告学及公共关系知识 ②总是关注最前沿的广告策划热点知识	熟练掌握并运用市场信息及数据搜集和分析工具	①具备一定的前瞻性和预见性,能够提前对重大潜在风险做出预案 ②根据对地区的经济环境、文化、价值观、客户习惯等方面的深入了解,推出新的产品、服务和竞争策略,引导市场潮流,发掘更大的市场空间
4级	基本掌握行业知识,基本认同本企业文化及规章制度	①基本掌握营销策划、广告学及公共关系知识 ②较少关注最前沿的广告策划热点知识	熟练掌握市场信息及数据搜集和分析工具,但运用能力稍差	①能够建立比较广泛的社会关系网络,并利用它促进工作的进一步开展 ②面对复杂的情况时,能将获得的各种观点、疑问和搜索到的数据进行归纳,提炼出较为有价值的核心观点或简洁的结论
3级	了解行业知识和本企业文化,基本做到照章行事	①了解营销策划、广告学及公共关系知识 ②关注本行业个别前沿知识	基本掌握市场信息及数据搜集和分析工具,能运用部分工具	①尊重他人,能适当提问以获得对信息的准确理解并适时给予反馈 ②能利用学习到的理论知识以及在处理其他问题时取得的经验,对现有信息和资料进行整体分析和处理,找到市场策划的活动思路
2级	基本了解行业知识和本企业文化,但对本企业制度执行不到位	①掌握营销策划、广告学及公共关系的部分知识 ②很少关注本行业内的前沿知识	了解市场信息及数据搜集和分析工具,能运用个别工具	①知晓沟通的重点,并能清晰流畅地表达出所要阐述的主要观点 ②能够根据工作需要,确定信息收集的目的、内容、质量标准及其他工作内容,并指导他人搜集信息
1级	基本了解本企业文化,但对行业知识知之甚少,制度执行也不到位	①了解营销策划方面的知识 ②不关注本行业内的前沿知识	了解个别市场信息及数据搜集和分析工具,且运用能力较差	①能选择合适的信息收集渠道并采用有效的方法进行信息收集工作 ②具备一定的市场洞察能力,对影响市场的各潜在因素有一定的了解与把握

(2) 市场部职位等级标准

市场部职位等级标准如表6-2所示。

表 6-2 市场部职位等级标准

等级	职位等级		工作内容
5级	高级管理工作	市场经理	①制订企业市场营销计划、营销政策及市场发展策略 ②编制年度市场开发计划 ③参与产品价格体系的确定工作,对产品调价工作提出建议 ④综合客户的反馈意见,组织市场调查分析,为企业市场战略的制定提供建议和信息支持 ⑤制定本企业的品牌管理策略,维护并提升本企业及产品的品牌知名度 ⑥建立、管理与市场活动相关的关系网络 ⑦管理监督企业市场费用、控制工作以及本部门管理工作
4～3级	中级管理工作	市场主管	①根据企业的发展战略协助市场经理制定总体市场战略 ②协助市场经理组织实施经公司批准的市场计划 ③进行广告检测与统计,及时进行广告、公关活动的效果评估 ④负责对下属人员的工作进行考核、评比、激励、推荐和评价 ⑤组织各种市场推广和公关活动
		市场广告员	①收集、整理各项广告策划、创意资料并进行分类 ②协助市场主管制定广告策划案 ③搜集市场广告信息和数据,参与广告调研,撰写调研报告 ④负责与各广告媒体的前期联络工作 ⑤结合企业文化和产品特征撰写各类广告文稿 ⑥及时在有关媒体发布广告,关注广告宣传效果
		市场策划员	①负责收集、整理、编制市场宣传资料和经营数据 ②协助市场主管制定产品策划方案和促销方案 ③定期对企业经营数据进行分析,形成分析报告,为经营决策提供数据支持 ④了解和跟踪策划方案和促销方案的实施效果
2～1级	初级管理工作	市场调研员	①进行产品上市前期调研,对市场进行具体分析 ②根据市场、产品推广进行全方位市场调研工作 ③协助市场主管编制市场调研计划和市场调研费用预算 ④收集、加工和分析市场调研信息,并撰写市场调研报告 ⑤做好市场调研数据信息的归档、使用、管理工作
		市场拓展员	①提出市场拓展活动策划创意,进行市场拓展活动形式及媒体的选择和活动费用预算,编制具体的市场拓展活动方案 ②执行市场拓展计划,并定期搜集市场拓展信息 ③对方案的实施进行监督,对拓展活动实施后的效果进行评估 ④协调、督导合作单位(包括广告制作公司、媒体等)的工作 ⑤市场拓展活动方案执行过程中的费用控制 ⑥定期收集、整理、分析市场情报,适时提出市场拓展建议方案
		策划美工	①根据策划方案,进行美工设计 ②协助市场主管,做好产品的形象规划

(3) 市场部绩效考核标准

市场部绩效考核标准如表 6-3 所示。

表 6-3 市场部绩效考核标准

考核项目		绩效考核标准	考核等级
工作质量		严格按照企业的业务流程进行操作,操作过程无错误出现	A
		遵循企业的业务流程,操作过程错误控制率在10%以内	B
		部分市场工作按照企业业务流程进行,操作过程错误控制率在20%以内	C
		部分市场工作按照企业业务流程进行,操作过程错误控制率在25%以内	D
		部分市场工作违反企业业务流程,操作过程中出现重大失误	E
工作数量		在规定时间内,市场推广销售额超过标准或计划要求的110%	A
		在规定时间内,市场推广销售额达到标准或计划内要求的90%~100%	B
		在规定时间内,市场推广销售额达到标准或计划内要求的80%~90%	C
		在规定时间内,市场推广销售额达到标准或计划内要求的70%~80%	D
		在规定时间内,市场推广销售额达到标准或计划内要求的60%~70%	E
工作能力	沟通能力	说服力强,谈吐亲切和蔼,语言诙谐幽默,能有技巧的说服力	A
		说服力较强,态度诚恳,善于疏导	B
		说服力一般,有一定的疏导技巧,观点尚能被别人接受	C
		说服力较差,不善于疏导,观点有时不易被别人接受	D
		说服力差,态度生硬,缺乏谈话技巧,观点难以被人接受	E
	协调能力	能合理、有效地安排和协调周围的资源并得到他人的信任和尊重	A
		能进行复杂任务的分配和协调并取得他人对自己工作上的支持和配合	B
		能进行复杂任务的分配和协调,有效取得他人支持的能力较差	C
		能对下属人员进行简单的任务分配和协调	D
		工作杂乱无章,下属之间不能很好地进行协作	E
	分析判断能力	能迅速对客观环境做出较为正确的判断,并能将其灵活运用到实际工作中取得较好的业绩	A
		能对复杂问题进行分析和判断,但将其灵活运用到实际工作中的能力较差	B
		能对复杂的问题进行分析和判断,但不能将其灵活运用到实际工作中取得较好的业绩	C
		能对问题进行简单的分析和判断	D
		不能及时地做出正确的分析与判断	E
工作态度	工作纪律性	严格遵守公司及部门规章制度,从不违反规定	A
		遵守公司及部门规章制度,极少违反规定	B
		遵守公司及部门规章制度,偶尔违反相关规定	C
		不太遵守公司及部门规章制度,经常违反相关规定	D
		不遵守公司及部门规章制度,发生重大违纪情况	E
	工作积极性	工作非常积极,工作任务从来不会延迟	A
		工作比较积极,工作任务极少会延迟	B
		工作较为积极,工作任务偶尔会延迟	C
		工作不太积极,部分工作任务经常延迟	D
		工作缺乏积极性,工作任务经常延迟	E

续表

考核项目		绩效考核标准	考核等级
工作态度	工作责任感	除了做好自己的本职工作外,还主动承担公司内部额外的工作	A
		能自觉地完成工作任务且对自己的行为负责	B
		能自觉地完成工作任务,但对工作中的失误有时推卸责任	C
		能自觉地完成工作任务,但对工作中的失误完全推卸责任	D
		工作马虎,不能保质、保量地完成工作任务且工作态度极不认真	E

6.1.2 市场部考核关键指标

市场部考核关键指标如表6-4所示。

表6-4 市场部考核关键指标

考核维度	KPI名称	指标定义或计算公式	考核周期	信息来源
财务管理	市场占有率	一个公司的产品销量占该类产品整个市场销售总量的比例	季/年度	财务报告
	市场推广费用控制率	$\dfrac{实际推广费用}{计划推广费用} \times 100\%$	季/年度	财务报告
	推广活动销售增长率	$\dfrac{活动后当月销售额或销售量}{活动前当月销售额或销售量} \times 100\% - 1$	季/年度	财务报告
内部运营管理	市场拓展计划完成率	$\dfrac{市场拓展计划实际完成量}{计划完成量} \times 100\%$	季/年度	市场拓展报告
	策划方案成功率	$\dfrac{成功方案数}{提交方案数} \times 100\%$	月/季度	企业统计报告
	品牌市场价值增长率	$\dfrac{现品牌市场价值 - 原品牌市场价值}{原品牌市场价值} \times 100\%$	季/年度	第三方统计报告
客户管理	品牌知名度	通过接受随机调查的客户对本企业的产品、牌认知度进行评定	季/年度	品牌调查表
	媒体满意度	接受调研的媒体对市场部工作满意度评分的算术平均值	季/年度	媒体满意度调查表
员工学习与发展	培训计划完成率	$\dfrac{已完成培训项目}{计划完成培训项目} \times 100\%$	月/季度	培训记录
	部门员工任职资格达成率	$\dfrac{当期任职资格考核达标的员工}{当期部门员工总数} \times 100\%$	季/年度	员工考核成绩记录

6.1.3 市场部绩效考核方案

下面是某企业市场部绩效考核方案。

市场部绩效考核方案

| 编号： | 编制部门： | 审批人员： | 审批日期： 年 月 日 |

一、方案制定目的

根据公司市场部的发展战略和落实企业整体绩效考核制度的相关规定，为推行目标管理，规范市场部绩效考核工作的进行，达到科学全面、客观公正、简便实用、合理准确地评价市场部员工业绩并有效实施激励措施的目的，特制定本方案。

二、市场部考核类别

（一）阶段考核，主要考核市场部员工在某一阶段的工作绩效、工作态度与工作能力等方面的相关情况，包括季度、年中与年终考核。

（二）月度考核，主要考核市场部员工的日常工作表现，可参照阶段考核的某些指标来执行。

（三）即时考核，市场部员工被辞退或辞职时，由市场部经理或其主管人员实施即时考核，由人力资源部经理审核、总经理审批。

（四）临时调岗考核，根据市场部员工的出勤时间，分别按原职位及新职位的考核期规定进行考核。

三、市场部考核方式与周期

根据被考核者的职位、职责和在市场部工作运营中的重要程度，实行不同的考核模式和周期。

（一）市场部经理实行绩效考核委员会模式，每半年考核一次，于每年7月和会计年度结束后一个月内实施。

（二）中层主管和专员实行360度考核模式，其中直接主管的考核结果占主要地位，每季度考核一次，在下季度考试后两周内实施。

（三）基层员工实行直接主管考核模式，直接主管应在遵循360度考核模式的基础上进行考核，每季度（月）考核一次，在下季度（月）开始后一周内完成。

四、市场部考核组织

（一）绩效考核委员会、人力资源部与市场部是市场部员工绩效考核的组织机构。

（二）公司在阶段考核期间设立绩效考核委员会，其主要职责是审核绩效考核方案的科学性、公正性、可行性，对各职位绩效考核结果的真实性进行考核。绩效考核委员会由公司总经理、市场经理、人力资源部经理、财务部经理等人员组成，也可以聘请1~2名外部专家参加委员会工作。

（三）人力资源部承担绩效考核方案的起草、考核者的培训、考核的组织与监督、考核结果的应用以及考核材料的存档。

（四）市场部承担本部门员工绩效考核的具体工作，并将本部门员工绩效的考核结果上报人力资源部。

（五）考核者包括绩效考核委员会成员、被考核者的直接主管、同事与直接下属。

五、市场部阶段考核重点

市场部各阶段考核重点具体如下表所示。

考核指标	考核周期	考核时间安排	信息来源	考核对象
市场调研计划达成率	季度	3月5日、6月5日、9月5日	市场调研工作报告	市场经理、市场调研员
	年度	1月10日		
市场策划方案成功率	季度	3月5日、6月5日、9月5日	市场策划方案实施成果报告	市场经理、市场策划员
	年度	1月10日		
新产品市场占有率	半年	7月10日	新产品上市监控数据	市场经理、新产品上市操作人员
	年度	1月10日		
新产品市场开发成功率	半年	7月10日		
	年度	1月10日		
媒体正面曝光次数	半年	7月10日	公众媒体宣传报道监控数据	市场经理、市场广告员
	年度	1月10日		
市场推广费效比	半年	7月10日	品牌调研报告、财务部数据	市场经理
	年度	1月10日		
品牌市场价值增长率	季度	3月5日、6月5日、9月5日	第三方权威机构提供的报告	市场经理
	年度	1月10日		

续表

六、市场部考核流程

市场部绩效考核流程具体如下图所示。

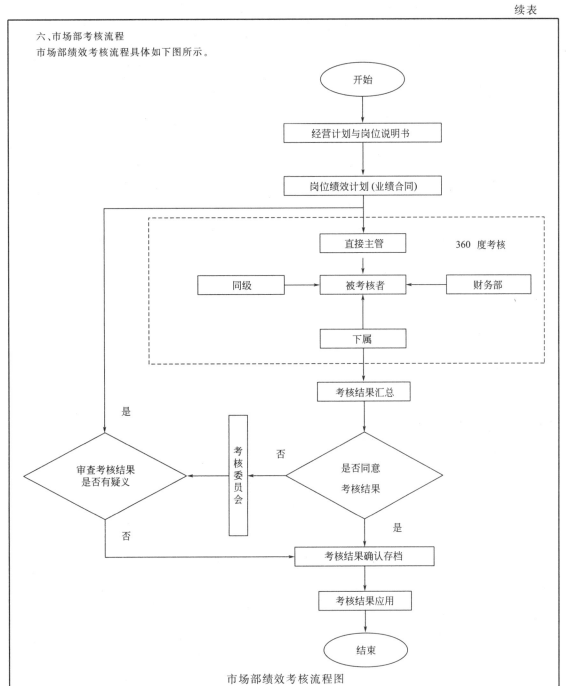

市场部绩效考核流程图

七、各类考核工作的具体实施

(一)月度考核。

1.市场部参加月度考核的员工每月末根据当月工作情况,对照"月度绩效考核表"进行自评。

(1)考核者根据"考核信息记录表"及被考核者日常工作表现,对其当月工作进行初评,结果计入被考核者"月度绩效考核表"中。

(2)市场部内勤员工的月度考核由市场部各分管的主管初评。

2."月度绩效考核表"经市场经理确认后于完成考核后三日内提供给人力资源部。

续表

3. 人力资源部在收到"月度绩效考核表"后进行复核,并有权对适用程序不当或套用标准错误的初评结果进行修订或要求改正。

4. 人力资源部将复核后的"月度绩效考核表"于完成考核后五日前报考核委员会审批,并及时由人力资源部将考核结果反馈给被考核者。

(二) 阶段考核。

1. 参加阶段考核的员工于每阶段最后一个月25日前,对照"阶段绩效考核表"进行自评,并将自评结果及阶段工作总结报人力资源部。

2. 考核方案培训。在考核实施前两日内,由人力资源部组织对考核执行人员进行培训。

3. 实地检查。考核执行人员根据考核方案对市场部的工作进行实地检查,根据检查结果填写"实地检查工作底稿"并交被考核者签字确认。

4. 检查结束后五个工作日内,由考核执行人员依据"实地检查工作底稿"出具《检查报告》交绩效考核委员会。

5. 绩效考核委员会依据"实地检查工作底稿"、"考核信息记录表"、《检查报告》、异常信息反馈、调查问卷汇总分析、人事谈话汇总分析、测试成绩、相关部门提供的考核指标等在三个工作日内进行综合评议,并确认考核结果。

6. 人力资源部根据绩效考核委员会确认的考核结果,在七个工作日内出具《考核反馈报告》给被考核者,并提出整改要求。

(三) 即时考核。

员工被辞退或辞职,由市场部组织即时考核,由部门负责人实施、人力资源部审核、总经理审批。

(四) 临时调岗考核。

根据出勤时间,分别按原职位及新职位的考核期规定进行考核。

八、考核结果处理

(一) 考核等级界定。

市场部所有员工的考核结果按照考核分值高低共分为 A、B、C、D、E 五个等级。考核结果等级界定的依据是完成目标的程度及经营管理能力的评价。具体如下表。

考核等级界定标准表

等级	分值区间	标准
A	95分(含)以上	远远超过了任职资格标准要求,大大高于期望水平,能够胜任工作
B	80(含)~95分	较多地方超出了任职资格标准要求,能够胜任工作,令人满意
C	65(含)~80分	达到了任职资格
D	50(含)~65分	低于期望水平,达到任职资格标准要求,不能胜任工作,需加以改进和提高
E	50分以下	表现大大低于期望水平,与任职资格标准要求还有较大差距,有很多问题与不足,需努力改进和提高

(二) 考核结果确认与申诉。

1. 被考核者应对考核结果签字确认。

2. 被考核者如对考核结果存有异议,应首先通过沟通方式解决。如不能解决,被考核者有权向绩效考核委员会申诉。如被考核者的申诉成立,绩效考核委员会应建议被考核者的上级调整其考核结果,并拥有最终裁定权。

实施对象:　　　　　　　　　　　　　　　　　　　　　实施日期:　　年　月　日

6.2 市场经理绩效考核

6.2.1 市场经理考核关键指标

市场经理考核关键指标如表6-5所示。

表 6-5 市场经理考核关键指标

考核维度	KPI 名称	指标定义或计算公式	考核周期	信息来源
财务管理	部门管理费用控制率	$\frac{实际使用部门管理费用}{计划部门管理费用} \times 100\%$	月/季度	财务报表
财务管理	市场推广费用控制率	$\frac{实际推广费用}{计划推广费用} \times 100\%$	月/季度	财务报告
财务管理	新产品盈利率	$\frac{新产品销售利润}{新产品销售成本} \times 100\%$	季/年度	财务报告
内部运营管理	市场策划活动执行率	$\frac{实际执行策划方案数}{计划执行策划方案数} \times 100\%$	月/季度	市场策划执行记录表
内部运营管理	市场投入回报率	$\frac{市场销售利润}{市场投资总额} \times 100\%$	季/年度	财务报表
内部运营管理	销售增长率	$\frac{销售增长额}{上一年度销售总额} \times 100\%$	月/季度	财务报表
内部运营管理	新产品上市数量	在考核期内,新产品成功上市的统计数量	季/年度	产品上市统计记录
内部运营管理	广告投放有效率	$\frac{广告费用增长率}{销售收入增长率} \times 100\%$	季/年度	广告投放记录单
客户管理	品牌认知度	受众对品牌的认知程度,通常由企业或专业调查机构根据问卷调查的认知度评分计算得出	季/年度	市场调研报告
客户管理	客户满意度	接受调研的客户对客服部工作满意度评分的算术平均值	季/年度	满意度调查表
员工学习与发展	核心员工流失率	$\frac{核心员工离职人数}{当期核心员工数} \times 100\%$	季/年度	核心员工统计台账
员工学习与发展	培训计划完成率	$\frac{已完成培训项目}{计划完成培训项目} \times 100\%$	季/年度	培训记录

6.2.2 市场经理绩效考核量表

市场经理绩效考核量表如表 6-6 所示。

表 6-6 市场经理绩效考核量表

市场经理绩效考核量表				考核日期		
被考核人				考核人		
考核维度	考核指标	分值	权重	计量单位	考核量化标准	得分
财务管理	部门管理费用控制率	10	10%	百分率(%)	考核期内,部门管理费用控制率达到____%,每降低____%,扣____分	X_1
财务管理	市场推广费用控制率	10	10%	百分率(%)	考核期内,部门市场推广费用控制率达到____%,每降低____%,扣____分	X_2
财务管理	新产品盈利率	10	15%	百分率(%)	考核期内,新产品盈利率达到____%,每降低____%,扣____分	X_3

续表

考核维度	考核指标	分值	权重	计量单位	考核量化标准	得分
内部运营管理	市场策划活动执行率	5	5%	百分率(%)	考核期内,市场策划活动执行率达到____%,每降低____%,扣____分	X_4
	市场投入回报率	10	10%	百分率(%)	考核期内,市场投入回报率达到____%,每降低____%,扣____分	X_5
	销售增长率	10	15%	百分率(%)	考核期内,销售增长率达到____%,每降低____%,扣____分	X_6
	新产品上市数量	10	5%	数量	考核期内,新产品上市数量达到____个,每降低____个,扣____分	X_7
	广告投放有效率	10	5%	百分率(%)	考核期内,广告投放有效率达到____%,每降低____%,扣____分	X_8
客户管理	品牌认知度	10	10%	分	考核期内,品牌知名度达到____分,每降低____分,扣____分	X_9
	客户满意度	5	5%	分	考核期内,客户满意度达到____分,每降低____分,扣____分	X_{10}
员工学习与发展	核心员工流失率	5	5%	百分率(%)	考核期内,核心员工流失率低于____%,每超出____%,扣____分	X_{11}
	培训计划完成率	5	5%	百分率(%)	考核期内,培训计划完成率达到____%,每降低____%,扣____分	X_{12}
计算公式	考核得分=$X_1\times10\%+X_2\times10\%+X_3\times15\%+\cdots+X_{12}\times5\%$				考核得分	
被考核人			考核人		复核人	
签字:____ 日期:____			签字:____ 日期:____		签字:____ 日期:____	

6.3 市场主管绩效考核

6.3.1 市场主管考核关键指标

市场主管考核关键指标如表6-7所示。

表6-7 市场主管考核关键指标

考核项目	KPI名称	指标定义或计算公式	考核周期	信息来源
工作业绩	市场任务完成率	$\frac{实际完成任务数量}{计划完成任务数量}\times100\%$	季/年度	市场任务完成报告
	培训计划完成率	$\frac{已完成培训项目}{计划完成培训项目}\times100\%$	季/年度	培训记录
	客户满意度	接受调研的客户对市场部工作满意度评分的算术平均值	季/年度	满意度调查表
	推广活动数量达成率	$\frac{实际推广数量}{计划推广数量}\times100\%$	月/季度	市场推广活动记录表

续表

考核项目	KPI 名称	指标定义或计算公式	考核周期	信息来源
调研计划管理	调研计划完成率	$\dfrac{实际调研数量}{计划调研数量} \times 100\%$	月/季度	市场调研活动记录
	调研费用控制率	$\dfrac{实际调研费用}{计划调研费用} \times 100\%$	月/季度	市场调研报告
广告宣传管理	策划方案一次性通过率	$\dfrac{一次性通过方案数量}{提交审核的策划方案总量} \times 100\%$	季/年度	策划方案统计台账
	广告投放有效率	$\dfrac{广告费用增长率}{销售收入增长率} \times 100\%$	季/年度	广告投放记录单
	广告费用控制率	$\dfrac{实际广告费用}{计划广告费用} \times 100\%$	季/年度	财务报告
成本控制管理	市场推广费用控制率	$\dfrac{实际推广费用}{计划推广费用} \times 100\%$	月/季度	财务报告
	费用预算达成率	$\dfrac{市场部总支出}{市场部总预算} \times 100\%$	季/年度	财务报告

6.3.2 市场主管绩效考核量表

市场主管绩效考核量表如表 6-8 所示。

表 6-8 市场主管绩效考核量表

市场主管绩效考核量表					考核日期		
被考核人					考核人		
考核项目	考核指标	分值	权重	计量单位	考核量化标准		得分
工作业绩	市场任务完成率	20	15%	百分率（%）	考核期内,市场任务完成率达到____%,每降低____%,扣____分		X_1
	培训计划完成率	5	5%	百分率（%）	考核期内,培训计划完成率达到____%,每降低____%,扣____分		X_2
	客户满意度	5	5%	分	考核期内,客户满意度达到____分,每降低____分,扣____分		X_3
	推广活动数量的达成率	10	5%	百分率（%）	考核期内,推广活动数量的达成率达到____%,每降低____%,扣____分		X_4
调研计划管理	调研计划完成率	5	5%	百分率（%）	考核期内,调研计划完成率达到____%,每降低____%,扣____分		X_5
	调研费用控制率	10	10%	百分率（%）	考核期内,调研费用控制率达到____%,每降低____%,扣____分		X_6

续表

考核项目	考核指标	分值	权重	计量单位	考核量化标准	得分
广告宣传管理	策划方案一次性通过率	5	5%	百分率（%）	考核期内，策划方案一次性通过率达到____%，每降低____%，扣____分	X_7
	广告投放有效率	10	10%	百分率（%）	考核期内，广告投放有效率达到____%，每降低____%，扣____分	X_8
	广告费用控制率	10	10%	百分率（%）	考核期内，广告费用控制率达到____%，每降低____%，扣____分	X_9
成本控制管理	市场推广费用控制率	10	15%	百分率（%）	考核期内，市场推广费用控制率达到____%，每降低____%，扣____分	X_{10}
	费用预算达成率	10	15%	百分率（%）	考核期内，费用预算达成率达到____%，每降低____%，扣____分	X_{11}
计算公式	考核得分＝$X_1\times 15\%+X_2\times 5\%+X_3\times 5\%+\cdots+X_{11}\times 15\%$				考核得分	

被考核人	考核人	复核人
签字：　　　　日期：	签字：　　　　日期：	签字：　　　　日期：

6.4 市场调研员绩效考核

6.4.1 市场调研员考核关键指标

市场调研员考核关键指标如表 6-9 所示。

表 6-9 市场调研员考核关键指标

考核项目	KPI 名称	指标定义或计算公式	考核周期	信息来源
市场调研计划管理	调研计划完成率	$\dfrac{实际调研数量}{计划调研数量}\times 100\%$	月/季度	市场调研完成报告
	市场调研计划可执行率	$\dfrac{可执行调研计划数量}{实际完成调研计划数量}\times 100\%$	月/季度	市场调研计划执行记录
调研费用管理	调研费用预算编制	在规定时间内，编制的调研费用预算准确、全面、合理	季/年度	市场调研活动记录
	调研费用控制率	$\dfrac{实际调研费用}{计划调研费用}\times 100\%$	季/年度	市场调研报告
调研报告管理	调研资料分析准确率	$\dfrac{正确分析数量}{调研资料分析数量}\times 100\%$	月/季度	调研资料分析记录
	调研报告质量	调研报告质量包括调研报告构思、表达形式、提出的方案和建议被接纳的程度	季/年度	调研报告评价表
	报告上交及时率	$\dfrac{实际上交时间}{计划上交时间}\times 100\%$	季/年度	调研报告提交记录
	调研报告有效性	通过调研报告能为企业市场决策提供有效支持	季/年度	调研报告评价表

续表

考核项目	KPI名称	指标定义或计算公式	考核周期	信息来源
个人发展管理	参与培训积极性	$\frac{实际参加培训次数}{部门培训活动次数} \times 100\%$	月/季度	培训记录
	培训计划完成率	$\frac{已完成培训项目}{计划完成培训项目} \times 100\%$	月/季度	培训记录

6.4.2 市场调研员绩效考核量表

市场调研员绩效考核量表如表6-10所示。

表6-10 市场调研员绩效考核量表

市场调研员绩效考核量表					考核日期		
被考核人					考核人		
考核项目	考核指标	分值	权重	计量单位	考核量化标准		得分
市场调研计划管理	调研计划完成率	10	10%	百分率(%)	考核期内,调研计划完成率达到____%,每降低____%,扣____分		X_1
	市场调研计划可执行率	10	15%	百分率(%)	考核期内,市场调研计划可执行率达到____%,每降低____%,扣____分		X_2
调研费用管理	调研费用预算编制	10	10%	百分率(%)	考核期内,调研费用预算编制及时、准确,每出现错误____次,扣____分		X_3
	调研费用控制率	20	20%	百分率(%)	考核期内,调研费用控制率达到____%,每降低____%,扣____分		X_4
调研报告管理	调研资料分析准确率	5	5%	百分率(%)	考核期内,调研资料分析准确率达到____%,每降低____%,扣____分		X_5
	调研报告质量	10	10%	频次	考核期内,调研报告构思严谨,表达形式极佳,每出现____次质量问题,扣____分		X_6
	报告上交及时率	10	5%	百分率(%)	考核期内,报告上交及时率达到____%,每降低____%,扣____分		X_7
	调研报告有效性	15	15%	频次	考核期内,通过市场调研信息每出现____项无效信息,扣____分		X_8
个人发展管理	参与培训积极性	5	5%	百分率(%)	考核期内,参与培训员工达到____%,每降低____%,扣____分		X_9
	培训计划完成率	5	5%	百分率(%)	考核期内,培训计划完成率达到____%,每降低____%,扣____分		X_{10}
计算公式	考核得分$= X_1 \times 10\% + X_2 \times 15\% + X_3 \times 10\% + \cdots + X_{10} \times 5\%$					考核得分	
被考核人			考核人			复核人	
签字:_____ 日期:_____			签字:_____ 日期:_____			签字:_____ 日期:_____	

6.5 市场拓展员绩效考核

6.5.1 市场拓展员考核关键指标

市场拓展员考核关键指标如表 6-11 所示。

表 6-11 市场拓展员考核关键指标

考核项目	KPI 名称	指标定义或计算公式	考核周期	信息来源
市场拓展方案管理	市场拓展方案通过率	$\frac{一次性通过方案数量}{提交审核的策划方案总量} \times 100\%$	月/季度	市场拓展方案通过记录
	市场拓展方案可执行率	$\frac{可执行拓展方案数量}{实际完成拓展方案数量} \times 100\%$	月/季度	市场拓展方案执行记录
市场拓展费用管理	市场拓展费用预算编制	在规定时间内,编制的市场推广费用预算准确、全面、合理	季/年度	财务报告
	市场拓展费用控制率	$\frac{实际拓展费用}{计划拓展费用} \times 100\%$	季/年度	财务报告
市场拓展活动实施	活动完成率	$\frac{实际完成活动数}{计划完成活动数} \times 100\%$	月/季度	市场拓展活动实施记录
	客户满意度	接受调研的客户对市场部拓展活动满意度评分的算术平均值	季/年度	满意度调查表
	合作单位满意度	接受调研的合作单位对市场部拓展活动满意度评分的算术平均值	季/年度	满意度调查表
	市场占有率	一个公司的产品销量占该类产品整个市场销售总量的比例	年度	财务报告
市场拓展档案管理	资料整理完整率	$\frac{归档资料}{资料总数} \times 100\%$	月/季度	档案管理记录
	档案管理保密率	$\frac{泄密档案数}{保密档案总量} \times 100\%$	月/季度	档案管理记录

6.5.2 市场拓展员绩效考核量表

市场拓展员绩效考核量表如表 6-12 所示。

表 6-12 市场拓展员绩效考核量表

市场拓展员绩效考核量表				考核日期			
被考核人				考核人			
考核项目	考核指标	分值	权重	计量单位	考核量化标准		得分
市场拓展方案管理	市场拓展方案通过率	10	10%	百分率(%)	考核期内,市场拓展方案通过率达到____%,每降低____%,扣____分		X_1
	市场拓展方案可执行率	10	15%	百分率(%)	考核期内,市场拓展方案可执行率达到____%,每降低____%,扣____分		X_2

续表

考核项目	考核指标	分值	权重	计量单位	考核量化标准	得分
市场拓展费用管理	市场拓展费用预算编制	10	10%	频次	考核期内,市场拓展费用预算编制及时、准确,每出现错误____次,扣____分	X_3
	市场拓展费用控制率	15	15%	百分率(%)	考核期内,市场拓展费用控制率达到____%,每降低____%,扣____分	X_4
市场拓展活动实施	活动完成率	10	10%	百分率(%)	考核期内,活动完成率达到____%,每降低____%,扣____分	X_5
	客户满意度	10	10%	分	考核期内,客户满意度达到____分,每降低____分,扣____分	X_6
	合作单位满意度	10	5%	分	考核期内,合作单位满意度达到____分,每降低____分,扣____分	X_7
	市场占有率	15	15%	百分率(%)	考核期内,市场占有率达到____%,每降低____%,扣____分	X_8
市场拓展档案管理	资料整理完整率	5	5%	百分率(%)	考核期内,资料整理完整率达到____%,每降低____%,扣____分	X_9
	档案管理保密率	5	5%	百分率(%)	考核期内,档案管理保密率达到____%,每降低____%,扣____分	X_{10}
计算公式	考核得分 $= X_1 \times 10\% + X_2 \times 15\% + X_3 \times 10\% + \cdots + X_{10} \times 5\%$				考核得分	
被考核人			考核人		复核人	
签字:_____ 日期:_____			签字:_____ 日期:_____		签字:_____ 日期:_____	

6.6 市场广告员绩效考核

6.6.1 市场广告员考核关键指标

市场广告员考核关键指标如表 6-13 所示。

表 6-13 市场广告员考核关键指标

考核项目	KPI 名称	指标定义或计算公式	考核周期	信息来源
广告创意方案	广告创意方案通过率	$\dfrac{一次性通过方案数量}{提交审核的方案总量} \times 100\%$	月/季度	广告创意方案通过记录
	广告创意方案按时完成率	$\dfrac{实际完成时间}{计划完成时间} \times 100\%$	月/季度	广告创意方案完成记录
	广告创意方案可执行率	$\dfrac{可执行创意方案数量}{实际完成创意方案数量} \times 100\%$	月/季度	广告创意方案执行记录

续表

考核项目	KPI 名称	指标定义或计算公式	考核周期	信息来源
广告调研管理	调研资料分析准确率	$\dfrac{\text{正确分析数量}}{\text{调研资料分析数量}} \times 100\%$	月/季度	调研资料分析记录
	报告上交及时率	$\dfrac{\text{实际上交时间}}{\text{计划上交时间}} \times 100\%$	季/年度	调研报告提交记录
	调研报告有效性	通过调研报告能为企业市场决策提供有效支持	季/年度	调研报告评价表
	调研费用控制率	$\dfrac{\text{实际调研费用}}{\text{计划调研费用}} \times 100\%$	季/年度	财务报告
广告实施管理	广告发布及时率	$\dfrac{\text{实际发布广告时间}}{\text{计划发布广告时间}} \times 100\%$	月/季度	广告发布表
	广告投放有效率	$\dfrac{\text{广告费用增长率}}{\text{销售收入增长率}} \times 100\%$	季/年度	广告投放评价表
	广告效果评估报告提交及时率	$\dfrac{\text{评估报告提交及时数}}{\text{评估报告提交总数}} \times 100\%$	季/年度	报告提交记录
	广告认知度	通过接受随机调查的客户对本企业的广告认知度进行评定	季/年度	满意度调查表
广告费用管理	广告经费预算一次性通过率	$\dfrac{\text{预算一次性通过数}}{\text{提交预算总数}} \times 100\%$	季/年度	经费预算审核记录
	广告费用控制率	$\dfrac{\text{实际广告费用}}{\text{计划广告费用}} \times 100\%$	季/年度	财务报告
	广告费用占销率	$\dfrac{\text{广告费用}}{\text{销售额}} \times 100\%$	季/年度	财务报告
广告媒体管理	媒体合作满意度	接受调研的媒体对广告满意度评分的算术平均值	月/季度	满意度调查表
	媒体正面曝光率	$\dfrac{\text{媒体正面曝光次数}}{\text{媒体曝光总次数}} \times 100\%$	月/季度	媒体曝光统计表

6.6.2 市场广告员绩效考核量表

市场广告员绩效考核量表如表 6-14 所示。

表 6-14 市场广告员绩效考核量表

市场广告员绩效考核量表					考核日期		
被考核人					考核人		
考核项目	考核指标	分值	权重	计量单位	考核量化标准		得分
广告创意方案	广告创意方案通过率	5	5%	百分率(%)	考核期内,广告创意方案通过率达到____%,每降低____%,扣____分		X_1
	广告创意方案按时完成率	5	5%	百分率(%)	广告创意方案按时完成率达到____%,每降低____%,扣____分		X_2
	广告创意方案可执行率	10	5%	百分率(%)	考核期内,广告创意方案可执行率达到____%,每降低____%,扣____分		X_3

续表

考核项目	考核指标	分值	权重	计量单位	考核量化标准	得分
广告调研管理	调研资料分析准确率	5	5%	百分率（%）	考核期内，调研资料分析准确率达到____%，每降低____%，扣____分	X_4
	报告上交及时率	5	5%	百分率（%）	考核期内，报告上交及时率达到____%，每降低____%，扣____分	X_5
	调研报告有效性	5	5%	数量	考核期内，通过市场调研信息每出现__项无效信息，扣__分	X_6
	调研费用控制率	10	10%	百分率（%）	考核期内，调研费用控制率达到____%，每降低____%，扣____分	X_7
广告实施管理	广告发布及时率	5	5%	百分率（%）	考核期内，广告发布及时率达到____%，每降低____%，扣____分	X_8
	广告投放有效率	10	10%	百分率（%）	考核期内，广告投放有效率达到____%，每降低____%，扣____分	X_9
	广告效果评估报告提交及时率	5	5%	百分率（%）	考核期内，广告效果评估报告提交及时率达到____%，每降低____%，扣____分	X_{10}
	广告认知度	5	5%	分	考核期内，广告认知度达到____分，每降低____分，扣____分	X_{11}
广告费用管理	广告经费预算一次性通过率	5	5%	百分率（%）	考核期内，广告经费预算一次性通过率达到____%，每降低____%，扣____分	X_{12}
	广告费用控制率	10	15%	百分率（%）	考核期内，广告费用控制率达到____%，每降低____%，扣____分	X_{13}
	广告费用占销率	5	5%	百分率（%）	考核期内，广告费用占销率达到____%，每降低____%，扣____分	X_{14}
广告媒体管理	媒体合作满意度	5	5%	分	考核期内，媒体合作满意度达到____分，每降低____分，扣____分	X_{15}
	媒体正面曝光率	5	5%	分	考核期内，媒体正面曝光率达到____%，每降低____%，扣____分	X_{16}
计算公式	考核得分 $= X_1 \times 5\% + X_2 \times 5\% + X_3 \times 5\% + \cdots + X_{16} \times 5\%$				考核得分	
被考核人			考核人		复核人	
签字：_____ 日期：_____			签字：_____ 日期：_____		签字：_____ 日期：_____	

6.7 市场策划员绩效考核

6.7.1 市场策划员考核关键指标

市场策划员考核关键指标如表 6-15 所示。

表 6-15 市场策划员考核关键指标

考核项目	KPI 名称	指标定义或计算公式	考核周期	信息来源
市场策划方案	市场策划方案通过率	$\dfrac{一次性通过方案数量}{提交审核的方案总量} \times 100\%$	月/季度	市场策划方案提交记录
	市场策划方案按时完成率	$\dfrac{实际完成时间}{计划完成时间} \times 100\%$	月/季度	市场策划方案提交记录
	市场策划方案成功率	$\dfrac{成功的方案数量}{提交的方案数量} \times 100\%$	季/年度	市场策划方案执行记录
策划费用管理	策划费用预算编制	在规定时间内,编制的策划费用预算准确、全面、合理	季/年度	经费预算审核记录
	策划费用控制率	$\dfrac{实际策划费用}{计划策划费用} \times 100\%$	季/年度	财务报告
策划活动管理	策划活动完成率	$\dfrac{实际完成的策划活动}{计划完成的策划活动} \times 100\%$	月/季度	策划活动实施记录
	策划活动目标达成率	$\dfrac{活动目标实际达成数}{活动目标计划达成数} \times 100\%$	季/年度	策划活动评估报告
	品牌认知度	通过接受随机调查的客户对本企业的产品、品牌认知度进行评定	季/年度	市场调研报告
	策划活动评估报告提交及时率	$\dfrac{实际提交时间}{计划提交时间} \times 100\%$	季/年度	评估报告评价表
媒体广告发布情况	媒体广告发布及时率	$\dfrac{实际发布时间}{计划发布时间} \times 100\%$	月/季度	媒体广告发布记录
	媒体正面曝光率	$\dfrac{媒体正面曝光次数}{媒体曝光总次数} \times 100\%$	季/年度	媒体曝光统计表

6.7.2 市场策划员绩效考核量表

市场策划员绩效考核量表如表 6-16 所示。

表 6-16 市场策划员绩效考核量表

市场策划员绩效考核量表					考核日期		
被考核人					考核人		
考核项目	考核指标	分值	权重	计量单位	考核量化标准		得分
市场策划方案	市场策划方案通过率	5	5%	百分率(%)	考核期内,市场策划方案通过率达到____%,每降低____%,扣____分		X_1
	市场策划方案按时完成率	5	5%	百分率(%)	考核期内,市场策划方案按时完成率达到____%,每降低____%,扣____分		X_2
	市场策划方案成功率	10	10%	百分率(%)	考核期内,市场策划方案成功率达到____%,每降低____%,扣____分		X_3

续表

考核项目	考核指标	分值	权重	计量单位	考核量化标准	得分
策划费用管理	策划费用预算编制	5	5%	次	考核期内，市场拓展费用预算编制及时、准确，每出现错误____次，扣____分	X_4
	策划费用控制率	15	15%	百分率（%）	考核期内，策划费用控制率达到____%，每降低____%，扣____分	X_5
策划活动管理	策划活动完成率	10	10%	百分率（%）	考核期内，策划活动完成率达到____%，每降低____%，扣____分	X_6
	策划活动目标达成率	15	10%	百分率（%）	考核期内，策划活动目标达成率达到____%，每降低____%，扣____分	7
	品牌认知度	15	15%	分	考核期内，品牌认知度达到____分，每降低____分，扣____分	X_8
	策划活动评估报告提交及时率	5	5%	百分率（%）	考核期内，策划活动评估报告提交及时率达到____%，每降低____%，扣____分	X_9
媒体广告发布情况	媒体广告发布及时率	5	5%	百分率（%）	考核期内，广告经费预算一次性通过率达到____%，每降低____%，扣____分	X_{10}
	媒体正面曝光率	10	15%	百分率（%）	考核期内，广告费用控制率达到____%，每降低____%，扣____分	X_{11}
计算公式	考核得分＝$X_1×5\%+X_2×5\%+X_3×10\%+\cdots+X_{11}×15\%$				考核得分	
被考核人			考核人		复核人	
签字：____ 日期：____			签字：____ 日期：____		签字：____ 日期：____	

6.8 策划美工绩效考核

6.8.1 策划美工考核关键指标

策划美工考核关键指标如表 6-17 所示。

表 6-17 策划美工考核关键指标

考核项目	KPI 名称	指标定义或计算公式	考核周期	信息来源
工作计划管理	工作计划完成率	$\dfrac{已完成工作量}{计划完成工作量}×100\%$	月度	工作日记
	工作计划完成效果	根据公司绩效考核得分获得	月/季度	绩效考核表
	工作计划完成及时率	$\dfrac{实际完成时间}{计划完成时间}×100\%$	月度	工作日记
广告设计	广告创意提交及时率	$\dfrac{实际提交时间}{计划提交时间}×100\%$	季/年度	广告创意方案提交记录
	广告创意有效率	$\dfrac{实际应用的创意数量}{提交的创意数量}×100\%$	季/年度	广告创意应用记录
	广告设计效果	根据上级领导评价得分获得	季/年度	满意度评价

续表

考核项目	KPI 名称	指标定义或计算公式	考核周期	信息来源
图文设计	对外相关宣传报道时的图文设计效果	根据第三方机构评价得分获得	月/季度	第三方机构评价
图文设计	员工对图文设计满意度	根据员工满意度调查表得分获得	月/季度	满意度调查表
图文设计	排版出错率	$\dfrac{\text{实际出错图文数}}{\text{计划排版图文数}} \times 100\%$	月/季度	排版记录
个人发展管理	参与培训积极性	$\dfrac{\text{实际参加培训次数}}{\text{部门培训活动次数}} \times 100\%$	月/季度	培训记录
个人发展管理	培训计划完成率	$\dfrac{\text{已完成培训项目}}{\text{计划完成培训项目}} \times 100\%$	月/季度	培训记录

6.8.2 策划美工绩效考核量表

策划美工绩效考核量表如表 6-18 所示。

表 6-18 策划美工绩效考核量表

策划美工绩效考核量表					考核日期		
被考核人					考核人		
考核项目	考核指标	分值	权重	计量单位	考核量化标准		得分
工作计划管理	工作计划完成率	10	5%	百分率(%)	考核期内,工作计划完成率达到____%,每降低____%,扣____分		X_1
工作计划管理	工作计划完成效果	10	15%	分	考核期内,工作计划完成效果达到____分,每降低____分,扣____分		X_2
工作计划管理	工作计划完成及时率	5	5%	百分率(%)	考核期内,工作计划完成及时率达到____%,每降低____%,扣____分		X_3
广告设计	广告创意提交及时率	5	5%	百分率(%)	考核期内,广告创意提交及时率达到____%,每降低____%,扣____分		X_4
广告设计	广告创意有效率	15	15%	百分率(%)	考核期内,广告创意有效率达到____%,每降低____%,扣____分		X_5
广告设计	广告设计效果	15	15%	分	考核期内,广告设计效果达到____分,每降低____分,扣____分		X_6
图文设计	对外相关宣传报道时的图文设计效果	10	10%	分	考核期内,对外相关宣传报道时的图文设计效果达到____分,每降低____分,扣____分		X_7
图文设计	员工对图文设计满意度	10	10%	分	考核期内,员工对图文设计满意度达到____分,每降低____分,扣____分		X_8
图文设计	排版出错率	10	10%	百分率(%)	考核期内,排版出错低于____%,每超出____%,扣____分		X_9
个人发展管理	参与培训积极性	5	5%	百分率(%)	考核期内,参与培训员工达到____%,每降低____%,扣____分		X_{10}
个人发展管理	培训计划完成率	5	5%	百分率(%)	考核期内,培训计划完成率达到____%,每降低____%,扣____分		X_{11}
计算公式	考核得分 = $X_1 \times 5\% + X_2 \times 15\% + X_3 \times 5\% + \cdots + X_{11} \times 5\%$				考核得分		
被考核人			考核人			复核人	
签字:_____ 日期:_____			签字:_____ 日期:_____			签字:_____ 日期:_____	

Chapter 7

第7章

中小企业销售绩效考核

7.1 销售部门绩效考核

7.1.1 销售部门绩效考核标准

(1) 销售部门职能等级标准

销售部门职能等级标准如表 7-1 所示。

表 7-1 销售部门职能等级标准

职能等级	知识		技能	
	基本知识	专业知识	技术	能力
5级	熟练掌握销售行业相关的经济、文化、政策、国家法律、经济学、战略管理和企业管理学等知识	①熟练掌握销售管理、渠道管理、市场策划等专业知识 ②熟练掌握销售管理的国内外动向和研究成果	能够熟练掌握并运用现代销售管理、市场拓展、战略规划方法和工具	①能依据已有数据、知识和经验,做出对公司有着一定程度影响的决策,并付诸实施 ②能对多个领域内的各种信息进行深度分析的基础上,做出有长期影响的战略性决策
4级	掌握国家产业政策、经济法规、行业规范、企业管理学、财务管理学和心理学等知识	①掌握销售管理、营销管理和市场策划等方面知识 ②掌握组织行为学、营销心理学、人际关系管理等知识	能够掌握并运用销售管理、市场拓展、营销计划等方法和工具	①在本工作领域内,能客观分析形势,并做出初步判断 ②能根据相关程序在上级及相关资源的指导下,对日常性、一般性的问题做出决定,并采取行动
3级	掌握国家的经济政策、法律法规、行业规范、公共关系学、统计学、心理学和经济学等知识	①掌握销售管理、渠道管理、营销策划等专业知识 ②掌握团队管理、市场调研、沟通技巧、领导技巧等知识	掌握和运用现代销售管理方法、市场调研方法和市场开发工具	①了解市场拓展所包括的基本工作内容、工具和相关知识,理解公司的营销政策 ②能与客户、中间商建立良好的关系,保持密切沟通,并具有一定的洞察力,能及时发现、获得有效信息
2级	基本掌握国家的经济政策、法律法规、行业规范、数理统计、英语、计算机应用等知识	①了解市场调研、市场拓展和渠道开发知识 ②了解市场营销和营销心理学知识	了解和运用现代市场拓展、信息搜集方法和销售统计分析工具	①能向他人进行产品介绍,并能根据既定的市场拓展政策开展拓展工作 ②了解获取信息的各种方法和渠道,并能在他人的指导下,有效收集并整理公司产品的市场、客户及竞争对手信息
1级	基本掌握数理统计、英语、统计学知识和计算机操作的基本技能	①了解人际沟通、团队协作和市场营销知识 ②了解档案整理、客户管理学知识	可以掌握信息搜集整理、文件整理方法和信息统计工具	①能够确定各类市场信息的用途及使用者,及时将整理的有关信息提供给相关部门 ②能够整理销售有关的文件和档案,合理存放,需要时及时提供

(2) 销售部门职位等级标准

销售部门职位等级标准如表 7-2 所示。

表 7-2 销售部门职位等级标准

等级	职位等级		工作内容
5级	高级管理工作	销售总监	①监督并管理销售部门的整体工作情况 ②提出改善销售业务和销售渠道的计划 ③作出有关市场拓展的重大决策 ④管理并监督各销售区域的产品销售业绩
		销售经理	①制定市场拓展的方案 ②选择经销商和代理商 ③指导下属工作并开发客户 ④开拓新的市场渠道
		销售副经理	①调整商品的区域分配结构 ②制订并实施季节性促销计划 ③制定渠道拓展和开发方案 ④根据竞争情报采取必要的措施
4~3级	中级管理工作	销售主管	①调查竞争对手的情况,制定相应政策 ②听取并实施上级的决策 ③指导并对员工作培训 ④促销产品的选择与定价 ⑤实施各品种销售计划
		销售高级专员	①搜集市场信息,获取市场情报 ②完成上级交办的市场拓展和销售任务 ③协助主管做好培训工作 ④做好促销计划工作
2~1级	初级管理工作	销售专员	①做好销售文件的保管工作 ②认真执行上级交办的各项工作任务 ③按时参加各项专业知识和技能的培训 ④执行促销工作计划
		销售助理	①整理和记录各项销售有关信息 ②协助上级做好各项销售工作 ③按时参加各项专业知识和技能的培训 ④做好促销相关资料的准备工作

(3) 销售部门绩效考核标准

销售部门绩效考核标准如表 7-3 所示。

表 7-3 销售部门绩效考核标准

考核项目	绩效考核标准	考核等级
工作质量	所做的销售任务全部达到并超过销售计划100%(含)以上	A
	所做的销售任务达到销售计划90%(含)~100%	B
	所做的销售任务达到销售计划80%(含)~90%	C
	所做的销售任务达到销售计划70%(含)~80%	D
	所做的销售任务达到销售计划60%(含)~70%	E

续表

考核项目	绩效考核标准	考核等级
工作产出	年度销售量同比增长超过100%（含）	A
	年度销售量同比增长达到80%（含）～100%	B
	年度销售量同比增长达到60%（含）～80%	C
	年度销售量同比增长达到40%（含）～60%	D
	年度销售量同比增长完成40%以下	E
工作能力	完成的销售工作任务完全达到部门的工作要求	A
	完成的销售工作任务基本达到部门的工作要求	B
	完成的销售工作任务达到部门的工作要求	C
	完成的销售工作任务没有达到部门的工作要求	D
	完成的销售工作任务完全没有达到部门的工作要求	E
工作态度	执行销售相关工作的态度优秀	A
	执行销售相关工作的态度良好	B
	执行销售相关工作的态度一般	C
	执行销售相关工作的态度较差	D
	执行销售相关工作的态度很差	E

7.1.2 销售部门考核关键指标

销售部门考核关键指标如表7-4所示。

表7-4 销售部门考核关键指标

考核维度	KPI名称	指标定义或计算公式	考核周期	信息来源
财务管理	销售额	考核期内各项业务销售收入总计	月/季/年度	销售记录表
	销售增长率	$\dfrac{当年销售额－上一年度销售额}{上一年度销售额} \times 100\%$	月/季/年度	财务报表
	新产品销售收入	考核期内新产品销售收入总额	月/季/年度	财务报表
	销售回款率	$\dfrac{实际回款额}{计划回款额} \times 100\%$	月/季/年度	财务报表
	销售费用节省率	$\dfrac{销售费用预算－实际发生的销售费用}{销售费用预算} \times 100\%$	月/季/年度	销售费用记录单
	坏账率	$\dfrac{坏账损失}{主营业务收入} \times 100\%$	月/季/年度	财务报表
内部运营管理	销售计划达成率	$\dfrac{实际销售的数量}{计划完成的数量} \times 100\%$	月/季/年度	销售计划书
	市场占有率	$\dfrac{当前企业产品销售额或销售量}{当前该类产品市场销售额或销售量} \times 100\%$	季/年度	产品销售记录表

续表

考核维度	KPI名称	指标定义或计算公式	考核周期	信息来源
客户管理	新增客户数	考核期内新增客户数量	月/季/年度	客户数据库
	客户满意度	考核期内客户对销售服务的满意程度	季/年度	满意度调查表
员工学习与发展	培训计划完成率	$\dfrac{\text{实际完成的培训项目}}{\text{计划完成的培训项目}} \times 100\%$	月/季/年度	培训计划表
	培训效果	培训人员的平均成绩	月/季/年度	培训成绩单

7.1.3 销售部门绩效考核方案

下面是某企业销售部门绩效考核方案。

销售部门绩效考核方案

编号：　　　　编制部门：　　　　审批人员：　　　　审批日期：　年　月　日

一、考核目的
为了全面贯彻公司实施精细化管理方案，建立和完善部门业绩考核制度和激励约束机制，对销售部门工作结果进行客观、公正的评价，进一步强化和提高销售部门绩效考核，特制定本方案。

二、考核原则
(一)客观原则，绩效考核必须以销售部门人员日常工作表现的事实为依据，进行准确而客观的评价，不得凭主观印象判断。
(二)公平、公正原则，对所有销售部门人员的考核在考核标准、考核程序、考核指标等方面都应该一致，绩效考核严格按照制度、原则和程序进行，公正地评价被考核者，排除个人好恶等人为因素的干扰，减少人为的考核偏差。
(三)指导性原则，绩效考核不能仅仅为利益分配而考核，而是通过考核指导帮助销售人员不断提高工作绩效。不仅侧重利益分配，更侧重于对其工作的指导。

三、考核小组
由人力资源部相关人员、财务总监、总经理组成考核小组，人力资源部负责对考核实施过程进行监督，财务总监负责对数据进行核审，考核结果由人力资源部进行统计报总经理审批。

四、考核依据
(一)依据销售部门各职位工作职责。
(二)依据销售部门销售工作计划。
(三)由销售总监签字确认的工作业绩申报表。
(四)依据财务部门的财务数据。

五、绩效考核时间
考核小组根据销售数据、财务数据或业绩数据等对销售部门进行考核。绩效考核的时间分为季度绩效考核和年度绩效考核两种，其时间安排如下表所示。

绩效考核时间表

绩效考核		时间安排	备注
类别	名称		
季度考核	第一季度绩效考核	4月1～10日	具体的绩效考核时间由人力资源部负责安排和通知
	第二季度绩效考核	7月1～10日	
	第三季度绩效考核	10月1～10日	
	第四季度绩效考核	1月1～10日	
年度绩效考核	年度绩效考核	12月25日～1月5日	

续表

六、考核实施过程
考核实施过程分为二个阶段。
（一）沟通阶段：每考核月1号至_____号考核者与销售部门对上个考核期目标完成情况和绩效考核回顾，考核者与被考核部门对考核期的目标、重点进行沟通交流。
（二）考核阶段：首先考核者对被考核部门进行绩效评估，其次人力资源部和被考核部门的直属上级对考核结果进行评审，再次人力资源部把考核结果反馈于被考核部门。

七、考核标准
销售部门的考核维度主要包括财务管理、内部运营管理、客户管理和员工学习与发展，具体考核工具如下表所示。

销售部门绩效考核表

考核维度	考核指标	分值	权重	计量单位	考核量化标准	得分
财务管理	销售额	10	10%	百分率（%）	考核期内，销售额达到____万元，每降低____万元，扣____分	X_1
	销售增长率	10	10%	百分率（%）	考核期内，销售增长率达到____%，每降低____%，扣____分	X_2
	新产品销售收入	10	10%	金额	考核期内，新产品销售收入达到____万元，每降低____万元，扣____分	X_3
	销售回款率	10	10%	百分率（%）	考核期内，销售回款率不低于____%，每降低____%，扣____分	X_4
	销售费用节省率	10	10%	百分率（%）	考核期内，销售费用节省率达到____%，每降低____%，扣____分	X_5
	坏账率	10	10%	金额	考核期内，销售坏账率不高于____%，每超过____%，扣____分	X_6
内部运营管理	销售计划达成率	10	10%	百分率（%）	考核期内，销售计划达成率达到____%，每降低____%，扣____分	X_7
	市场占有率	10	10%	百分率（%）	考核期内，市场占有率达到____%，每降低____%，扣____分	X_8
客户管理	新增客户数	5	5%	数量	考核期内，新增客户数达到____个，每降低____个，扣____分	X_9
	客户满意度	5	5%	分	考核期内，客户满意度达到____分，每降低____分，扣____分	X_{10}
员工学习与发展	培训计划完成率	5	5%	百分率（%）	考核期内，培训计划完成率达到____%，每降低____%，扣____分	X_{11}
	培训效果	5	5%	分	考核期内，培训效果达到____分，每降低____分，扣____分	X_{12}
计算公式	考核得分 = $X_1 \times 10\% + X_2 \times 10\% + X_3 \times 10\% + \cdots + X_{12} \times 5\%$				考核得分	

八、绩效考核应用
公司根据销售部门考核成绩，进行如下绩效考核等级划分。

续表

销售部门绩效考核等级划分			
考核等级	得分范围	季度奖金	年度奖金
A 级	90（含）～100 分	季度奖金____元	年终奖____元
B 级	80（含）～90 分	季度奖金____元	年终奖____元
C 级	70（含）～80 分	季度奖金____元	年终奖____元
D 级	60（含）～70 分	季度奖金____元	年终奖____元
E 级	60 分以下	无奖金	无年终奖

九、考核结果申诉
（一）当部门人员认为考核结果不恰当，可以向总经理办公室提出申诉。
（二）总经理办公室负责对考核结果进行审核，并负责处理考核评估过程中所发生的争议。

实施对象：　　　　　　　　　　　　　　　　　　　　实施日期：　　年　月　日

7.2 销售经理绩效考核

7.2.1 销售经理考核关键指标

销售经理考核关键指标如表 7-5 所示。

表 7-5　销售经理考核关键指标

考核维度	KPI 名称	指标定义或计算公式	考核周期	信息来源
财务管理	销售账款回收率	$\frac{实际回收款}{计划回收款} \times 100\%$	月/季度	销售账款记录表
	销售收入增长率	$\frac{本期销售收入 - 上期销售收入}{上期销售收入} \times 100\%$	季/年度	财务报表
	利润率	$\frac{销售利润}{销售收入} \times 100\%$	季/年度	财务报表
	坏账率	$\frac{坏账损失}{主营业务收入} \times 100\%$	季/年度	财务报表
	销售费用节省率	$\frac{销售费用预算 - 实际发生的销售费用}{销售费用预算} \times 100\%$	季/年度	销售费用记录单
	新产品销售收入	考核期内新产品销售总收入的数额	季/年度	财务报表
内部运营管理	销售计划达成率	$\frac{实际完成的销售额或销售量}{计划销售额或销售量} \times 100\%$	季/年度	销售计划书
	销售增长率	$\frac{当期销售量 - 上期销售量}{上期销售量} \times 100\%$	季/年度	销售量记录表
	核心产品市场占有率	$\frac{核心产品销售量}{当前该类产品销售量} \times 100\%$	季/年度	核心产品销售记录单
	营销方案预期目标实现率	$\frac{经评估达到预期目标的营销方案}{年度营销方案总数} \times 100\%$	季/年度	营销方案

续表

考核维度	KPI 名称	指标定义或计算公式	考核周期	信息来源
客户管理	新增大客户数量	考核期内交易金额在公司规定的一定数额以上的新增客户数量	季/年度	客户资源表
客户管理	客户满意度	考核期内,客户对销售服务的满意程度	季/年度	满意度调查表
客户管理	客户保有率	考核期末与期初比较客户总数保有的比率	季/年度	客户资源表
员工学习与发展	培训计划完成率	$\dfrac{\text{实际完成的培训项目}}{\text{计划完成的培训项目}} \times 100\%$	季/年度	培训计划表
员工学习与发展	员工平均培训成绩	培训考核的平均成绩	季/年度	培训成绩单
员工学习与发展	员工技能提升率	$\dfrac{\text{年末考核得分} - \text{上年度考核得分}}{\text{上年度考核得分}} \times 100\%$	年度	绩效考核表

7.2.2 销售经理绩效考核量表

销售经理绩效考核量表如表 7-6 所示。

表 7-6 销售经理绩效考核量表

销售经理绩效考核量表					考核日期		
被考核人					考核人		
考核维度	考核指标	分值	权重	计量单位	考核量化标准		得分
财务管理	销售账款回收率	10	10%	百分率(%)	考核期内,销售账款回收率达到___%,每降低___%,扣___分		X_1
财务管理	销售收入增长率	10	10%	百分率(%)	考核期内,销售收入增长率达到___%,每降低___%,扣___分		X_2
财务管理	利润率	10	10%	百分率(%)	考核期内,利润率达到___%,每降低___%,扣___分		X_3
财务管理	坏账率	10	10%	百分率(%)	考核期内,坏账率低于___%,每超出___%,扣___分		X_4
财务管理	销售费用节省率	5	5%	百分率(%)	考核期内,销售费用节省率达到___%,每降低___%,扣___分		X_5
财务管理	新产品销售收入	5	5%	金额	新产品销售收入达到___万元,每降低___万元,扣___分		X_6
内部运营管理	销售计划达成率	5	5%	百分率(%)	考核期内,销售计划达成率达到___%,每降低___%,扣___分		X_7
内部运营管理	销售增长率	5	5%	百分率(%)	考核期内,销售增长率达到___%,每降低___%,扣___分		X_8
内部运营管理	核心产品市场占有率	5	5%	百分率(%)	考核期内,核心产品市场占有率达到___%,每降低___%,扣___分		X_9
内部运营管理	营销方案预期目标实现率	5	5%	百分率(%)	考核期内,营销方案预期目标实现率达到___%,每降低___%,扣___分		X_{10}

续表

考核维度	考核指标	分值	权重	计量单位	考核量化标准	得分
客户管理	新增大客户数量	5	5%	数量	考核期内,新增大客户数量达到____个,每降低____个,扣____分	X_{11}
	客户满意度	5	5%	分	考核期内,客户满意度不低于____分,每降低____分,扣____分	X_{12}
	客户保有率	5	5%	百分率(%)	考核期内,客户保有率达到____%,每降低____%,扣____分	X_{13}
员工学习与发展	培训计划完成率	5	5%	百分率(%)	考核期内,培训计划完成率达到____%,每降低____%,扣____分	X_{14}
	员工平均培训成绩	5	5%	分	考核期内,培训平均成绩不低于____分,每降低____分,扣____分	X_{15}
	员工技能提升率	5	5%	百分率(%)	考核期内,员工技能提升率达到____%,每降低____%,扣____分	X_{16}
计算公式	考核得分 = $X_1 \times 10\% + X_2 \times 10\% + X_3 \times 10\% + \cdots + X_{16} \times 5\%$				考核得分	
被考核人			考核人		复核人	
签字:____ 日期:____			签字:____ 日期:____		签字:____ 日期:____	

7.3 销售主管绩效考核

7.3.1 销售主管考核关键指标

销售主管考核关键指标如表 7-7 所示。

表 7-7 销售主管考核关键指标

考核项目	KPI 名称	指标定义或计算公式	考核周期	信息来源
销售管理	产品销售量	考核期内各项业务销售数量总计	季/年度	销售统计表
	销售计划达成率	$\dfrac{实际完成的销售额或销售量}{计划销售额或销售量} \times 100\%$	季/年度	销售计划书
	核心产品销售收入	考核期内企业核心产品销售收入总额	季/年度	销售收入统计表
	销售回款率	$\dfrac{实际回款额}{计划回款额} \times 100\%$	月/季/年度	销售回款统计表
财务控制	坏账率	$\dfrac{坏账损失}{主营业务收入} \times 100\%$	季/年度	财务报表
	销售费用节省率	$\dfrac{去年同期销售费用 - 当前销售费用}{销售收入} \times 100\%$	季/年度	财务报表

续表

考核项目	KPI 名称	指标定义或计算公式	考核周期	信息来源
客户管理	新增客户数量	考核期内新增合作客户数量	季/年度	客户统计表
	核心客户保有率	$\dfrac{持续合作的核心客户数量}{维护的客户总数} \times 100\%$	季/年度	核心客户资源表
	客户满意度评价	接受随机调查的客户对服务满意度评分的算术平均值	季/年度	满意度调查表
工作能力	组织协调能力	能从全局角度协调配合领导和相关部门完成工作	月/季度	绩效考核表
	问题解决能力	在困难和复杂的情况下，能够充分考虑各种风险因素，在自己职权范围内果断、高效地作出决定	月/季度	绩效考核表
	创新能力	视角独特，勇于开拓，能够运用专业知识改进工作	月/季度	绩效考核表
工作态度	工作主动性	积极完成分内工作，并主动承担公司内部额外工作	月/季度	绩效考核表
	责任心	对于需要完成的工作任务具有责任意识，不存在推诿、拖延行为	月/季度	绩效考核表
	工作协作性	除与下属人员积极合作外，还能在公司团队内部营造团结协作的工作氛围	月/季度	绩效考核表

7.3.2 销售主管绩效考核量表

销售主管绩效考核量表如表7-8所示。

表7-8 销售主管绩效考核量表

销售主管绩效考核量表				考核日期		
被考核人				考核人		
考核项目	考核指标	分值	权重	计量单位	考核量化标准	得分
销售管理	产品销售量	10	10%	数量	考核期内，产品销售量不低于____件，每降低____件，扣____分	X_1
	销售计划达成率	10	10%	百分率（%）	考核期内，销售计划达成率达到____%，每降低____%，扣____分	X_2
	核心产品销售收入	10	10%	金额	考核期内，核心产品销售收入达到____万元，每降低____万元，扣____分	X_3
	销售回款率	10	10%	百分率（%）	考核期内，销售回款率达到____%，每降低____%，扣____分	X_4

续表

考核项目	考核指标	分值	权重	计量单位	考核量化标准	得分
财务控制	坏账率	10	10%	百分率（%）	考核期内，坏账率不超过___%，每超过___%，扣___分	X_5
	销售费用节省率	5	5%	百分率（%）	考核期内，销售费用节省率达到___%，每降低___%，扣___分	X_6
客户管理	新增客户数量	5	5%	数量	考核期内，新增合作客户数量达到___名，每低于___名，扣___分	X_7
	核心客户保有率	5	5%	百分率（%）	考核期内，核心客户保有率达到___%，每降低___%，扣___分	X_8
	客户满意度	5	5%	分	考核期内，客户满意度评价达到___分，每低于___分，扣___分	X_9
工作能力	组织协调能力	5	5%	分	考核期内，组织协调能力评价达到___分以上，每降低___分，扣___分	X_{10}
	问题解决能力	5	5%	分	考核期内，问题解决能力评价达到___分以上，每降低___分，扣___分	X_{11}
	创新能力	5	5%	分	考核期内，创新能力评价达到___分以上，每降低___分，扣___分	X_{12}
工作态度	工作主动性	5	5%	分	考核期内，工作主动性评价达到___分以上，每降低___分，扣___分	X_{13}
	责任心	5	5%	分	考核期内，工作责任心评价达到___分以上，每降低___分，扣___分	X_{14}
	工作协作性	5	5%	分	考核期内，工作协作性评价达到___分以上，每降低___分，扣___分	X_{15}
计算公式	考核得分＝$X_1 \times 10\% + X_2 \times 10\% + X_3 \times 10\% + \cdots + X_{15} \times 5\%$				考核得分	
被考核人			考核人		复核人	
签字：___ 日期：___			签字：___ 日期：___		签字：___ 日期：___	

7.4 区域经理绩效考核

7.4.1 区域经理考核关键指标

区域经理考核关键指标如表 7-9 所示。

表 7-9 区域经理考核关键指标

考核项目	KPI 名称	指标定义或计算公式	考核周期	信息来源
区域销售管理	销售任务达成率	$\dfrac{\text{实际完成的销售额或销售量}}{\text{计划销售额或销售量}} \times 100\%$	季/年度	销售统计表
	区域市场占有率	$\dfrac{\text{当前企业产品销售量}}{\text{当前该类产品市场销售量}} \times 100\%$	季/年度	销售量统计表
	新产品利润率	$\dfrac{\text{新产品销售净利润}}{\text{新产品销售总收入}} \times 100\%$	季/年度	财务报表
	核心产品利润率	$\dfrac{\text{核心产品销售净利润}}{\text{核心产品销售总收入}} \times 100\%$	季/年度	财务报表
	年销售增长率	$\dfrac{\text{当年销售额} - \text{上一年度销售额}}{\text{上一年度销售额}} \times 100\%$	年度	财务报表
财务控制	回款达成率	$\dfrac{\text{实际回款额}}{\text{计划回款额}} \times 100\%$	季/年度	回款统计表
	费用率	$\dfrac{\text{实际发生的销售费用}}{\text{销售费用预算}} \times 100\%$	季/年度	费用统计表
	坏账率	$\dfrac{\text{坏账损失}}{\text{主营业务收入}} \times 100\%$	季/年度	财务报表
客户管理	新增客户数量	考核期内新增加客户数量	季/年度	客户统计表
	客户投诉解决速度	考核期内客户投诉处理的平均时间	季/年度	客户投诉记录表
工作能力	创新能力	视角独特,勇于开拓,能够运用专业知识改进工作	月/季度	绩效考核表
	执行能力	能够根据工作计划和领导指示,全面、迅速、保质保量地完成工作任务	月/季度	绩效考核表
	沟通能力	与同事积极沟通,及时消除信息交流障碍,促进公司内部建立和谐关系	月/季度	绩效考核表
工作态度	工作主动性	积极完成分内工作,并主动承担公司内部的额外工作	月/季度	绩效考核表
	工作协作性	除与同事积极合作外,还能在公司内部营造团结合作的工作氛围	月/季度	绩效考核表
	组织纪律性	严于律己,为其他员工遵守规章制度及劳动纪律起到模范带头作用	月/季度	绩效考核表

7.4.2 区域经理绩效考核量表

区域经理绩效考核量表如表 7-10 所示。

表 7-10 区域经理绩效考核量表

区域经理绩效考核量表					考核日期	
被考核人					考核人	
考核项目	考核指标	分值	权重	计量单位	考核量化标准	得分
区域销售管理	销售任务达成率	10	10%	百分率(%)	考核期内,销售任务达成率达到____%,每降低____%,扣____分	X_1
	区域市场占有率	10	10%	百分率(%)	考核期内,区域市场占有率达到____%,每降低____%,扣____分	X_2
	新产品利润率	5	5%	百分率(%)	考核期内,新产品利润率达到____%,每降低____%,扣____分	X_3
	核心产品利润率	5	5%	百分率(%)	考核期内,核心产品利润率达到____%,每降低____%,扣____分	X_4
	年销售增长率	10	10%	百分率(%)	考核期内,年销售增长率达到____%,每降低____%,扣____分	X_5
财务控制	回款达成率	10	10%	百分率(%)	考核期内,回款达成率达到____%,每降低____%,扣____分	X_6
	费用率	5	5%	百分率(%)	考核期内,费用率达到____%,每降低____%,扣____分	X_7
	坏账率	5	5%	百分率(%)	考核期内,坏账率不超过____%,每超过____%,扣____分	X_8
客户管理	新增客户数量	5	5%	数量	考核期内,新增客户数量达到____名以上,每降低____名,扣____分	X_9
	客户投诉解决速度	5	5%	时间	考核期内,客户投诉解决平均时间不超过____天,每超过____天,扣____分	X_{10}
工作能力	创新能力	5	5%	分	考核期内,创新能力评价达到____分以上,每降低____分,扣____分	X_{11}
	执行能力	5	5%	分	考核期内,执行能力评价达到____分以上,每降低____分,扣____分	X_{12}
	沟通能力	5	5%	分	考核期内,沟通能力评价达到____分以上,每降低____分,扣____分	X_{13}
工作态度	工作主动性	5	5%	分	考核期内,工作主动性评价达到____分以上,每降低____分,扣____分	X_{14}
	工作协作性	5	5%	分	考核期内,工作协作性评价达到____分以上,每降低____分,扣____分	X_{15}
	组织纪律性	5	5%	分	考核期内,工作组织纪律性评价达到____分以上,每降低____分,扣____分	X_{16}
计算公式	考核得分=$X_1\times10\%+X_2\times10\%+X_3\times5\%+\cdots+X_{16}\times5\%$				考核得分	
被考核人			考核人		复核人	
签字:_____ 日期:_____			签字:_____ 日期:_____		签字:_____ 日期:_____	

7.5 网络经理绩效考核

7.5.1 网络经理考核关键指标

网络经理考核关键指标如表 7-11 所示。

表 7-11 网络经理考核关键指标

考核项目	KPI 名称	指标定义或计算公式	考核周期	信息来源
网络销售管理	网络销售计划达成率	$\dfrac{\text{实际完成的销售额或销售量}}{\text{计划销售额或销售量}} \times 100\%$	季/年度	销售计划书
	网络年销售增长率	$\dfrac{\text{当年销售额}-\text{上一年度销售额}}{\text{上一年度销售额}} \times 100\%$	年度	财务报表
	网络产品销售收入	考核期内网络产品销售收入总额	季/年度	财务报表
	产品利润率	$\dfrac{\text{考核期内销售净利润}}{\text{考核期内销售总收入}} \times 100\%$	季/年度	财务报表
财务控制	坏账率	$\dfrac{\text{坏账损失}}{\text{主营业务收入}} \times 100\%$	季/年度	财务报表
	销售费用节省率	$\dfrac{\text{销售费用预算}-\text{实际发生的销售费用}}{\text{销售费用预算}} \times 100\%$	季/年度	销售费用统计表
客户管理	新开发客户数	考核期内新开发客户数量	季/年度	客户开发统计表
	客户满意度	接受随机调查的客户对服务满意度评分的算术平均值	季/年度	满意度调查表
网络管理	网络故障次数	考核期内网络出现故障的次数	季/年度	网络故障登记表
	网站用户满意度	考核期内客户对网络服务的满意度	季/年度	满意度调查表
	系统故障处理及时率	考核期内系统和网络故障处理的平均时间	季/年度	系统故障处理登记表
工作能力	组织协调能力	能够有效组织协调员工做好网络销售工作	月/季度	绩效考核表
	市场预测能力	能对市场行情做出一定的预测	月/季度	绩效考核表
	应变能力	能根据工作的变化采取相应的措施	月/季度	绩效考核表
工作态度	工作纪律性	网络销售工作符合公司的规章制度	月/季度	绩效考核表
	工作主动性	积极主动完成销售计划指标	月/季度	绩效考核表
	工作责任感	用于担责,并能顶住压力完成工作	月/季度	绩效考核表

7.5.2 网络经理绩效考核量表

网络经理绩效考核量表如表 7-12 所示。

表 7-12 网络经理绩效考核量表

网络经理绩效考核量表					考核日期	
被考核人					考核人	
考核项目	考核指标	分值	权重	计量单位	考核量化标准	得分
网络销售管理	网络销售计划达成率	10	10%	百分率（%）	考核期内，网络销售计划达成率达到____%，每降低____%，扣____分	X_1
	网络年销售增长率	5	5%	百分率（%）	考核期内，网络年销售增长率达到____%，每降低____%，扣____分	X_2
	网络产品销售收入	10	10%	金额	考核期内，网络产品销售收入达到____万元以上，每降低____万元，扣____分	X_3
	产品利润率	10	10%	百分率（%）	考核期内，产品利润率达到____%，每降低____%，扣____分	X_4
财务控制	坏账率	5	5%	百分率（%）	考核期内，坏账率不超过____%，每超过____%，扣____分	X_5
	销售费用节省率	5	5%	百分率（%）	考核期内，销售费用节省率达到____%以上，每降低____%，扣____分	X_6
客户管理	新开发客户数	5	5%	数量	考核期内，新开发客户数达到____个以上，每降低____个，扣____分	X_7
	客户满意度	5	5%	分	考核期内，客户满意度得分达到____分以上，每降低____分，扣____分	X_8
网络管理	网络故障次数	5	5%	频次	考核期内，网络故障次数不超过____次以上，每超过____次，扣____分	X_9
	网站用户满意度	5	5%	分	考核期内，网站用户满意度达到____分以上，每降低____分，扣____分	X_{10}
	系统故障处理及时率	5	5%	百分率（%）	考核期内系统故障处理及时率达到____%以上，每降低____%，扣____分	X_{11}
工作能力	组织协调能力	5	5%	分	考核期内，组织协调能力评价达到____分以上，每降低____分，扣____分	X_{12}
	市场预测能力	5	5%	分	考核期内，市场预测能力评价达到____分以上，每降低____分，扣____分	X_{13}
	应变能力	5	5%	分	考核期内，应变能力评价达到____分以上，每降低____分，扣____分	X_{14}
工作态度	工作纪律性	5	5%	分	考核期内，工作纪律性评价达到____分以上，每降低____分，扣____分	X_{15}
	工作主动性	5	5%	分	考核期内，工作主动性评价达到____分以上，每降低____分，扣____分	X_{16}
	工作责任感	5	5%	分	考核期内，工作责任感评价达到____分以上，每降低____分，扣____分	X_{17}
计算公式	考核得分＝$X_1 \times 10\% + X_2 \times 5\% + X_3 \times 10\% + \cdots + X_{17} \times 5\%$				考核得分	
被考核人		考核人			复核人	
签字：_____ 日期：_____		签字：_____ 日期：_____			签字：_____ 日期：_____	

7.6 渠道经理绩效考核

7.6.1 渠道经理考核关键指标

渠道经理考核关键指标如表 7-13 所示。

表 7-13 渠道经理考核关键指标

考核项目	KPI 名称	指标定义或计算公式	考核周期	信息来源
渠道管理	渠道开发计划实现率	$\frac{部门实际费用}{部门计划费用} \times 100\%$	季/年度	渠道开发计划书
	渠道库存量控制	根据具体实际情况,把渠道库存量控制在适当范围内	季/年度	库存统计表
	年销售增长率	$\frac{当年销售额 - 上一年度销售额}{上一年度销售额} \times 100\%$	年度	财务报表
财务控制	回款达成率	$\frac{实际回款额}{计划回款额} \times 100\%$	季/年度	财务报表
	销售费用节省率	$\frac{销售费用预算 - 实际发生的销售费用}{销售费用预算} \times 100\%$	季/年度	销售费用统计表
客户管理	新增渠道成员数量	考核期内新开发销售渠道成员数量	季/年度	新增渠道成员表
	渠道满意度	是指渠道代理商对渠道满意度的高低	季/年度	满意度调查表
	代理商培训计划完成率	$\frac{实际完成的培训项目(次数)}{计划培训的项目(次数)} \times 100\%$	季/年度	培训计划表
工作能力	创新能力	视角独特,勇于开拓,能够运用专业知识改进工作	月/季度	绩效考核表
	执行能力	能够根据工作计划和领导指示,全面、迅速、保质保量地完成工作任务	月/季度	绩效考核表
	沟通能力	与同事积极沟通,及时消除信息交流障碍,促进公司内部建立和谐关系	月/季度	绩效考核表
工作态度	工作主动性	积极完成分内工作,并主动承担公司内部的额外工作	月/季度	绩效考核表
	工作协作性	除与同事积极合作外,还能在公司内部营造团结合作的工作氛围	月/季度	绩效考核表
	组织纪律性	严于律己,为其他员工遵守规章制度及劳动纪律起到模范带头作用	月/季度	绩效考核表

7.6.2 渠道经理绩效考核量表

渠道经理绩效考核量表如表 7-14 所示。

表 7-14 渠道经理绩效考核量表

渠道经理绩效考核量表					考核日期		
被考核人					考核人		
考核项目	考核指标	分值	权重	计量单位	考核量化标准		得分
渠道管理	渠道开发计划实现率	10	10%	百分率（%）	考核期内,渠道开发计划实现率达到____%以上,每降低____%,扣____分		X_1
渠道管理	渠道库存量控制	5	5%	数量	考核期内,根据具体实际情况,把渠道库存量控制在____件范围之内,每超出____件,扣____分		X_2
财务控制	年销售增长率	10	10%	百分率（%）	考核期内,年销售增长率达到____%以上,每降低____%,扣____分		X_3
财务控制	回款达成率	10	10%	百分率（%）	考核期内,回款达成率达到____%以上,每降低____%,扣____分		X_4
财务控制	销售费用节省率	10	10%	百分率（%）	考核期内,销售费用节省率达到____%以上,每降低____%,扣____分		X_5
客户管理	新增渠道成员数量	10	10%	数量	考核期内,新增渠道成员数量达到____个,每降低____个,扣____分		X_6
客户管理	渠道满意度	10	10%	分	考核期内,渠道满意度达到____分以上,每降低____分,扣____分		X_7
客户管理	代理商培训计划完成率	5	5%	百分率（%）	考核期内,代理商培训计划完成率达到____%以上,每降低____%,扣____分		X_8
工作能力	创新能力	5	5%	分	考核期内,创新能力评价达到____分以上,每降低____分,扣____分		X_9
工作能力	执行能力	5	5%	分	考核期内,执行能力评价达到____分以上,每降低____分,扣____分		X_{10}
工作能力	沟通能力	5	5%	分	考核期内,沟通能力评价达到____分以上,每降低____分,扣____分		X_{11}
工作态度	工作主动性	5	5%	分	考核期内,工作主动性评价达到____分以上,每降低____分,扣____分		X_{12}
工作态度	工作协作性	5	5%	分	考核期内,工作协作性评价达到____分以上,每降低____分,扣____分		X_{13}
工作态度	组织纪律性	5	5%	分	考核期内,组织纪律性评价达到____分以上,每降低____分,扣____分		X_{14}
计算公式	考核得分 $= X_1 \times 10\% + X_2 \times 5\% + X_3 \times 10\% + \cdots + X_{14} \times 5\%$					考核得分	
被考核人			考核人			复核人	
签字：_____ 日期：_____			签字：_____ 日期：_____			签字：_____ 日期：_____	

7.7 促销经理绩效考核

7.7.1 促销经理考核关键指标

促销经理考核关键指标如表 7-15 所示。

表 7-15 促销经理考核关键指标

考核项目	KPI名称	指标定义或计算公式	考核周期	信息来源
促销计划执行	促销计划完成率	$\dfrac{\text{实际完成的促销次数}}{\text{计划促销次数}} \times 100\%$	季/年度	促销计划书
	宣传品制作完成率	$\dfrac{\text{完成宣传品制作种类}}{\text{计划宣传品制作种类}} \times 100\%$	季/年度	宣传工作记录
	促销投入产出比率	用投入和产出的资金衡量促销的效果	季/年度	财务报表
	促销方案预期目标达成率	$\dfrac{\text{经验证达到预期目标的促销方案}}{\text{促销活动方案总数}} \times 100\%$	季/年度	促销方案
	销售增长率	$\dfrac{\text{活动后当月销售额或销售量}}{\text{活动前当月销售额或销售量}} \times 100\% - 1$	季/年度	销售统计表
	年销售增长率	$\dfrac{\text{当年销售额} - \text{上一年度销售额}}{\text{上一年度销售额}} \times 100\%$	年度	财务报表
财务控制	促销费用节省率	$\dfrac{\text{实际发生促销费用} - \text{促销费用预算}}{\text{促销费用预算}} \times 100\%$	季/年度	促销费用统计表
客户管理	客户满意度	接受随机调查的客户对服务满意度评分的算术平均值	季/年度	满意度调查表
	客户投诉解决速度	考核期内客户投诉处理的平均时间	季/年度	客户投诉调查表
员工培训	培训计划完成率	$\dfrac{\text{实际完成的培训项目(次数)}}{\text{计划培训的项目(次数)}} \times 100\%$	季/年度	培训计划表
工作能力	解决问题能力	问题发生后,能够分辨关键问题,找到解决办法,并设法解决	月/季度	绩效考核表
	学习能力	努力追求与本工作相关的知识,并且能够很好地运用到实际工作中	月/季度	绩效考核表
	灵活性	善于根据环境变化迅速调整行为,较快适应新的工作环境和工作方式	月/季度	绩效考核表
工作态度	工作纪律	严格遵守公司及部门规章制度,从不违反相关规定	月/季度	绩效考核表
	工作积极性	工作非常积极,工作任务从不会延迟	月/季度	绩效考核表

7.7.2 促销经理绩效考核量表

促销经理绩效考核量表如表 7-16 所示。

表 7-16 促销经理绩效考核量表

促销经理绩效考核量表					考核日期		
被考核人					考核人		
考核项目	考核指标	分值	权重	计量单位	考核量化标准		得分
促销计划执行	促销计划完成率	10	10%	百分率（%）	考核期内，促销计划完成率达到____%以上，每降低____%，扣____分		X_1
	宣传品制作完成率	5	5%	百分率（%）	考核期内，宣传品制作完成率达到____%以上，每降低____%，扣____分		X_2
	促销投入产出比率	10	10%	百分率（%）	考核期内，促销投入产出比率达到____%以上，每降低____%，扣____分		X_3
	促销方案预期目标达成率	10	10%	百分率（%）	考核期内，促销方案预期目标达成率达到____%以上，每降低____%，扣____分		X_4
	销售增长率	10	10%	百分率（%）	考核期内，销售增长率达到____%以上，每降低____%，扣____分		X_5
	年销售增长率	10	10%	百分率（%）	考核期内，年销售增长率达到____%以上，每降低____%，扣____分		X_6
财务控制	促销费用节省率	5	5%	百分率（%）	考核期内，促销费用节省率达到____%以上，每降低____%，扣____分		X_7
客户管理	客户满意度	5	5%	分	考核期内，客户满意度达到____分以上，每降低____%，扣____分		X_8
	客户投诉解决速度	5	5%	时间	考核期内，客户投诉解决天数不超过____天，每超过____天，扣____分		X_9
员工培训	培训计划完成率	5	5%	百分率（%）	考核期内，培训计划完成率达到____%以上，每降低____%，扣____分		X_{10}
工作能力	解决问题能力	5	5%	分	考核期内，解决问题能力评价达到____分以上，每降低____分，扣____分		X_{11}
	学习能力	5	5%	分	考核期内，学习能力评价达到____分以上，每降低____分，扣____分		X_{12}
工作态度	灵活性	5	5%	分	考核期内，灵活性评价达到____分以上，每降低____分，扣____分		X_{13}
	工作纪律	5	5%	分	考核期内，工作纪律评价达到____分以上，每降低____分，扣____分		X_{14}
	工作积极性	5	5%	分	考核期内，工作积极性评价达到____分以上，每降低____分，扣____分		X_{15}
计算公式	考核得分＝$X_1×10\%+X_2×5\%+X_3×10\%+\cdots+X_{15}×5\%$					考核得分	
被考核人			考核人			复核人	
签字：_____ 日期：_____			签字：_____ 日期：_____			签字：_____ 日期：_____	

7.8 订单员绩效考核

7.8.1 订单员考核关键指标

订单员考核关键指标如表 7-17 所示。

表 7-17 订单员考核关键指标

考核项目	KPI 名称	指标定义或计算公式	考核周期	信息来源
订单管理	订单计划完成率	$\dfrac{实际订单完成数}{计划完成订单数} \times 100\%$	季/年度	订单计划表
	订单处理及时率	处理订单的平均时间要限制在一定的范围之内	季/年度	订单处理记录表
	订单制作准确率	制作月单、跟催单、补单、新品订单等的准确程度	季/年度	订单制作记录单
客户服务	客户满意度	客户对订单服务的满意程度	季/年度	客户满意度调查问卷
	客户投诉处理速度	处理客户投诉的平均时间不能超过一定的时限	季/年度	客户投诉处理记录
	客户反馈记录	客户反馈问题记录的全面性、详细性和清晰性	季/年度	客户反馈记录表
工作能力	沟通能力	与同事进行良好沟通的能力	月/季度	绩效考核表
	团队协作能力	与团队成员进行良好协作的能力	月/季度	绩效考核表
	灵活应变能力	能根据事情变化发展采取不同的方法	月/季度	绩效考核表
	市场预测能力	能对市场行情做出一定的预测	月/季度	绩效考核表
工作态度	出勤率	每月出勤的比率	月/季度	绩效考核表
	工作主动性	可主动做好自己的本职工作	月/季度	绩效考核表
	工作积极性	积极完成本职工作,完成时间提前于公司要求时间	月/季度	绩效考核表
	忠诚度	对公司忠诚,不泄露商业机密	月/季度	绩效考核表

7.8.2 订单员绩效考核量表

订单员绩效考核量表如表 7-18 所示。

表 7-18 订单员绩效考核量表

订单员绩效考核量表					考核日期		
被考核人					考核人		
考核项目	考核指标	分值	权重	计量单位	考核量化标准		得分
订单管理	订单计划完成率	10	10%	百分率（%）	考核期内，订单计划完成率达到____%以上，每降低____%，扣____分		X_1
	订单处理及时率	10	10%	百分率（%）	考核期内，订单处理及时率达到____%以上，每降低____%，扣____分		X_2
	订单制作准确率	10	10%	百分率（%）	考核期内，订单制作准确率达到____%以上，每降低____%，扣____分		X_3
客户服务	客户满意度	10	10%	分	考核期内，客户满意度达到____分以上，每降低____分，扣____分		X_4
	客户投诉处理速度	10	10%	时间	考核期内，客户投诉处理时间不超过____小时，每超过____小时，扣____分		X_5
	客户反馈记录	10	10%	分	考核期内，客户反馈记录达到____分以上，每降低____分，扣____分		X_6
工作能力	沟通能力	5	5%	分	考核期内，沟通能力评价达到____分以上，每降低____分，扣____分		X_7
	团队协作能力	5	5%	分	考核期内，团队协作能力评价达到____分以上，每降低____分，扣____分		X_8
	灵活应变能力	5	5%	分	考核期内，灵活应变能力评价达到____分以上，每降低____分，扣____分		X_9
	市场预测能力	5	5%	分	考核期内，市场预测能力评价达到____分以上，每降低____分，扣____分		X_{10}
工作态度	出勤率	5	5%	分	考核期内，出勤率达到____分以上，每降低____分，扣____分		X_{11}
	工作主动性	5	5%	分	考核期内，工作主动性评价达到____分以上，每降低____分，扣____分		X_{12}
	工作积极性	5	5%	分	考核期内，工作积极性评价达到____分以上，每降低____分，扣____分		X_{13}
	忠诚度	5	5%	分	考核期内，忠诚度评价达到____分以上，每降低____分，扣____分		X_{14}
计算公式	考核得分 = $X_1 \times 10\% + X_2 \times 10\% + X_3 \times 10\% + \cdots + X_{14} \times 5\%$					考核得分	
被考核人			考核人			复核人	
签字：____ 日期：____			签字：____ 日期：____			签字：____ 日期：____	

7.9 销售文员绩效考核

7.9.1 销售文员考核关键指标

销售文员考核关键指标如表 7-19 所示。

表 7-19 销售文员考核关键指标

考核项目	KPI 名称	指标定义或计算公式	考核周期	信息来源
客户接待	来访记录完整性	做好客户的姓名、单位、电话等信息记录工作	季/年度	客户来访记录表
客户接待	客户满意度	客户对服务的满意程度	季/年度	客户满意度评分
文件管理	会议纪要完整性	销售会议纪要的完整性和准确性	季/年度	会议纪要
文件管理	销售文件完好度	销售合同和销售文件保存的完好度	季/年度	销售文件记录表
文件管理	传真文件收发速度	收发传真的时间控制在一定范围之内	季/年度	传真文件记录单
费用记录	部门费用支出记录完整性	销售部门费用支出记录确保完整	季/年度	费用支出统计表
费用记录	流水账登记差错次数	做部门内部资金流水账登记出现差错的次数	季/年度	资金流水账单
表单制作	培训计划表制作的完整性	按上级要求制订好培训计划表,保证计划表的完整性	季/年度	培训计划表
表单制作	佣金对账单差错次数	制作佣金对账单出现的差错次数	季/年度	佣金对账单
工作能力	应变能力	能根据工作的变化采取相应的措施	月/季度	绩效考核表
工作能力	沟通能力	善于倾听,具有出色的语言、文字表达技巧	月/季度	绩效考核表
工作态度	纪律性	严格遵守工作纪律,很少迟到、早退、缺勤	月/季度	绩效考核表
工作态度	团队协作	能够主动协助上级、同事和下属的工作	月/季度	绩效考核表
工作态度	敬业精神	敢于承担责任,不推卸责任	月/季度	绩效考核表
工作态度	奉献意识	为公司和组织的目标和利益不计较个人得失	月/季度	绩效考核表

7.9.2 销售文员绩效考核量表

销售文员绩效考核量表如表 7-20 所示。

表 7-20 销售文员绩效考核量表

销售文员绩效考核量表				考核日期			
被考核人				考核人			
考核项目	考核指标	分值	权重	计量单位	考核量化标准		得分
客户接待	来访记录完整性	10	10%	分	考核期内,来访记录完整性达到____分以上,每降低____分,扣____分		X_1
客户接待	客户满意度	10	10%	分	考核期内,客户满意度达到____分以上,每降低____分,扣____分		X_2

续表

考核项目	考核指标	分值	权重	计量单位	考核量化标准	得分
文件管理	会议纪要完整性	10	10%	分	考核期内,会议纪要完整性达到____分以上,每降低____分,扣____分	X_3
	销售文件完好度	10	10%	分	考核期内,销售文件完好度达到____分以上,每降低____分,扣____分	X_4
	传真文件收发速度	10	10%	时间	考核期内,传真文件收发平均时间低于____小时,每超过____小时,扣____分	X_5
费用记录	部门费用支出记录完整性	5	5%	分	考核期内,部门费用支出记录完整性达到____分以上,每降低____分,扣____分	X_6
	流水账登记差错次数	5	5%	频次	考核期内,流水账登记差错次数不超过____次,每超过____次,扣____分	X_7
表单制作	培训计划表制作的完整性	5	5%	分	考核期内,培训计划表制作的完整性达到____分以上,每降低____分,扣____分	X_8
	佣金对账单差错次数	5	5%	频次	考核期内,佣金对账单差错次数不超过____次,每超过____次,扣____分	X_9
工作能力	应变能力	5	5%	分	考核期内,应变能力评价达到____分以上,每降低____分,扣____分	X_{10}
	沟通能力	5	5%	分	考核期内,沟通能力评价达到____分以上,每降低____分,扣____分	X_{11}
工作态度	纪律性	5	5%	分	考核期内,纪律性评价达到____分以上,每降低____分,扣____分	X_{12}
	团队协作	5	5%	分	考核期内,团队协作评价达到____分以上,每降低____分,扣____分	X_{13}
	敬业精神	5	5%	分	考核期内,敬业精神评价达到____分以上,每降低____分,扣____分	X_{14}
	奉献意识	5	5%	分	考核期内,奉献意识评价达到____分以上,每降低____分,扣____分	X_{15}
计算公式	考核得分=$X_1 \times 10\% + X_2 \times 10\% + X_3 \times 10\% + \cdots + X_{15} \times 5\%$				考核得分	

被考核人	考核人	复核人
签字:_____ 日期:_____	签字:_____ 日期:_____	签字:_____ 日期:_____

Chapter 8

第 8 章

中小企业仓储绩效考核

8.1 仓储部门绩效考核

8.1.1 仓储部门绩效考核标准

（1）仓储部门职能等级标准

仓储部门职能等级标准如表 8-1 所示。

表 8-1 仓储部门职能等级标准

职能等级	知识		技能	
	基本知识	专业知识	技术	能力
5 级	熟练掌握仓储行业相关的经济、文化、政策、国家法律、经济学、战略管理和企业管理学等知识	①熟练掌握仓储管理和物流管理专业知识 ②熟练掌握仓储管理的国内外动向和研究成果	能够熟练掌握并运用现代仓储管理、库存管理方法和统计计量工具	①能对仓储行业信息进行深度分析的基础上，做出有长期影响的战略性决策 ②能依据已有仓储数据和经验，做出对公司有着一定程度影响的决策，并付诸实施
4 级	掌握国家仓储有关的产业政策、经济法规、行业规范、企业管理学、财务管理学和心理学等知识	①基本掌握仓储管理专业知识和具有物流管理知识 ②基本掌握库存管理的国内外动向和研究成果	基本掌握和运用现代仓储管理、物流管理、库存管理方法和统计工具	①能客观分析形势，并对仓储行业趋势做出初步判断 ②能根据公司仓储计划，对日常执行管理问题做出决定，并授权和指导下属采取行动
3 级	掌握国家的经济政策、法律法规、行业规范、公共关系学、统计学、心理学和经济学等知识	①掌握仓储管理、库存管理和物流管理等知识 ②掌握团队管理、人力关系管理和有效沟通等知识	掌握和运用现代仓储管理、库存管理、库存控制方法和统计计量工具	①了解仓储运作所包括的基本工作内容、工具和相关知识，理解公司的仓储策略和计划 ②了解获取仓储数据的方法，并能在他人的指导下，有效收集并整理仓储行业、客户及竞争对手信息
2 级	基本掌握国家的经济政策、法律法规、行业规范、数理统计、英语、计算机应用等知识	①了解仓储管理专业知识和具有物流管理知识 ②了解库存统计和客户管理知识	了解和运用现代仓储管理、库存管理、库存盘点方法和统计计量工具	①能与客户建立良好的关系，保持良好的沟通，能及时进行客户反馈，获得有效的客户需求信息 ②能进行库存盘点和统计，及时对仓储信息管理系统进行维护，及时更新库存信息
1 级	基本掌握数理统计、英语、统计学知识和计算机操作的基本技能	①知晓仓储管理专业知识和具有物流管理知识 ②知晓库存管理和客户管理知识	可以简单地运用现代仓储管理方法和统计计量工具	①能够对仓储有关的数据信息进行收集和整理，并及时将整理的有关信息提供给相关部门 ②能够对仓储有关的文件进行有效保管

（2）仓储部门职位等级标准

仓储部门职位等级标准如表 8-2 所示。

表 8-2　仓储部门职位等级标准

等级	职位等级		工作内容
5级	高级管理工作	仓储总监	①做出改善仓储业务和仓储质量的决策 ②管理并监督仓储部整体工作情况 ③监督和审批仓储年度工作计划 ④对仓储的安全情况定期进行检查
		仓储经理	①出席仓储和物流行业会议或论坛 ②制订仓储年度计划并指导实施 ③与重要客户保持良好的沟通 ④指导下属做好仓储工作
		仓储副经理	①调整仓储区域的布局和货存结构 ②执行仓储年度计划 ③出席月度决策会议并提出合理化的建议 ④指导下属及时完成计划工作
4～3级	中级管理工作	仓储主管	①听取并实施上级的决策 ②做好库存盘点工作 ③做好员工培训和指导工作 ④指导员工做好货物装卸、分拣等工作
		仓储高级专员	①搜集仓储行业信息,获取竞争情报 ②完成上级交办的各项任务 ③协助主管做好培训工作 ④做好货物的验收、保管等工作
2～1级	初级管理工作	仓储专员	①做好仓储文件的保管工作 ②认真执行上级交办的各项工作任务 ③按时参加各项专业知识和技能的培训 ④执行仓储工作计划
		仓储助理	①整理和记录各项仓储或库存有关信息 ②协助上级做好各项仓储工作 ③按时参加各项专业知识和技能的培训 ④做好仓储相关资料的准备工作

(3) 仓储部门绩效考核标准

仓储部门绩效考核标准如表 8-3 所示。

表 8-3　仓储部门绩效考核标准

考核项目	绩效考核标准	考核等级
工作质量	所做的仓储任务全部达到并超过仓储计划100%(含)以上	A
	所做的仓储任务达到仓储计划90%(含)～100%	B
	所做的仓储任务达到仓储计划80%(含)～90%	C
	所做的仓储任务达到仓储计划70%(含)～80%	D
	所做的仓储任务达到仓储计划60%(含)～70%	E

续表

考核项目	绩效考核标准	考核等级
工作产出	年度仓储量同比增长超过100%(含)	A
	年度仓储量同比增长达到80%(含)~100%	B
	年度仓储量同比增长达到60%(含)~80%	C
	年度仓储量同比增长达到40%(含)~60%	D
	年度仓储量同比增长完成40%以下	E
工作能力	完成的仓储工作任务完全达到部门的工作要求	A
	完成的仓储工作任务基本达到部门的工作要求	B
	完成的仓储工作任务达到部门的工作要求	C
	完成的仓储工作任务没有达到部门的工作要求	D
	完成的仓储工作任务完全没有达到部门的工作要求	E
工作态度	执行仓储相关工作的态度优秀	A
	执行仓储相关工作的态度良好	B
	执行仓储相关工作的态度一般	C
	执行仓储相关工作的态度较差	D
	执行仓储相关工作的态度很差	E

8.1.2 仓储部门考核关键指标

仓储部门考核关键指标如表8-4所示。

表8-4 仓储部门考核关键指标

考核维度	KPI名称	指标定义或计算公式	考核周期	信息来源
财务管理	仓储收入	考核期内仓储创造的总收入数额	季/年度	财务报表
	利润率	$\dfrac{仓储利润}{仓储收入} \times 100\%$	季/年度	财务报表
	费用控制率	$\dfrac{实际发生费用}{预算发生费用} \times 100\%$	季/年度	仓储管理费用表
	单位库存成本降低率	$\dfrac{年末单位库存成本-年初单位库存成本}{年初单位库存成本} \times 100\%$	季/年度	单位库存成本记录表
	坏账率	$\dfrac{坏账损失}{仓储业务收入} \times 100\%$	季/年度	财务报表
内部运营管理	入库货物合格率	$\dfrac{质量合格的入库货物数}{入库货物总量} \times 100\%$	季/年度	入库货物单
	仓储计划完成率	$\dfrac{实际完成的仓储量}{计划仓储量} \times 100\%$	季/年度	仓储计划书
	仓储量增长率	$\dfrac{当期仓储量-上期仓储量}{上期仓储量} \times 100\%$	季/年度	仓储货物记录表
	库存货损率	$\dfrac{存货损坏的数量}{当前库存货总量} \times 100\%$	季/年度	库存货损表单
	库存盘点差错率	$\dfrac{盘点出错次数}{盘点总次数} \times 100\%$	季/年度	库存盘点统计表
	仓储事故次数	仓储事故次数是指在考核期内发生消防、安全等事故的次数	季/年度	仓储事故记录表

续表

考核维度	KPI 名称	指标定义或计算公式	考核周期	信息来源
客户管理	客户满意度	客户对所发货物的满意程度	季/年度	满意度调查表
	客户投诉次数	客户因对服务不满所投诉的次数	季/年度	客户投诉记录表
	新增客户数量	考核期内新增客户数量	季/年度	客户数据库
	客户保有率	考核期末与期初比较客户总数保有的比率	季/年度	客户数据库
员工学习与发展	培训计划完成率	$\dfrac{\text{实际完成的培训项目}}{\text{计划完成的培训项目}} \times 100\%$	季/年度	培训计划表
	培训测试成绩	参加公司培训后,所得测试的成绩	季/年度	考试成绩单
	部门员工技能提升率	$\dfrac{\text{年末考核得分} - \text{上年度考核得分}}{\text{上年度考核得分}} \times 100\%$	年度	绩效考核表

8.1.3 仓储部门绩效考核方案

下面是某企业仓储部门绩效考核方案。

仓储部门绩效考核方案

编　号:　　　　编制部门:　　　　审批人员:　　　　审批日期:　　年　月　日

一、目的

为了建立和完善仓储部门业绩考核制度和激励约束机制,对部门工作结果进行客观、公正的评价,进一步强化和提高部门绩效考核,有效地激发员工的积极性和创造性,特制定本方案。

二、考核原则

(一)参与原则。绩效考核是双向交流、共同参与的管理过程。

(二)客观原则。绩效考核必须以仓储部门工作表现的事实为依据,进行准确而客观的评价,不得凭主观印象判断。

(三)公平、公正原则。对仓储部门的考核在考核标准、考核程序、考核指标等方面都应该一致,绩效考核严格按照制度、原则和程序进行,公正地评价被考核者。

(四)指导性原则。绩效考核不能仅仅为利益分配而考核,而是通过考核指导帮助销售部门不断提高工作绩效。不仅侧重利益分配,更侧重于对其工作的指导。

三、考核频率

根据仓储部门的工作完成情况,依据相应标准予以打分。以一个季度为一个考核期,部门的初始考核分数均为100分,每季的考核结果由考核专员负责汇总,结果汇总出来后,按照相应结果对各个部门员工发放相应的绩效奖金,绩效奖金与其工资一同发放。

四、绩效考核过程

仓储保管员的考核过程分为三个阶段,构成完整的考核管理循环。这三个阶段分别是绩效计划沟通阶段、计划实施阶段和考核与反馈阶段。

(一)绩效计划沟通阶段。

1.考核者和被考核部门进行上个考核期目标完成情况和绩效考核情况回顾。

2.考核者和被考核部门明确考核期内的工作任务、工作重点、需要完成的目标。

(二)计划实施阶段。

1.被考核部门按照本考核期的工作计划开展工作,达成工作目标。

2.考核者根据工作计划,指导、监督、协调下属员工的工作进程,并记录重要的工作记录与数据。

(三)考核与反馈阶段。

考核阶段分绩效评估、绩效审核和结果反馈三个步骤。

1.绩效评估,考核者根据被考核者在考核期内的工作表现和考核标准,对被考核部门评分。

2.结果审核,人力资源部和考核者的直接上级对考核结果进行审核,并负责处理考核评估过程中所发生的争议。

续表

3.结果反馈,人力资源部将审核后的结果反馈给考核部门,由考核者和被考核部门进行沟通,并讨论绩效改进的方式和途径。

五、考核标准

仓储部绩效考核维度主要包括财务管理、内部运营管理、客户管理和员工学习与发展四个方面。具体的绩效考核工具及标准如下表所示。

仓储部门绩效考核表

考核维度	考核指标	分值	权重	计量单位	考核量化标准	得分
财务管理	仓储收入	10	10%	金额	考核期内,仓储收入达到____万元,每降低____万元,扣____分	X_1
	利润率	10	10%	百分率(%)	考核期内,利润率达到____%,每降低____%,扣____分	X_2
	费用控制率	5	5%	百分率(%)	考核期内,费用控制率达到____%,每降低____%,扣____分	X_3
	单位库存成本降低率	5	5%	百分率(%)	考核期内,单位库存成本降低率不低于____%,每降低____%,扣____分	X_4
	坏账率	5	5%	百分率(%)	考核期内,坏账率达到____%,每超过____%,扣____分	X_5
内部运营管理	入库货物合格率	5	5%	百分率(%)	考核期内,入库货物合格率不低于____%,每低于____%,扣____分	X_6
	仓储计划完成率	5	5%	百分率(%)	考核期内,仓储计划完成率达到____%,每降低____%,扣____分	X_7
	仓储量增长率	5	5%	百分率(%)	考核期内,仓储量增长率达到____%,每降低____%,扣____分	X_8
	库存货损率	5	5%	百分率(%)	考核期内,库存货损率达到____%,每降低____%,扣____分	X_9
	库存盘点差错率	5	5%	百分率(%)	考核期内,库存盘点差错率不超过____%,每降低____%,扣____分	X_{10}
	仓储事故次数	5	5%	频次	考核期内,仓储事故次数不超过____次,每超过____次,扣____分	X_{11}
客户管理	客户满意度	5	5%	分	考核期内,客户满意度达到____分,每降低____分,扣____分	X_{12}
	客户投诉次数	5	5%	频次	考核期内,客户投诉次数少于____次,每超过____次,扣____分	X_{13}
	新增客户数量	5	5%	数量	考核期内,新增客户数量达到____个,每降低____个,扣____分	X_{14}
	客户保有率	5	5%	百分率(%)	考核期内,客户保有率达到____%,每降低____%,扣____分	X_{15}
员工学习与发展	培训计划完成率	5	5%	百分率(%)	考核期内,培训计划完成率达到____%,每降低____%,扣____分	X_{16}
	培训测试成绩	5	5%	分	考核期内,培训测试成绩达到____分,每降低____分,扣____分	X_{17}
	部门员工技能提升率	5	5%	百分率(%)	考核期内,部门员工技能提升率达到____%,每降低____%,扣____分	X_{18}
计算公式	考核得分 $= X_1 \times 10\% + X_2 \times 10\% + X_3 \times 5\% + \cdots + X_{18} \times 5\%$					考核得分

六、考核结果应用

仓储部门的考核结果可分为5个等级,如下表所示。

续表

考核结果应用

考核结果	绩效工资发放
A 级 [90 分 (含) 以上]	发放绩效工资的 100%
B 级 [80 (含) ～ 90 分]	发放绩效工资的 80%
C 级 [65 (含) ～ 80 分]	发放绩效工资的 60%
D 级 [60 (含) ～ 65 分]	发放绩效工资的 40%
E 级 (60 分以下)	不发放绩效工资

七、绩效考核申诉

1. 如对考核结果不清楚或者持有异议，可以采取书面形式向人力资源部绩效考核管理人员申诉，一般提交绩效申诉表如下表所示。

绩效申诉表

部门		申诉人		职位		职称	

申诉事项：

申诉理由：

申诉处理意见：

部门总监签名：
日期：

申诉处理意见：

人力资源部负责人签名：
日期：

申诉处理意见：

总经理签名：
日期：

2. 被考核人必须在知道考核结果_____个工作日内提出申诉，否则无效。
3. 人力资源部必须在接到申诉后的_____个工作日内提出处理意见和处理结果。

实施对象：	实施日期： 年 月 日

8.2 仓储经理绩效考核

8.2.1 仓储经理考核关键指标

仓储经理考核关键指标如表 8-5 所示。

表 8-5　仓储经理考核关键指标

考核维度	KPI 名称	指标定义或计算公式	考核周期	信息来源
财务管理	仓储管理费用控制率	$\dfrac{实际发生费用}{预算发生费用} \times 100\%$	季/年度	仓储管理费用表
	单位库存成本降低率	$\dfrac{年末单位库存成本 - 年初单位库存成本}{年初单位库存成本} \times 100\%$	季/年度	单位库存成本记录表
	利润率	$\dfrac{仓储利润}{仓储收入} \times 100\%$	季/年度	财务报表
	坏账率	$\dfrac{坏账损失}{仓储业务收入} \times 100\%$	季/年度	财务报表
	仓储收入	考核期内仓储创造的总收入数额	季/年度	财务报表
内部运营管理	仓储计划达成率	$\dfrac{实际完成的仓储量}{计划仓储量} \times 100\%$	季/年度	仓储计划书
	仓储增长率	$\dfrac{当期仓储量 - 上期仓储量}{上期仓储量} \times 100\%$	季/年度	仓储货物记录表
	库存货损率	$\dfrac{存货损坏的数量}{当前库存货物总量} \times 100\%$	季/年度	库存货损表单
	库存盘点	进行库存盘点账实不符合的次数	月度/年度	库存盘点记录表
	仓储作业流程改进计划完成率	$\dfrac{完成的仓储流程改进项目数}{计划的仓储作业流程计划项目数} \times 100\%$	季/年度	仓储作业流程改进计划书
	仓储事故次数	仓储事故次数是指在考核期内发生消防、安全等事故的次数	季/年度	仓储事故记录表
客户管理	新增客户数量	考核期内新增客户数量	季/年度	客户数据库
	客户保有率	考核期末与期初比较客户总数保有的比率	季/年度	客户数据库
员工学习与发展	培训计划完成率	$\dfrac{实际完成的培训项目}{计划完成的培训项目} \times 100\%$	季/年度	培训计划表
	部门员工技能提升率	$\dfrac{年末考核得分 - 上年度考核得分}{上年度考核得分} \times 100\%$	年度	绩效考核表

8.2.2　仓储经理绩效考核量表

仓储经理绩效考核量表如表 8-6 所示。

表 8-6　仓储经理绩效考核量表

仓储经理考核量表					考核日期		
被考核人					考核人		
考核维度	考核指标	分值	权重	计量单位	考核量化标准		得分
财务管理	仓储管理费用控制率	5	5%	百分率（%）	考核期内，仓储管理费用控制率达到____%，每超过____%，扣____分		X_1
	单位库存成本降低率	5	5%	百分率（%）	考核期内，单位库存成本降低率达到____%，每降低____%，扣____分		X_2
	利润率	10	10%	百分率（%）	考核期内，利润率达到____%，每降低____%，扣____分		X_3
	坏账率	5	5%	百分率（%）	考核期内，坏账率不高于____%，每超过____%，扣____分		X_4
	仓储收入	10	10%	金额	考核期内，仓储收入达到____万元以上，每降低____万元，扣____分		X_5
内部运营管理	仓储计划达成率	10	10%	百分率（%）	考核期内，仓储计划达成率达到____%，每降低____%，扣____分		X_6
	仓储增长率	10	10%	百分率（%）	考核期内，仓储增长率达到____%，每降低____%，扣____分		X_7
	库存货损率	5	5%	百分率（%）	考核期内，库存货损率不超过____%，每超过____%，扣____分		X_8
	库存盘点	5	5%	频次	考核期内，进行库存盘点账实不符合的次数少于____次，每超过____次，扣____分		X_9
	仓储作业流程改进计划完成率	5	5%	百分率（%）	考核期内，仓储作业流程改进计划完成率达到____%，每降低____%，扣____分		X_{10}
	仓储事故次数	5	5%	频次	考核期内，仓储事故次数少于____次，每超过____次，扣____分		X_{11}
客户管理	新增客户数量	10	10%	数量	考核期内，新增大客户数量达到____名，每减少____名，扣____分		X_{12}
	客户保有率	5	5%	百分率（%）	考核期内，客户保有率达到____%，每降低____%，扣____分		X_{13}
员工学习与发展	培训计划完成率	5	5%	百分率（%）	考核期内，培训计划完成率达到____%，每降低____%，扣____分		X_{14}
	部门员工技能提升率	5	5%	百分率（%）	考核期内，部门员工技能提升率达到____%，每降低____%，扣____分		X_{15}
计算公式	考核得分=$X_1 \times 5\% + X_2 \times 5\% + X_3 \times 10\% + \cdots + X_{15} \times 5\%$					考核得分	
被考核人			考核人			复核人	
签字：_____ 日期：_____			签字：_____ 日期：_____			签字：_____ 日期：_____	

8.3 仓储主管绩效考核

8.3.1 仓储主管考核关键指标

仓储主管考核关键指标如表 8-7 所示。

表 8-7 仓储主管考核关键指标

考核项目	KPI 名称	指标定义或计算公式	考核周期	信息来源
仓库管理	库存周转率	$\frac{\text{考核期内出库总金额}}{\text{同期平均库存金额}} \times 100\%$	季/年度	财务报表
	库容利用率	$\frac{\text{库存货物所占面积}}{\text{仓库总面积}} \times 100\%$	季/年度	库存记录表
	库存货损率	$\frac{\text{库存货物损失数量}}{\text{库存货物总量}} \times 100\%$	季/年度	存货统计表
	仓库安全事故发生次数	考核期内仓库安全事故发生次数	季/年度	安全事故记录表
出入库管理	入库货物合格率	$\frac{\text{质量合格的入库货物数}}{\text{入库货物总量}} \times 100\%$	季/年度	入库货物统计表
	发货准确率	$1 - \frac{\text{发货出错批次}}{\text{发货总批次}} \times 100\%$	季/年度	发货记录表
账务处理	账货相符率	$\frac{\text{账货相符笔数}}{\text{账货存储总笔数}} \times 100\%$	季/年度	对账单
盘点任务按时完成率	盘点任务按时完成率	$\frac{\text{实际完成的盘点任务数}}{\text{应完成盘点任务总数}} \times 100\%$	季/年度	货物盘点记录表
工作能力	领导能力	领导能力非常强,下属积极配合工作	月/季度	绩效考核表
	协调能力	能协调部门成员做好仓储工作,按时完成工作目标	月/季度	绩效考核表
	分析判断能力	具有非常强的分析判断能力,分析判断的结论一般情况下都为正确	月/季度	绩效考核表
工作态度	责任感	自觉完成任务且对自己的行为负责	月/季度	绩效考核表
	积极性	工作积极主动,且在规定时间之前按质按量完成工作目标	月/季度	绩效考核表
	工作纪律	严格遵守公司及部门规章制度,从未违反相关规定	月/季度	绩效考核表

8.3.2 仓储主管绩效考核量表

仓储主管绩效考核量表如表 8-8 所示。

表 8-8　仓储主管绩效考核量表

仓储主管绩效考核量表					考核日期		
被考核人					考核人		
考核项目	考核指标	分值	权重	计量单位	考核量化标准		得分
仓库管理	库存周转率	10	10%	百分率（%）	考核期内,库存周转率达到____%,每降低____%,扣____分		X_1
仓库管理	库容利用率	10	10%	百分率（%）	考核期内,库容利用率达到____%,每降低____%,扣____分		X_2
仓库管理	库存货损率	10	10%	百分率（%）	考核期内,库存货损率不高于____%,每超过____%,扣____分		X_3
仓库管理	仓库安全事故发生次数	10	10%	频次	考核期内,仓库安全事故发生次数不超过____次,每超过____次,扣____分		X_4
出入库管理	入库货物合格率	10	10%	百分率（%）	考核期内,入库货物合格率达到____%,每降低____%,扣____分		X_5
出入库管理	发货准确率	10	10%	百分率（%）	考核期内,发货准确率达到____%,每降低____%,扣____分		X_6
账务处理	账货相符率	5	5%	百分率（%）	考核期内,账货相符率达到____%,每降低____%,扣____分		X_7
盘点任务按时完成率	盘点任务按时完成率	5	5%	百分率（%）	考核期内,盘点任务按时完成率达到____%,每降低____%,扣____分		X_8
工作能力	领导能力	5	5%	分	考核期内,领导能力评价达到____分以上,每降低____分,扣____分		X_9
工作能力	协调能力	5	5%	分	考核期内,协调能力评价达到____分以上,每降低____分,扣____分		X_{10}
工作能力	分析判断能力	5	5%	分	考核期内,分析判断能力评价达到____分以上,每降低____分,扣____分		X_{11}
工作态度	责任感	5	5%	分	考核期内,责任感评价达到____分以上,每降低____分,扣____分		X_{12}
工作态度	积极性	5	5%	分	考核期内,积极性评价达到____分以上,每降低____分,扣____分		X_{13}
工作态度	工作纪律	5	5%	分	考核期内,工作纪律评价达到____分以上,每降低____分,扣____分		X_{14}
计算公式	考核得分 $= X_1 \times 10\% + X_2 \times 10\% + X_3 \times 10\% + \cdots + X_{14} \times 5\%$					考核得分	
被考核人			考核人			复核人	
签字:_____	日期:_____		签字:_____	日期:_____		签字:_____	日期:_____

8.4 验货员绩效考核

8.4.1 验货员考核关键指标

验货员考核关键指标如表8-9所示。

表8-9 验货员考核关键指标

考核项目	KPI名称	指标定义或计算公式	考核周期	信息来源
验货管理	货物检验及时率	根据出货通知及时对出货产品进行检验	月/季/年度	货物检验单
	库存货物合格率	$\frac{合格货物总数}{库存货物总量} \times 100\%$	季/年度	存货统计表
	提出合理化建议次数	针对验货过程出现的质量和包装问题提出合理化建议	季/年度	验货建议书
	发货准确率	$1 - \frac{发货出错批次}{发货总批次} \times 100\%$	季/年度	发货单
	验货任务按时完成率	$\frac{实际完成的验货任务数}{应完成验货任务总数} \times 100\%$	季/年度	验货统计表
	货物相符率	$\frac{货物相符批数}{验货的总批数} \times 100\%$	季/年度	发货统计表
客户管理	客户满意度	客户对所发货物的满意程度	季/年度	满意度调查表
	客户投诉次数	客户因对服务不满所投诉的次数	季/年度	客户投诉记录表
工作能力	执行能力	能够根据工作计划和领导指示,全面、迅速、保质保量地完成工作任务	月/季度	绩效考核表
	学习能力	通过不断的学习,充实验货相关知识	月/季度	绩效考核表
	分析能力	能对货物进行检验和分析,确保货物合格	月/季度	绩效考核表
工作态度	工作积极性	积极主动完成上级分派的各项任务	月/季度	绩效考核表
	团队意识	与团队成员配合良好,主动融入团队	月/季度	绩效考核表
	改进提升	不断地改进工作方法,并不断提升工作效率	月/季度	绩效考核表

8.4.2 验货员绩效考核量表

验货员绩效考核量表如表8-10所示。

表 8-10 验货员绩效考核量表

验货员绩效考核量表					考核日期	
被考核人					考核人	
考核项目	考核指标	分值	权重	计量单位	考核量化标准	得分
验货管理	货物检验及时率	10	10%	百分率（%）	考核期内，货物检验及时率达到____%，每降低____%，扣____分	X_1
	库存货物合格率	10	10%	百分率（%）	考核期内，库存货物合格率达到____%，每降低____%，扣____分	X_2
	提出合理化建议次数	10	10%	频次	考核期内，提出合理化建议次数达到____次以上，每降低____次，扣____分	X_3
	发货准确率	10	10%	百分率（%）	考核期内，发货准确率不低于____%，每低于____%，扣____分	X_4
	验货任务按时完成率	10	10%	百分率（%）	考核期内，验货任务按时完成率达到____%，每降低____%，扣____分	X_5
	货物相符率	10	10%	百分率（%）	考核期内，货物相符率达到____%，每降低____%，扣____分	X_6
客户管理	客户满意度	5	5%	分	考核期内，客户满意度达到____分以上，每降低____分，扣____分	X_7
	客户投诉次数	5	5%	频次	考核期内，客户投诉次数不超过____次，每超过____次，扣____分	X_8
工作能力	执行能力	5	5%	分	考核期内，执行能力评价达到____分以上，每降低____分，扣____分	X_9
	学习能力	5	5%	分	考核期内，学习能力评价达到____分以上，每降低____分，扣____分	X_{10}
	分析能力	5	5%	分	考核期内，分析能力评价达到____分以上，每降低____分，扣____分	X_{11}
工作态度	工作积极性	5	5%	分	考核期内，工作积极性评价达到____分以上，每降低____分，扣____分	X_{12}
	团队意识	5	5%	分	考核期内，团队意识评价达到____分以上，每降低____分，扣____分	X_{13}
	改进提升	5	5%	分	考核期内，改进提升评价达到____分以上，每降低____分，扣____分	X_{14}
计算公式	考核得分＝$X_1×10\%+X_2×10\%+X_3×10\%+\cdots+X_{14}×5\%$				考核得分	
被考核人			考核人		复核人	
签字：_____ 日期：_____			签字：_____ 日期：_____		签字：_____ 日期：_____	

8.5 保管员绩效考核

8.5.1 保管员考核关键指标

保管员考核关键指标如表 8-11 所示。

表 8-11 保管员考核关键指标

考核项目	KPI 名称	指标定义或计算公式	考核周期	信息来源
货物保管	库存货损率	$\frac{库存货物损失数量}{库存货物总量} \times 100\%$	季/年度	存货统计表
	货物丢失次数	仓储货物丢失的次数	季/年度	存货统计表
	仓库安全事故发生次数	考核期内仓库安全事故发生次数	季/年度	安全事故报告
出入货控制	入库货物合格率	$\frac{质量合格的入库货物数}{入库货物总量} \times 100\%$	季/年度	入库货物单
	发货准确率	$1 - \frac{发货出错批次}{发货总批次} \times 100\%$	季/年度	发货统计表
货物盘点	账货相符率	$\frac{账货相符笔数}{账货存储总笔数} \times 100\%$	季/年度	对账单
	货物盘点完成率	$\frac{实际完成的盘点任务数}{应完成盘点任务总数} \times 100\%$	季/年度	盘点统计表
工作能力	团队协作能力	与团队成员进行良好协作的能力	月/季度	绩效考核表
	执行能力	能够根据工作计划和领导指示,全面、迅速、保质保量地完成工作任务	月/季度	绩效考核表
	沟通能力	与同事积极沟通,及时消除信息交流障碍,促进公司内部建立和谐关系	月/季度	绩效考核表
工作态度	工作主动性	积极完成分内工作,并主动承担公司内部的额外工作	月/季度	绩效考核表
	工作协作性	除与同事积极合作外,还能在公司内部营造团结合作的工作氛围	月/季度	绩效考核表
	组织纪律性	严于律己,为其他员工遵守规章制度及劳动纪律起到模范带头作用	月/季度	绩效考核表
	出勤率	每月按照公司规定上下班	月/季度	绩效考核表
	工作积极性	积极完成本职工作,完成时间提前于公司要求时间	月/季度	绩效考核表

8.5.2 保管员绩效考核量表

保管员绩效考核量表如表8-12所示。

表8-12 保管员绩效考核量表

保管员绩效考核量表					考核日期		
被考核人					考核人		
考核项目	考核指标	分值	权重	计量单位	考核量化标准		得分
货物保管	库存货损率	10	10%	百分率（%）	考核期内，库存货损率不超过____%，每超过____%，扣____分		X_1
	货物丢失次数	10	10%	频次	考核期内，货物丢失次数不超过____次，每超过____次，扣____分		X_2
	仓库安全事故发生次数	10	10%	频次	考核期内，仓库安全事故发生次数不超过____次，每超过____次，扣____分		X_3
出入货控制	入库货物合格率	10	10%	百分率（%）	考核期内，入库货物合格率不低于____%，每低于____%，扣____分		X_4
	发货准确率	10	10%	百分率（%）	考核期内，发货准确率达到____%，每降低____%，扣____分		X_5
货物盘点	账货相符率	5	5%	百分率（%）	考核期内，货物相符率达到____%，每降低____%，扣____分		X_6
	货物盘点完成率	5	5%	百分率（%）	考核期内，货物盘点完成率达到____%，每降低____%，扣____分		X_7
工作能力	团队协作能力	5	5%	分	考核期内，团队协作能力评价达到____分以上，每降低____分，扣____分		X_8
	执行能力	5	5%	分	考核期内，执行能力评价达到____分以上，每降低____分，扣____分		X_9
	沟通能力	5	5%	分	考核期内，沟通能力评价达到____分以上，每降低____分，扣____分		X_{10}
工作态度	工作主动性	5	5%	分	考核期内，工作主动性评价达到____分以上，每降低____分，扣____分		X_{11}
	工作协作性	5	5%	分	考核期内，工作协作性评价达到____分以上，每降低____分，扣____分		X_{12}
	组织纪律性	5	5%	分	考核期内，组织纪律性评价达到____分以上，每降低____分，扣____分		X_{13}
	出勤率	5	5%	分	考核期内，出勤率达到____分以上，每降低____分，扣____分		X_{14}
	工作积极性	5	5%	分	考核期内，工作积极性评价达到____分以上，每降低____分，扣____分		X_{15}
计算公式	考核得分$=X_1 \times 10\% + X_2 \times 10\% + X_3 \times 10\% + \cdots + X_{15} \times 5\%$					考核得分	
被考核人			考核人			复核人	
签字:_____ 日期:_____			签字:_____ 日期:_____			签字:_____ 日期:_____	

8.6 装卸员绩效考核

8.6.1 装卸员考核关键指标

装卸员考核关键指标如表 8-13 所示。

表 8-13 装卸员考核关键指标

考核项目	KPI 名称	指标定义或计算公式	考核周期	信息来源
装货情况	装货货损率	$\dfrac{货物破损数量}{装货货物总量} \times 100\%$	季/年度	货损统计表
	装货任务完成及时率	装货任务在规定的时间范围内完成	季/年度	装货报告单
	装货差错率	$\dfrac{装货出错批次}{装货总批次} \times 100\%$	季/年度	装货报告单
卸货情况	货物摆放合格率	$\dfrac{摆放合格的货物总数}{入库货物总数} \times 100\%$	季/年度	货物摆放检查表
	货物的完好率	$\dfrac{所卸货物的完好程度}{卸货货物总数} \times 100\%$	季/年度	货物完好统计表
	卸货差错率	$\dfrac{卸货出错批次}{卸货总批次} \times 100\%$	季/年度	卸货统计表
工作能力	解决实际问题能力	能创造性地解决技术工作中重大的关键性技术问题	月/季度	绩效统计表
	创新能力	见解独到,在解决问题上能运用新思路、方法,并取得重大突破	月/季度	绩效统计表
	团队协作	具有良好的合作精神,愿意接受他人意见并能提供一般性协助	月/季度	绩效统计表
工作态度	工作责任心	对本职工作认真负责,主动对就技术工作进行分析和解决	月/季度	绩效统计表
	工作主动性	对分内分外之事都能积极主动去做	月/季度	绩效统计表

8.6.2 装卸员绩效考核量表

装卸员绩效考核量表如表 8-14 所示。

表 8-14 装卸员绩效考核量表

装卸员绩效考核量表					考核日期		
被考核人					考核人		
考核项目	考核指标	分值	权重	计量单位	考核量化标准		得分
装货情况	装货货损率	10	10%	百分率(%)	考核期内,库存货损率不超过____%,每超过____%,扣____分		X_1

续表

考核项目	考核指标	分值	权重	计量单位	考核量化标准	得分
装货情况	装货任务完成及时率	10	10%	百分率（%）	考核期内，装货任务完成及时率不低于____%，每低于____%，扣____分	X_2
装货情况	装货差错率	10	10%	百分率（%）	考核期内，装货差错率不超过____%，每超过____%，扣____分	X_3
卸货情况	货物摆放合格率	10	10%	百分率（%）	考核期内，货物摆放合格率不低于____%，每低于____%，扣____分	X_4
卸货情况	货物的完好率	10	10%	百分率（%）	考核期内，货物的完好率不低于____%，每低于____%，扣____分	X_5
卸货情况	卸货差错率	10	10%	百分率（%）	考核期内，卸货差错率不超过____%，每超过____%，扣____分	X_6
工作能力	解决实际问题能力	10	10%	分	考核期内，解决实际问题能力评价达到____分以上，每降低____分，扣____分	X_7
工作能力	创新能力	10	10%	分	考核期内，创新能力评价达到____分以上，每降低____分，扣____分	X_8
工作能力	团队协作	10	10%	分	考核期内，团队协作评价达到____分以上，每降低____分，扣____分	X_9
工作态度	工作责任心	5	5%	分	考核期内，工作责任心评价达到____分以上，每降低____分，扣____分	X_{10}
工作态度	工作主动性	5	5%	分	考核期内，工作主动性评价达到____分以上，每降低____分，扣____分	X_{11}
计算公式	考核得分 $= X_1 \times 10\% + X_2 \times 10\% + X_3 \times 10\% + \cdots + X_{11} \times 5\%$				考核得分	

被考核人	考核人	复核人
签字：_____ 日期：_____	签字：_____ 日期：_____	签字：_____ 日期：_____

8.7 分拣员绩效考核

8.7.1 分拣员考核关键指标

分拣员考核关键指标如表 8-15 所示。

表 8-15 分拣员考核关键指标

考核项目	KPI 名称	指标定义或计算公式	考核周期	信息来源
货物分拣	分区作业差错率	$\dfrac{\text{分区出错数量}}{\text{分区总数量}} \times 100\%$	季/年度	分区作业记录单
货物分拣	单货交接差错次数	单货交接准确，差错次数控制在一定范围内	季/年度	货物交接单

续表

考核项目	KPI 名称	指标定义或计算公式	考核周期	信息来源
货物分拣	问题货物反馈及时率	对出现问题货物反馈及时,不超过一定的时间范围	季/年度	问题货物反馈表
	货物破损率	$\dfrac{货物破损数量}{分拣货物总量} \times 100\%$	季/年度	货物破损统计表
工作态度	触犯公司规章制度的次数	遵守公司规章制度,按公司的规定条例办理各项分拣事务	季/年度	工作纪律处罚单
	提供合理建议次数	针对分拣过程中遇到的问题,提供合理化的建议	季/年度	工作建议统计表
	团队协作	努力使工作气氛活跃、协调,充满团队精神	月/季度	绩效考核表
	敬业精神	主动、积极、尽量多做分配的工作任务	月/季度	绩效考核表
	奉献意识	为公司和组织的目标和利益不计较个人得失	月/季度	绩效考核表
工作能力	关注细节能力	能够通过细致的观察,准确对货物进行分拣	月/季度	绩效考核表
	问题解决能力	在困难和复杂的情况下,能够充分考虑各种风险因素,在自己职权范围内果断、高效地作出决定	月/季度	绩效考核表
	沟通能力	与同事进行良好沟通的能力	月/季度	绩效考核表
培训情况	培训缺席率	不参加公司培训缺席的次数,与公司组织总的培训次数的比率	季/年度	培训签名表
	业务测试成绩	参加公司培训后,所得业务测试的成绩	季/年度	业务成绩单

8.7.2 分拣员绩效考核量表

分拣员绩效考核量表如表 8-16 所示。

表 8-16 分拣员绩效考核量表

分拣员绩效考核量表					考核日期		
被考核人					考核人		
考核项目	考核指标	分值	权重	计量单位	考核量化标准		得分
货物分拣	分区作业差错率	10	10%	百分率(%)	考核期内,分区作业差错率不超过____%,每超过____%,扣____分		X_1
	单货交接差错次数	10	10%	频次	考核期内,单货交接差错次数不超过____次,每超过____次,扣____分		X_2
	问题货物反馈及时率	10	10%	时间	考核期内,问题货物反馈不超过____小时,每超过____小时,扣____分		X_3
	货物破损率	10	10%	百分率(%)	考核期内,货物破损率不超过____%,每超过____%,扣____分		X_4

续表

考核项目	考核指标	分值	权重	计量单位	考核量化标准	得分
工作态度	触犯公司规章制度次数	10	10%	频次	考核期内,触犯公司规章制度次数不超过____次,每超过____次,扣____分	X_5
	提供合理建议次数	5	5%	频次	考核期内,提供合理建议次数不低于____次,每低于____次,扣____分	X_6
	团队协作	5	5%	分	考核期内,团队协作评价达到____分以上,每降低____分,扣____分	X_7
	敬业精神	5	5%	分	考核期内,敬业精神评价达到____分以上,每降低____分,扣____分	X_8
	奉献意识	5	5%	分	考核期内,奉献意识评价达到____分以上,每降低____分,扣____分	X_9
工作能力	关注细节能力	5	5%	分	考核期内,关注细节能力评价达到____分以上,每降低____分,扣____分	X_{10}
	问题解决能力	10	10%	分	考核期内,问题解决能力评价达到____分以上,每降低____分,扣____分	X_{11}
	沟通能力	5	5%	分	考核期内,沟通能力评价达到____分以上,每降低____分,扣____分	X_{12}
培训情况	培训缺席率	5	5%	百分率(%)	考核期内,培训缺席率不超过____%,每超过____%,扣____分	X_{13}
	业务测试成绩	5	5%	分	考核期内,业务测试成绩不低于____分,每低于____分,扣____分	X_{14}
计算公式	考核得分=$X_1 \times 10\% + X_2 \times 10\% + X_3 \times 10\% + \cdots + X_{14} \times 5\%$				考核得分	
被考核人			考核人		复核人	
签字:_____ 日期:_____			签字:_____ 日期:_____		签字:_____ 日期:_____	

8.8 库存控制员绩效考核

8.8.1 库存控制员考核关键指标

库存控制员考核关键指标如表 8-17 所示。

表 8-17 库存控制员考核关键指标

考核项目	KPI名称	指标定义或计算公式	考核周期	信息来源
库存盘点	库存盘点差错率	$\dfrac{盘点出错次数}{盘点总次数} \times 100\%$	季/年度	库存盘点统计表
	问题货物反馈及时率	对出现问题货物反馈及时,不超过一定的时间范围	季/年度	问题货物反馈表
	单据核对差错次数	对库存单据进行核对出现差错的次数	季/年度	单据核对表
	提供合理建议次数	针对库存盘点过程中遇到的问题,提供合理化的建议	季/年度	库存盘点建议书
库存信息管理	库存信息更新及时率	及时通过计算机对库存信息进行更新	季/年度	库存信息更新时间表
	库存信息反馈及时率	及时向上级反映库存信息的时间	季/年度	库存信息反馈记录
培训情况	培训缺席率	不参加公司培训缺席的次数,与公司组织总的培训次数的比率	季/年度	培训签名表
	培训测试成绩	参加公司培训后,所得测试的成绩	季/年度	考试成绩单
工作能力	解决问题能力	能迅速理解并把握复杂的事物,发现明确关键问题,找到解决办法	月/季度	绩效考核表
	学习能力	学习能力很强,努力追求与本工作相关知识并且能够很好地运用到实际工作中	月/季度	绩效考核表
	灵活性	善于根据环境变化迅速调整行为,较快适应新的工作环境和工作方式	月/季度	绩效考核表
工作态度	工作考勤	严格按照工作时间上下班	月/季度	绩效考核表
	工作纪律	严格遵守公司及部门规章制度,从不违反相关规定	月/季度	绩效考核表
	工作积极性	工作非常积极,工作任务从不会延迟	月/季度	绩效考核表

8.8.2 库存控制员绩效考核量表

库存控制员绩效考核量表如表 8-18 所示。

表 8-18 库存控制员绩效考核量表

库存控制员绩效考核量表					考核日期		
被考核人					考核人		
考核项目	考核指标	分值	权重	计量单位	考核量化标准		得分
库存盘点	库存盘点差错率	10	10%	百分率(%)	考核期内,库存盘点差错率不超过____%,每超过____%,扣____分		X_1
	问题货物反馈及时率	10	10%	时间	考核期内,问题货物反馈时间不超过____小时,每超过____小时,扣____分		X_2

续表

库存控制员绩效考核量表					考核日期		
被考核人					考核人		
考核项目	考核指标	分值	权重	计量单位	考核量化标准		得分
库存盘点	单据核对差错次数	10	10%	频次	考核期内,单据核对差错次数不超过____次,每超过____次,扣____分		X_3
	提供合理建议次数	10	10%	频次	考核期内,提供合理建议次数不少于____,每低于____次,扣____分		X_4
库存信息管理	库存信息更新及时率	10	10%	百分率(%)	考核期内,库存信息更新时间不超过____小时,每超过____小时,扣____分		X_5
	库存信息反馈及时率	10	10%	时间	考核期内,库存信息反馈不超过____小时,每超过____小时,扣____分		X_6
培训情况	培训缺席率	5	5%	百分率(%)	考核期内,培训缺席率不超过____%,每超过____%,扣____分		X_7
	培训测试成绩	5	5%	分	考核期内,培训测试成绩不低于____分,每低于____%,扣____分		X_8
工作能力	解决问题能力	5	5%	分	考核期内,解决问题能力评价达到____分以上,每降低____分,扣____分		X_9
	学习能力	5	5%	分	考核期内,学习能力评价达到____分以上,每降低____分,扣____分		X_{10}
	灵活性	5	5%	分	考核期内,灵活性评价达到____分以上,每降低____分,扣____分		X_{11}
工作态度	工作考勤	5	5%	分	考核期内,工作考勤评价达到____分以上,每降低____分,扣____分		X_{12}
	工作纪律	5	5%	分	考核期内,工作纪律评价达到____分以上,每降低____分,扣____分		X_{13}
	工作积极性	5	5%	分	考核期内,工作积极性评价达到____分以上,每降低____分,扣____分		X_{14}
计算公式	考核得分$=X_1\times10\%+X_2\times10\%+X_3\times10\%+\cdots+X_{14}\times5\%$				考核得分		
被考核人			考核人			复核人	
签字:_____ 日期:_____			签字:_____ 日期:_____			签字:_____ 日期:_____	

Chapter 9

第 9 章

中小企业物流绩效考核

9.1 物流部门绩效考核

9.1.1 物流部门绩效考核标准

(1) 物流部门职能等级标准

物流部门职能等级标准如表 9-1 所示。

表 9-1 物流部门职能等级标准

职能等级	知识		技能	
	基本知识	专业知识	技术	能力
5级	熟练掌握物流行业相关的法律法规、相关政策、统计学、会计学、战略管理和企业管理学等知识	①熟练掌握物流管理和运输与配送管理专业知识 ②熟练掌握物流管理的国内外动向和研究成果	能够熟练掌握并运用现代物流管理、库存管理方法和统计计量工具	①能够根据公司面临的形式和已有的信息资料制订物流计划 ②能依据已有的市场数据和经验,做出对的战略决策,并安排实施
4级	掌握国家物流有关的产业政策、经济法规、行业规范、企业管理学、财务管理学和心理学等知识	①基本掌握物流管理专业知识和供应链管理知识 ②基本掌握物流管理的国内外动向和研究成果	基本掌握和运用现代物流管理、物流管理、库存管理方法和统计工具	①能根据公司物流计划,做出具体的执行方案,并授权和指导下属采取行动 ②能客观分析形势,并对物流行业趋势做出判断,并采取有针对性的措施
3级	掌握国家的产业政策、法律法规、行业规范、运筹学、统计学、心理学和经济学等知识	①掌握物流管理、库存管理和采购与仓储管理等知识 ②掌握团队管理、人力关系管理和有效沟通等知识	掌握和运用现代物流管理、库存管理、库存控制方法和统计计量工具	①能与客户建立良好的关系,保持良好的沟通,能及时进行客户反馈,获得有效的客户需求信息 ②能够根据上级的指令,进行团队分工合作,按时完成任务
2级	基本掌握国家的经济政策、法律法规、行业规范、数理统计、英语、计算机应用等知识	①了解物流管理专业知识和具有物流管理知识 ②了解库存统计和客户管理知识	了解和运用现代物流管理、库存管理、库存盘点方法和统计计量工具	①能对物流信息管理系统进行维护,并及时更新物流信息 ②能在他人的指导下,有效收集并整理物流行业、客户及竞争对手信息
1级	基本掌握数理统计、英语、统计学知识和计算机操作的基本技能	①知晓物流管理专业知识和具有物流管理知识 ②知晓库存管理和客户管理知识	可以简单地运用信息统计、档案管理方法和统计计量工具	①能够根据上级的要求及时整理有关资料和信息,并提供给相关部门 ②能够对物流有关的文件进行有效保管

(2）物流部门职位等级标准

物流部门职位等级标准如表 9-2 所示。

表 9-2 物流部门职位等级标准

等级	职位等级		工作内容
5级	高级管理工作	物流总监	①做出改善运输配送和物流规划设计等方面的决策 ②管理并监督物流部门整体工作情况
		物流经理	①制订物流年度计划并指导实施 ②出席参加物流会议或论坛 ③做好重点客户的管理和沟通工作 ④指导下属做好运输与配送工作
		物流副经理	①执行物流年度计划 ②根据市场形势调整物流运输路线 ③出席公司各项会议并提出合理化的建议 ④根据经理的指示做好各项管理工作
4～3级	中级管理工作	物流主管	①根据上级命令做好物流各项管理工作 ②做好运输车辆安排工作 ③做好员工培训和指导工作 ④指导员工做好货物装卸、运输等工作
		物流高级专员	①完成上级交办的各项任务 ②协助主管做好培训工作 ③搜集重要的物流行业信息，并向上级汇报 ④做好货物的检查、分区和配送等工作
2～1级	初级管理工作	物流专员	①认真执行上级交办的各项物流工作 ②做好物流文件的保管工作 ③做好物流相关信息搜集和整理工作
		物流助理	①协助上级做好各项物流工作任务 ②整理和记录各项运输和配送有关信息 ③按时参加各项专业知识和技能的培训 ④做好物流相关文件和资料的整理工作

（3）物流部门绩效考核标准

物流部门绩效考核标准如表 9-3 所示。

表 9-3 物流部门绩效考核标准

考核项目	绩效考核标准	考核等级
工作质量	所做的物流作业全部达到并超过物流作业计划100%（含）以上	A
	所做的物流作业达到物流作业计划90%（含）～100%	B
	所做的物流作业达到物流作业计划80%（含）～90%	C
	所做的物流作业达到物流作业计划70%（含）～80%	D
	所做的物流作业达到物流作业计划60%（含）～70%	E

续表

考核项目	绩效考核标准	考核等级
工作产出	年度物流业务收入增长率同比增长超过100%(含)	A
	年度物流业务收入增长率同比增长达到80%(含)~100%	B
	年度物流业务收入增长率同比增长达到60%(含)~80%	C
	年度物流业务收入增长率同比增长达到40%(含)~60%	D
	年度物流业务收入增长率同比增长完成40%以下	E
工作能力	完成的物流工作任务完全达到部门的工作要求	A
	完成的物流工作任务基本达到部门的工作要求	B
	完成的物流工作任务达到部门的工作要求	C
	完成的物流工作任务没有达到部门的工作要求	D
	完成的物流工作任务完全没有达到部门的工作要求	E
工作态度	执行物流相关工作的态度优秀	A
	执行物流相关工作的态度良好	B
	执行物流相关工作的态度一般	C
	执行物流相关工作的态度较差	D
	执行物流相关工作的态度很差	E

9.1.2 物流部门考核关键指标

物流部门考核关键指标如表9-4所示。

表9-4 物流部门考核关键指标

考核维度	KPI名称	指标定义或计算公式	考核周期	信息来源
财务管理	物流业务收入	考核期内物流业务创造的总收入数额	季/年度	财务报表
	净资产回报率	$\dfrac{净利润}{平均净资产} \times 100\%$	季/年度	财务报表
	物流业务收入增长率	$\dfrac{年末业务收入-去年同期业务收入}{年末业务收入} \times 100\%$	年度	财务报表
	单位物流成本降低率	$\dfrac{年末单位物流成本-年初单位物流成本}{年初单位物流成本} \times 100\%$	季/年度	财务报表
	费用控制率	$\dfrac{实际发生费用}{预算发生费用} \times 100\%$	季/年度	物流管理费用表
	坏账率	$\dfrac{坏账损失}{仓储业务收入} \times 100\%$	季/年度	财务报表

续表

考核维度	KPI 名称	指标定义或计算公式	考核周期	信息来源
内部运营管理	战略目标完成率	$\dfrac{\text{实际完成战略目标}}{\text{计划战略目标}} \times 100\%$	年度	战略规划书
	流程改善目标达成率	$\dfrac{\text{实际流程改善目标}}{\text{计划达成的流程改善目标}} \times 100\%$	季/年度	流程改善记录表
	物流作业计划完成率	$\dfrac{\text{实际完成的物流作业计划}}{\text{计划完成的物流作业计划}} \times 100\%$	季/年度	物流作业计划书
	物流方案设计通过率	$\dfrac{\text{获得通过的物流方式设计总数}}{\text{物流方案设计总数}} \times 100\%$	季/年度	物流方案设计记录表
	运输与配送事故次数	考核期内运输与配送发生的事故次数	季/年度	运输与配送事故记录表
	运输与配送差错率	$\dfrac{\text{运输与配送出错次数}}{\text{运输与配送总次数}} \times 100\%$	季/年度	运输与配送统计表
客户管理	客户满意度	客户对物流服务的满意程度	季/年度	满意度调查表
	新增客户数量	考核期内新增客户数量	季/年度	客户数据库
	客户投诉次数	客户因对服务不满所投诉的次数	季/年度	客户投诉记录表
员工学习与发展	培训计划完成率	$\dfrac{\text{实际完成的培训项目}}{\text{计划完成的培训项目}} \times 100\%$	季/年度	培训计划表
	培训测试成绩	参加公司培训后,所得测试的成绩	季/年度	考试成绩单
	物流作业信息化程度	$\dfrac{\text{已实现信息化作业的环节}}{\text{物流作业的环节总数}} \times 100\%$	季/年度	物流信息化作业表

9.1.3 物流部门绩效考核方案

下面是某企业物流部门绩效考核方案。

物流部门绩效考核方案

编　号：　　　　编制部门：　　　　审批人员：　　　　审批日期：　　　　年　月　日

一、考核目的

为了加强和改进物流部门绩效考核制度,提高工作积极性和工作效率,对部门工作结果进行客观、公正的评价,进一步强化和提高部门绩效效果,特制定本方案。

二、考核原则

(一)定量与定性相结合的原则。考核指标的设计采用定性与定量的相结合,尽量可以全面体现物流考核的各个方面。

(二)公平原则,对所有仓储部门人员的考核在考核标准、考核程序、考核指标等方面都应该一致,绩效考核严格按照制度、原则和程序进行。

(三)客观原则,绩效考核必须以仓储部门人员日常工作表现的事实为依据,进行准确而客观的评价,不得凭主观印象判断。

三、考核时间

(一)月度考核。

每月 25 日至每月 30 日,由公司绩效考核小组进行数据资料汇总和考核评审。

续表

(二)季度考核。
1.第一季度绩效考核时间为___月___日~___日。
2.第二季度绩效考核时间为___月___日~___日。
3.第三季度绩效考核时间为___月___日~___日。
4.第四季度绩效考核时间为___月___日~___日。
(三)年度绩效考核。
年度绩效考核时间为下一年度___月___日~___月___日。
四、考核过程
(一)物流部门所有人员在考核时间内将业绩申报表报送至考核负责人。
(二)各考核负责人将考核结果报送至物流部统计人员。
(三)统计员负责将部门总监审核后的考核结果报送至人力资源部。
(四)部门召开绩效考评会,总结上月工作,通报考评结果,安排本月工作。
五、考核标准
物流部门的考核维度主要包括财务管理、内部运营管理、客户管理和员工学习与发展,具体考核工具如下表所示。

物流部门绩效考核表

考核维度	考核指标	分值	权重	计量单位	考核量化标准	得分
财务管理	物流业务收入	10	10%	金额	考核期内,物流业务收入达到___万元,每降低___万元,扣___分	X_1
	净资产回报率	10	10%	百分率(%)	考核期内,净资产回报率达到___%,每降低___%,扣___分	X_2
	物流业务收入增长率	5	5%	百分率(%)	考核期内,物流业务收入增长率达到___%,每降低___%,扣___分	X_3
	单位物流成本降低率	5	5%	百分率(%)	考核期内,单位物流成本降低率不低于___%,每降低___%,扣___分	X_4
	费用控制率	5	5%	百分率(%)	考核期内,费用控制率达到___%,每超过___%,扣___分	X_5
	坏账率	5	5%	百分率(%)	考核期内,坏账率不超过___%,每超过___%,扣___分	X_6
内部运营管理	战略目标完成率	5	5%	百分率(%)	考核期内,战略目标完成率达到___%,每降低___%,扣___分	X_7
	流程改善目标达成率	5	5%	百分率(%)	考核期内,流程改善目标达成率达到___%,每降低___%,扣___分	X_8
	物流作业计划完成率	5	5%	百分率(%)	考核期内,物流作业计划完成率达到___%,每降低___%,扣___分	X_9
	物流方案设计通过率	5	5%	百分率(%)	考核期内,物流方案设计通过率不低于___%,每降低___%,扣___分	X_{10}
	运输与配送事故次数	5	5%	频次	考核期内,运输与配送事故次数不超过___次,每超过___次,扣___分	X_{11}
	运输与配送差错率	5	5%	百分率(%)	考核期内,运输与配送差错率不超过___%,每超过___%,扣___分	X_{12}

续表

考核维度	考核指标	分值	权重	计量单位	考核量化标准	得分
客户管理	客户满意度	5	5%	分	考核期内,客户满意度不低于____分,每低于____分,扣____分	X_{13}
	新增客户数量	5	5%	数量	考核期内,新增客户数量达到____个,每降低____个,扣____分	X_{14}
	客户投诉次数	5	5%	频次	考核期内,客户投诉次数不超过____次,每超过____次,扣____分	X_{15}
员工学习与发展	培训计划完成率	5	5%	百分率(%)	考核期内,培训计划完成率达到____%,每降低____%,扣____分	X_{16}
	培训测试成绩	5	5%	分	考核期内,培训测试成绩达到____分,每降低____分,扣____分	X_{17}
	物流作业信息化程度	5	5%	百分率(%)	考核期内,物流作业信息化程度达到____%,每降低____%,扣____分	X_{18}
计算公式	考核得分=$X_1 \times 10\% + X_2 \times 10\% + X_3 \times 5\% + \cdots + X_{18} \times 5\%$				考核得分	

六、绩效考核结果的运用

(一)考核等级划分。

公司将物流部门的考核结果划分为 4 个等级,具体如下表所示。

物流部门绩效考核等级划分表

考核得分	90 分(含)以上	75(含)~90 分	60(含)~75 分	60 分以下
等级划分	优	良好	合格	不合格

(二)考核结果运用。

1. 月度考核。

(1)月度考核等级为"优"者,以绩效工资的_____%作为奖励。

(2)月度考核等级为"良好"者,以绩效工资的_____%作为奖励。

(3)月度考核连续两次为"不合格"者,扣减其绩效工资的_____%。

2. 年度考核。

年度考核结果除了作为部门年终奖金发放依据之外,还为职位变动、薪资变动、培训与发展等方面提供了重要的参考依据。

七、附则

(一)本公司经营环境发生重大变化或出现其他情况时,有权修改本方案。

(二)本绩效考核方案未尽事宜,由总经办根据具体情况进行讨论,并商定解决办法。

实施对象:	实施日期: 年 月 日

9.2 物流经理绩效考核

9.2.1 物流经理考核关键指标

物流经理考核关键指标如表 9-5 所示。

表 9-5 物流经理考核关键指标

考核维度	KPI 名称	指标定义或计算公式	考核周期	信息来源
财务管理	净资产回报率	$\frac{净利润}{平均净资产} \times 100\%$	季/年度	财务报表
	物流业务收入增长率	$\frac{年末业务收入-去年同期业务收入}{年末业务收入} \times 100\%$	年度	财务报表
	单位物流成本降低率	$\frac{年末单位物流成本-年初单位物流成本}{年初单位物流成本} \times 100\%$	季/年度	财务报表
内部运营管理	战略目标完成率	$\frac{实际完成战略目标}{计划战略目标} \times 100\%$	年度	战略规划书
	流程改善目标达成率	$\frac{实际流程改善目标}{计划达成的流程改善目标} \times 100\%$	季/年度	流程改善记录表
	物流作业计划完成率	$\frac{实际完成的物流作业计划}{计划完成的物流作业计划} \times 100\%$	季/年度	物流作业计划书
	物流方案设计通过率	$\frac{获得通过的物流方式设计总数}{物流方案设计总数} \times 100\%$	季/年度	物流方案设计记录表
客户管理	客户满意度	客户对物流服务的满意程度	季/年度	满意度调查表
	新增客户数量	考核期内新增客户数量	季/年度	客户数据库
员工学习与发展	培训计划完成率	$\frac{实际完成的培训项目}{计划完成的培训项目} \times 100\%$	季/年度	培训计划表
	物流作业信息化程度	$\frac{已实现信息化作业的环节}{物流作业的环节总数} \times 100\%$	季/年度	物流信息化作业表
	核心员工保有率	$\frac{年末核心员工总数}{年初核心员工总数} \times 100\%$	年度	核心员工统计表

9.2.2 物流经理绩效考核量表

物流经理绩效考核量表如表 9-6 所示。

表 9-6 物流经理绩效考核量表

物流经理绩效考核量表					考核日期		
被考核人					考核人		
考核维度	考核指标	分值	权重	计量单位	考核量化标准		得分
财务管理	净资产回报率	10	10%	百分率(%)	考核期内,净资产回报率达到____%,每降低____%,扣____分		X_1
	物流业务收入增长率	10	10%	百分率(%)	考核期内,物流业务收入增长率达到____%,每降低____%,扣____分		X_2
	单位物流成本降低率	10	10%	百分率(%)	考核期内,单位物流成本降低率达到____%,每降低____%,扣____分		X_3

续表

考核维度	考核指标	分值	权重	计量单位	考核量化标准	得分
内部运营管理	战略目标完成率	10	10%	百分率（%）	考核期内，战略目标完成率达到____%，每降低____%，扣____分	X_4
	物流流程改善目标达成率	5	5%	百分率（%）	考核期内，物流流程改善目标达成率达到____%，每降低____%，扣____分	X_5
	物流作业计划完成率	10	10%	百分率（%）	考核期内，物流作业计划完成率达到____%，每降低____%，扣____分	X_6
	物流方案设计通过率	5	5%	百分率（%）	考核期内，物流方案设计通过率达到____%，每降低____%，扣____分	X_7
客户管理	客户满意度	10	10%	分	考核期内，客户满意度达到____分，每降低____分，扣____分	X_8
	新增客户数量	10	10%	数量	考核期内，新增客户数量达到____个，每降低____个，扣____分	X_9
员工学习与发展	培训计划完成率	5	5%	百分率（%）	考核期内，培训计划完成率达到____%，每降低____%，扣____分	X_{10}
	物流作业信息化程度	5	5%	百分率（%）	考核期内，物流作业信息化程度达到____%，每降低____%，扣____分	X_{11}
	核心员工保有率	10	10%	百分率（%）	考核期内，核心员工保有率达到____%，每降低____%，扣____分	X_{12}
计算公式	考核得分 = $X_1 \times 10\% + X_2 \times 10\% + X_3 \times 10\% + \cdots + X_{12} \times 10\%$				考核得分	

被考核人	考核人	复核人
签字：____ 日期：____	签字：____ 日期：____	签字：____ 日期：____

9.3 物流主管绩效考核

9.3.1 物流主管考核关键指标

物流主管考核关键指标如表 9-7 所示。

表 9-7 物流主管考核关键指标

考核项目	KPI 名称	指标定义或计算公式	考核周期	信息来源
物流管理	物流工作计划完成率	$\dfrac{\text{实际完成的物流工作}}{\text{计划完成的物流工作}} \times 100\%$	年度	物流工作计划书
	主营业务收入	考核期内部门主营物流业务收入总额	年度	财务报表
	单位物流成本降低率	$\dfrac{\text{年末单位物流成本} - \text{年初单位物流成本}}{\text{年初单位物流成本}} \times 100\%$	季/年度	财务报表

续表

考核项目	KPI 名称	指标定义或计算公式	考核周期	信息来源
财务控制	物流费用节省额	考核期内物流费用节省金额	季/年度	财务报表
财务控制	回款达成率	$\dfrac{\text{实际回款额}}{\text{计划回款额}} \times 100\%$	季/年度	回款统计表
财务控制	物流费用率	$\dfrac{\text{实际发生的物流费用}}{\text{销售费用预算}} \times 100\%$	季/年度	费用统计表
客户管理	新增客户数量	考核期内新增合作客户数量	季/年度	客户统计表
客户管理	核心客户保有率	$\dfrac{\text{持续合作的核心客户数量}}{\text{维护的客户总数}} \times 100\%$	季/年度	核心客户资源表
客户管理	客户满意度	接受随机调查的客户对服务满意度评分的算术平均值	季/年度	客户满意度调查表
培训管理	培训计划完成率	$\dfrac{\text{实际完成的培训项目}}{\text{计划完成的培训项目}} \times 100\%$	季/年度	培训计划表
培训管理	部门员工技能提升率	$\dfrac{\text{年末考核得分} - \text{上年度考核得分}}{\text{上年度考核得分}} \times 100\%$	季/年度	绩效考核表
工作能力	组织协调能力	能从全局角度协调配合领导和相关部门完成工作	月/季度	绩效考核表
工作能力	问题解决能力	在困难和复杂的情况下,能够充分考虑各种风险因素,在自己职权范围内果断、高效地作出决定	月/季度	绩效考核表
工作能力	创新能力	视角独特,勇于开拓,能够运用专业知识改进工作	月/季度	绩效考核表
工作态度	工作主动性	积极完成分内工作,并主动承担公司内部额外工作	月/季度	绩效考核表
工作态度	责任心	对于需要完成的工作任务具有责任意识,不存在推诿、拖延行为	月/季度	绩效考核表
工作态度	工作协作性	除与组织下属人员积极合作外,还能在公司团队内部营造团结协作的工作氛围	月/季度	绩效考核表

9.3.2 物流主管绩效考核量表

物流主管绩效考核量表如表 9-8 所示。

表 9-8 物流主管绩效考核量表

物流主管绩效考核量表					考核日期		
被考核人					考核人		
考核项目	考核指标	分值	权重	计量单位	考核量化标准		得分
物流管理	物流工作计划完成率	10	10%	百分率(%)	考核期内,物流工作计划完成率达到____%,每降低____%,扣____分		X_1

续表

考核项目	考核指标	分值	权重	计量单位	考核量化标准	得分
物流管理	主营业务收入	10	10%	金额	考核期内，主营业务收入达到____万元，每降低____万元，扣____分	X_2
	单位物流成本降低率	10	10%	百分率（%）	考核期内，单位物流成本降低率达到____%，每降低____%，扣____分	X_3
财务控制	物流费用节省额	5	5%	金额	考核期内，物流费用节省额达到____万元，每降低____万元，扣____分	X_4
	回款达成率	5	5%	百分率（%）	考核期内，回款达成率达到____%，每降低____%，扣____分	X_5
	物流费用率	5	5%	百分率（%）	考核期内，物流费用率不高于____%，每超过____%，扣____分	X_6
客户管理	新增客户数量	5	5%	数量	考核期内，新增客户数量达到____个，每降低____个，扣____分	X_7
	核心客户保有率	5	5%	百分率（%）	考核期内，核心客户保有率达到____分，每降低____分，扣____分	X_8
	客户满意度	5	5%	分	考核期内，客户满意度评价达到____分，每降低____分，扣____分	X_9
培训管理	培训计划完成率	5	5%	百分率（%）	考核期内，培训计划完成率达到____%，每降低____%，扣____分	X_{10}
	部门员工技能提升率	5	5%	百分率（%）	考核期内，部门员工技能提升率达到____%，每降低____%，扣____分	X_{11}
工作能力	组织协调能力	5	5%	分	考核期内，组织协调能力评价达到____分以上，每降低____分，扣____分	X_{12}
	问题解决能力	5	5%	分	考核期内，问题解决能力评价达到____分以上，每降低____分，扣____分	X_{13}
	创新能力	5	5%	分	考核期内，创新能力评价达到____分以上，每降低____分，扣____分	X_{14}
工作态度	工作主动性	5	5%	分	考核期内，工作主动性评价达到____分以上，每降低____分，扣____分	X_{15}
	责任心	5	5%	分	考核期内，责任心评价达到____分以上，每降低____分，扣____分	X_{16}
	工作协作性	5	5%	分	考核期内，工作协作性评价达到____分以上，每降低____分，扣____分	X_{17}
计算公式	考核得分=$X_1 \times 10\% + X_2 \times 10\% + X_3 \times 10\% + \cdots + X_{17} \times 5\%$				考核得分	

被考核人	考核人	复核人
签字：_____ 日期：_____	签字：_____ 日期：_____	签字：_____ 日期：_____

9.4 运输主管绩效考核

9.4.1 运输主管考核关键指标

运输主管考核关键指标如表9-9所示。

表9-9 运输主管考核关键指标

考核项目	KPI名称	指标定义或计算公式	考核周期	信息来源
运输管理	运输任务完成率	$\dfrac{\text{实际完成的运输工作}}{\text{计划的运输工作}} \times 100\%$	季/年度	运输任务表
	运输路线计划更改次数	考核期内运输路线计划更改的次数	季/年度	运输路线计划表
	运输资源开发计划完成率	$\dfrac{\text{实际完成的运输资源开发工作}}{\text{计划完成的运输资源开发工作}} \times 100\%$	季/年度	运输资源开发计划书
	完成运量及时率	考核期内完成规定运量的时间	季/年度	运量统计表
	运输货损率	$\dfrac{\text{损坏的货物数量}}{\text{运输的货物总量}} \times 100\%$	季/年度	运输货物统计表
	车辆完好率	$\dfrac{\text{完好车辆总数}}{\text{运输车辆总数}} \times 100\%$	季/年度	车辆记录表
	运输安全事故发生次数	考核期内运输安全事故发生的次数	季/年度	运输安全事故统计表
财务控制	运输管理费用总额	考核期内运输管理费用总额	季/年度	财务报表
	单位运输成本降低率	$\dfrac{\text{年末单位运输成本}-\text{年初单位运输成本}}{\text{年初单位运输成本}} \times 100\%$	年度	财务报表
客户管理	新增客户数量	考核期内新增合作客户数量	季/年度	客户统计表
	核心客户保有率	$\dfrac{\text{持续合作的核心客户数量}}{\text{维护的客户总数}} \times 100\%$	季/年度	核心客户资源表
	客户满意度	接受随机调查的客户对服务满意度评分的算术平均值	季/年度	客户满意度调查表
员工管理	培训计划完成率	$\dfrac{\text{实际完成的培训项目}}{\text{计划完成的培训项目}} \times 100\%$	季/年度	培训计划表
	核心员工保有率	$\dfrac{\text{年末核心员工总数}}{\text{年初核心员工总数}} \times 100\%$	年度	核心员工统计表
工作能力	分析判断能力	具有非常强的分析判断能力,分析判断的结论一般情况下都为正确	月/季度	绩效考核表
	领导能力	领导能力非常强,下属积极配合工作	月/季度	绩效考核表
	问题解决能力	在困难和复杂的情况下,能够充分考虑各种风险因素,在自己职权范围内果断、高效地作出决定	月/季度	绩效考核表

续表

考核项目	KPI 名称	指标定义或计算公式	考核周期	信息来源
工作态度	工作主动性	积极完成分内工作,并主动承担公司内外部额外工作	月/季度	绩效考核表
	敬业精神	敢于承担责任,不推卸责任	月/季度	绩效考核表
	责任心	对于需要完成的工作任务具有责任意识,不存在推诿、拖延行为	月/季度	绩效考核表

9.4.2 运输主管绩效考核量表

运输主管绩效考核量表如表 9-10 所示。

表 9-10 运输主管绩效考核量表

运输主管绩效考核量表					考核日期		
被考核人					考核人		
考核项目	考核指标	分值	权重	计量单位	考核量化标准		得分
运输管理	运输任务完成率	5	5%	百分率(%)	考核期内,运输任务完成率达到____%,每降低____%,扣____分		X_1
	运输路线计划更改次数	5	5%	频次	考核期内,运输路线计划更改次数低于____次,每超出____次,扣____分		X_2
	运输资源开发计划完成率	5	5%	百分率(%)	考核期内,运输资源开发计划完成率达到____%,每降低____%,扣____分		X_3
	完成运量及时率	5	5%	频次	考核期内,完成运量及时率达到____%,每降低____%,扣____分		X_4
	运输货损率	5	5%	百分率(%)	考核期内,运输货损率低于____%,每超出____%,扣____分		X_5
	车辆完好率	5	5%	百分率(%)	考核期内,车辆完好率达到____%,每降低____%,扣____分		X_6
	运输安全事故发生次数	5	5%	频次	考核期内,运输安全事故发生次数低于____次,每超出____次,扣____分		X_7
财务控制	运输管理费用总额	5	5%	金额	考核期内,运输管理费用总额低于____万元,每超出____%,扣____分		X_8
	单位运输成本降低率	5	5%	百分率(%)	考核期内,单位运输成本降低率达到____%,每降低____%,扣____分		X_9
客户管理	新增客户数量	5	5%	数量	考核期内,新增客户数量达到____个,每降低____个,扣____分		X_{10}
	核心客户保有率	5	5%	百分率(%)	考核期内,核心客户保有率达到____%,每降低____%,扣____分		X_{11}
	客户满意度	5	5%	分	考核期内,客户满意度评价达到____分,每降低____分,扣____分		X_{12}

续表

考核项目	考核指标	分值	权重	计量单位	考核量化标准	得分
员工管理	培训计划完成率	5	5％	百分率（％）	考核期内，培训计划完成率达到____％，每降低____％，扣____分	X_{13}
	核心员工保有率	5	5％	百分率（％）	考核期内，核心员工保有率达到____％，每降低____％，扣____分	X_{14}
工作能力	分析判断能力	5	5％	分	考核期内，分析判断能力评价达到____分以上，每降低____分，扣____分	X_{15}
	领导能力	5	5％	分	考核期内，领导能力评价达到____分以上，每降低____分，扣____分	X_{16}
	问题解决能力	5	5％	分	考核期内，问题解决能力评价达到____分以上，每降低____分，扣____分	X_{17}
工作态度	工作主动性	5	5％	分	考核期内，工作主动性评价达到____分以上，每降低____分，扣____分	X_{18}
	敬业精神	5	5％	分	考核期内，敬业精神评价达到____分以上，每降低____分，扣____分	X_{19}
	责任心	5	5％	分	考核期内，责任心评价达到____分以上，每降低____分，扣____分	X_{20}
计算公式	考核得分＝$X_1×5％+X_2×5％+X_3×5％+\cdots+X_{20}×5％$				考核得分	
被考核人			考核人		复核人	
签字：____ 日期：____			签字：____ 日期：____		签字：____ 日期：____	

9.5 车辆调度员绩效考核

9.5.1 车辆调度员考核关键指标

车辆调度员考核关键指标如表 9-11 所示。

表 9-11 车辆调度员考核关键指标

考核项目	KPI 名称	指标定义或计算公式	考核周期	信息来源
车辆管理	运输计划完成率	$\dfrac{实际完成的运输量}{计划的运输量}×100％$	季/年度	运输计划书
	出车路线合理性	考核期内出车路线的合理性	季/年度	出车路线记录表
	派车单差错次数	考核期内派车单出现差错的次数	季/年度	派车单
	调度车辆及时性	考核期内调度车辆的平均时间	季/年度	调度车辆记录表
	每辆车月度工作量	考核期内每辆车月度运输数量	月度	车辆月度工作单
	突发事件处理及时性	考核期内对突发事件处理的平均时间	季/年度	突发事件处理记录表

续表

考核项目	KPI 名称	指标定义或计算公式	考核周期	信息来源
财务控制	车辆调度费用	考核期内车辆调度发生费用总额	季/年度	财务报表
	运输成本控制率	$\dfrac{实际发生运输成本}{预算运输成本} \times 100\%$	季/年度	财务报表
客户管理	客户投诉解决速度	考核期内客户投诉处理的平均时间	季/年度	客户投诉调查表
	客户满意度评价	接受随机调查的客户对服务满意度评分的算术平均值	季/年度	客户满意度调查表
参与培训情况	培训缺勤次数	考核期内培训缺勤次数	季/年度	考勤签名表
	培训考试成绩	考核期内培训考试成绩	季/年度	考试成绩单
工作能力	沟通能力	与同事积极沟通,及时消除信息交流障碍,促进公司内部建立和谐关系	月/季度	绩效考核表
	协调能力	能协调部门成员做好工作,按时完成工作目标	月/季度	绩效考核表
	执行能力	能够根据工作计划和领导指示,全面、迅速、保质保量地完成工作任务	月/季度	绩效考核表
	应变能力	能根据工作的变化采取相应的措施	月/季度	绩效考核表
工作态度	工作积极性	积极完成本职工作,完成时间提前于公司要求时间	月/季度	绩效考核表
	组织纪律性	严于律己,为其他员工遵守规章制度及劳动纪律起到模范带头作用	月/季度	绩效考核表
	出勤率	每月按照公司规定上下班	月/季度	绩效考核表

9.5.2 车辆调度员绩效考核量表

车辆调度员绩效考核量表如表 9-12 所示。

表 9-12 车辆调度员绩效考核量表

车辆调度员绩效考核量表					考核日期		
被考核人					考核人		
考核项目	考核指标	分值	权重	计量单位	考核量化标准		得分
车辆管理	运输计划完成率	10	10%	百分率(%)	考核期内,运输计划完成率达到___%,每降低___%,扣___分		X_1
	出车路线合理性	5	5%	分	考核期内,出车路线的合理性达到___分以上,每降低___%,扣___分		X_2
	派车单差错次数	5	5%	频次	考核期内,派车单差错次数少于___次,每超过___次,扣___分		X_3
	调度车辆及时性	5	5%	百分率(%)	考核期内,调度车辆及时性评价达到___%,每降低___%,扣___分		X_4
	每辆车月度工作量	5	5%	数量	考核期内,每辆车月度工作量达到___件,每降低___件,扣___分		X_5
	突发事件处理及时性	5	5%	百分率(%)	考核期内,突发事件处理及时性评价达到___%,每降低___%,扣___分		X_6

续表

考核项目	考核指标	分值	权重	计量单位	考核量化标准	得分
财务控制	车辆调度费用	5	5%	金额	考核期内,车辆调度费用低于____万元,每超出____万元,扣____分	X_7
	运输成本控制率	5	5%	百分率(%)	考核期内,运输成本控制率达到____%,每降低____%,扣____分	X_8
客户管理	客户投诉解决速度	5	5%	时间	考核期内,客户投诉解决不超过____小时,每超过____小时,扣____分	X_9
	客户满意度评价	5	5%	分	考核期内,客户满意度评价达到____分,每降低____分,扣____分	X_{10}
参与培训情况	培训缺勤次数	5	5%	频次	考核期内,培训缺勤次数低于____次,每超出____次,扣____分	X_{11}
	培训考试成绩	5	5%	分	考核期内,培训考试成绩达到____分,每降低____分,扣____分	X_{12}
工作能力	沟通能力	5	5%	分	考核期内,沟通能力评价达到____分以上,每降低____分,扣____分	X_{13}
	协调能力	5	5%	分	考核期内,协调能力评价达到____分以上,每降低____分,扣____分	X_{14}
	执行能力	5	5%	分	考核期内,执行能力评价达到____分以上,每降低____分,扣____分	X_{15}
	应变能力	5	5%	分	考核期内,应变能力评价达到____分以上,每降低____分,扣____分	X_{16}
工作态度	工作积极性	5	5%	分	考核期内,工作积极性评价达到____分以上,每降低____分,扣____分	X_{17}
	组织纪律性	5	5%	分	考核期内,组织纪律性评价达到____分以上,每降低____分,扣____分	X_{18}
	出勤率	5	5%	分	考核期内,出勤率达到____分以上,每降低____分,扣____分	X_{19}
计算公式	考核得分=$X_1 \times 10\% + X_2 \times 5\% + X_3 \times 5\% + \cdots + X_{19} \times 5\%$				考核得分	
被考核人		考核人			复核人	
签字:_____ 日期:_____		签字:_____ 日期:_____			签字:_____ 日期:_____	

9.6 司机绩效考核

9.6.1 司机考核关键指标

司机考核关键指标如表 9-13 所示。

表 9-13 司机考核关键指标

考核项目	KPI 名称	指标定义或计算公式	考核周期	信息来源
完成出车任务情况	平均出车时间	考核期内司机的平均出车时间	季/年度	出车记录表
	客户满意度	考核期内领导的满意度评价	季/年度	客户满意度调查表
	任务完成率	$\dfrac{实际完成任务}{计划完成任务} \times 100\%$	季/年度	出车任务表
	运输路线差错次数	考核期内运输路线出现差错的次数	季/年度	出车线路记录表
	货物损坏次数	考核期内由于运输问题损坏货物的次数	季/年度	货物损坏次数统计表
	费用成本节约率	$\dfrac{去年同期运输费用 - 当前运输费用}{运输总成本} \times 100\%$	季/年度	费用统计表
	按时到达目的地概率	$\dfrac{按时到达目的地的次数}{车辆运输总次数} \times 100\%$	季/年度	按时到达目的地统计表
	安全事故次数	考核期内发生交通事故的次数	季/年度	安全事故记录表
车辆维修保养	车辆维修次数	考核期内车辆维修的次数	季/年度	车辆维修统计表
	车辆保养次数	考核期内车辆保养的平均次数	季/年度	车辆保养记录表
	车辆保养计划完成率	$\dfrac{实际保养项目}{计划保养项目} \times 100\%$	季/年度	车辆维修保养单
	车辆月清洁次数	考核期内车辆每月清洁的次数	月度	车辆清洁记录表
工作能力	执行能力	能够准确、及时、全面地执行主管的指示,完成主管分配的任务	季/年度	绩效考核表
	沟通能力	及时有效地与同事沟通,保证工作顺利完成	季/年度	绩效考核表
	团队协作能力	注重团队合作,积极主动与同事合作	季/年度	绩效考核表
工作态度	纪律性	严格遵守规章制度,严于职责,坚守岗位	季/年度	绩效考核表
	主动性	工作积极主动,踏实肯干,认真负责	季/年度	绩效考核表
	品德修养	具有较高的品德修养和良好的职业道德	季/年度	绩效考核表

9.6.2 司机绩效考核量表

司机绩效考核量表如表 9-14 所示。

表 9-14 司机绩效考核量表

司机绩效考核量表					考核日期		
被考核人					考核人		
考核项目	考核指标	分值	权重	计量单位	考核量化标准		得分
完成出车任务情况	平均出车时间	10	10%	时间	考核期内,平均出车时间达到____小时,每降低____小时,扣____分		X_1
	客户满意度	5	5%	分	考核期内,客户满意度达到____分,每降低____分,扣____分		X_2
	任务完成率	10	10%	百分率(%)	考核期内,任务完成率达到____%,每降低____%,扣____分		X_3
	运输路线差错次数	5	5%	频次	考核期内,运输路线差错次数低于____次,每超出____次,扣____分		X_4
	货物损坏次数	5	5%	频次	考核期内,货物损坏次数低于____次,每超出____次,扣____分		X_5
	费用成本节约率	5	5%	百分率(%)	考核期内,费用成本节约率达到____%,每降低____%,扣____分		X_6
	按时到达目的地概率	5	5%	百分率(%)	考核期内,按时到达目的地概率达到____%,每降低____%,扣____分		X_7
	安全事故次数	5	5%	频次	考核期内,安全事故次数低于____次,每超出____次,扣____分		X_8
车辆维修保养	车辆维修次数	5	5%	频次	考核期内,车辆维修次数低于____次,每超出____次,扣____分		X_9
	车辆保养次数	5	5%	频次	考核期内,车辆保养次数达到____次,每降低____次,扣____分		X_{10}
	车辆保养计划完成率	5	5%	百分率(%)	考核期内,车辆保养计划完成率达到____%,每降低____%,扣____分		X_{11}
	车辆月清洁次数	5	5%	频次	考核期内,车辆月清洁次数达到____次,每降低____次,扣____分		X_{12}
工作能力	执行能力	5	5%	分	考核期内,执行能力评价达到____分,每降低____分,扣____分		X_{13}
	沟通能力	5	5%	分	考核期内,沟通能力评价达到____分,每降低____分,扣____分		X_{14}
	团队协作能力	5	5%	分	考核期内,团队协作能力评价达到____分,每降低____分,扣____分		X_{15}
工作态度	纪律性	5	5%	分	考核期内,纪律性评价达到____分,每降低____分,扣____分		X_{16}
	主动性	5	5%	分	考核期内,主动性评价达到____分,每降低____分,扣____分		X_{17}
	品德修养	5	5%	分	考核期内,品德修养评价达到____分,每降低____分,扣____分		X_{18}
计算公式	考核得分=$X_1 \times 10\% + X_2 \times 5\% + X_3 \times 10\% + \cdots + X_{18} \times 5\%$					考核得分	
被考核人			考核人			复核人	
签字:_____ 日期:_____			签字:_____ 日期:_____			签字:_____ 日期:_____	

Chapter 10

第10章

中小企业客服绩效考核

10.1 客服部门绩效考核

10.1.1 客服部门绩效考核标准

（1）客服部门绩效考核标准

客服部门绩效考核标准如表10-1所示。

表10-1 客服部门绩效考核标准

职能等级	知识		技能	
	基本知识	专业知识	技术	能力
5级	熟悉公司组织结构、企业文化、规章制度及产品知识、服务知识	①有扎实的客户服务及维护专业知识 ②熟练掌握客户投诉处理的专业知识	能熟练运用客户投诉处理及维护技巧及方法	①具有很强的领导能力及领导欲望、决策能力及组织规划能力 ②具备较高的团队建设能力、激励能力、授权能力、督导能力和教练能力
4级	基本掌握公司的组织结构、企业文化、规章制度以及产品和服务知识	①熟悉并能灵活运用客户服务及维护的专业知识 ②熟练运用客户投诉处理的专业知识	掌握客户投诉处理及维护的技巧及方法	①具有很强的团队管理能力、业务指导能力及团队控制能力 ②能够很好地根据组织要求将任务分配下去并进行过程控制
3级	了解公司组织结构、制度、文化等基本知识以及产品和服务知识	①了解客户服务及维护的专业知识 ②了解客户投诉处理的专业知识	了解全部客户投诉处理及维护技巧及方法	①具备很强的人际交往能力、沟通能力、问题分析能力与解决能力 ②具备系统的思考能力、组织协调能力和信息管理能力
2级	掌握公司制度文化知识和产品、服务相关的知识	①掌握部分客户服务及维护专业知识 ②掌握部分客户投诉处理的专业知识	掌握部分客户投诉处理及维护技巧及方法	①有一定的人际交往能力、沟通能力、问题分析与解决能力 ②能系统地思考问题，积极参与组织协调工作
1级	了解公司制度、文化和产品、服务相关知识	了解部分客户服务及维护专业知识及客户投诉处理知识	了解部分客户投诉处理及维护技巧	具备一定的人际交往能力、沟通能力及组织协调能力

（2）客服部职位等级标准

客服部职位等级标准如表10-2所示。

表 10-2 客服部职位等级标准

等级	职位等级		工作内容
5级	高级管理工作	客服经理	①制定及监督执行客户服务规划 ②提出客户服务体系改善方案 ③对客服人员实施考核 ④组建客服部工作团队
4~3级	中级管理工作	售后主管	①售后服务管理体系建立及监督实施 ②售后服务改善方案制定及实施 ③客户回访、投诉问题处理 ④制定售后服务计划及工作标准 ⑤售后服务问题分析并编制分析报告
2~1级	初级管理工作	客户信息员	①客户信息管理系统建设及维护 ②客户信息收集、整理与信用等级评定 ③客户资料档案保管及保密
		客户开发员	①客户开发 ②客户调研 ③组织监督客户咨询实施 ④部门规章制度监督执行
		客户关系员	①客户关系维护 ②编写客户关系分析报告 ③客户拜访及来访接待 ④客户满意度评价
		客户投诉员	①客户投诉管理制度建立及完善 ②客户投诉信息调研、记录及处理 ③客户投诉信息分析及编制报告 ④投诉客户回访及信息反馈
		客户调研员	①编制及实施客户调研计划 ②编写调研分析报告 ③调研预算编制及控制

（3）客服部绩效考核标准

客服部绩效考核标准如表 10-3 所示。

表 10-3 客服部绩效考核标准

考核项目	绩效考核标准	考核等级
工作质量	客户服务满意度达到 95%（含）以上	A
	客户服务满意度达到 90%（含）~95%	B
	客户服务满意度达到 85%（含）~90%	C
	客户服务满意度达到 80%（含）~85%	D
	客户服务满意度在 80% 以下	E

续表

考核项目	绩效考核标准	考核等级
工作效率	工作高效率化,工时利用率95%(含)以上	A
工作效率	工作效率较高,工时利用率90%(含)~95%	B
工作效率	工作效率正常,工时利用率80%(含)~90%	C
工作效率	工作效率不高,工时利用率60%(含)~80%	D
工作效率	工作效率很低,工时利用率60%以下	E
工作数量	工作量非常大,每天处理的客户服务工作量达90项及以上	A
工作数量	工作量比较大,每天处理的客户服务工作量达85~89项	B
工作数量	工作量一般,每天处理的客户服务工作量达75~84项	C
工作数量	工作量不足,每天处理的客户服务工作量达61~74项	D
工作数量	工作量严重不足,每天处理的客户服务工作量在60项以下	E
工作能力	具有很强的工作能力,总能将工作保质保量提前完成	A
工作能力	具有较强的工作能力,总能将工作保质保量按时完成	B
工作能力	具有较强的工作能力,对下达的工作基本能保质保量按时完成	C
工作能力	工作能力一般,工作基本可以保质保量完成	D
工作能力	有一定的工作能力,需要一定的指导方可完成工作	E
工作态度	工作态度非常好,本职工作总能积极主动、认真完成,对问题剖根究底	A
工作态度	工作态度比较好,本职工作基本能积极主动、认真地完成	B
工作态度	工作态度比较好,本职工作基本能认真地完成,但缺乏主动性	C
工作态度	工作态度一般,本职工作基本能认真完成	D
工作态度	工作态度一般,需要领导的催促和监督才能完成工作	E

10.1.2 客服部门考核关键指标

客服部门考核关键指标如表10-4所示。

表10-4 客服部门考核关键指标

考核维度	KPI名称	指标定义或计算公式	考核周期	信息来源
财务管理	客服费用预算节省率	$\dfrac{客服费用节省额}{客服费用预算总额} \times 100\%$	月/季/年度	费用预算表及支出凭单
内部运营管理	流程改进目标达成率	$\dfrac{客服流程改进目标达成数}{客服流程改进目标总数} \times 100\%$	季/年度	流程改进计划
内部运营管理	大客户流失数	考核期内大客户流失数量	月度	客户登记表
内部运营管理	客户意见反馈及时率	$\dfrac{标准时间内反馈意见次数}{总共需要反馈次数} \times 100\%$	月度	客户意见登记表
内部运营管理	客服信息传递及时率	$\dfrac{标准时间内传递信息次数}{需要向相关部门传递信息总次数} \times 100\%$	月度	客户信息传递登记表

续表

考核维度	KPI 名称	指标定义或计算公式	考核周期	信息来源
内部运营管理	客户回访率	$\dfrac{实际回访客户数}{计划回访客户数}\times 100\%$	月度	客户登记表
	客户投诉解决速度	$\dfrac{月客户投诉解决总时间}{月解决投诉总数}\times 100\%$	月度	客户投诉登记表
	客户投诉解决满意率	$\dfrac{客户对解决结果满意的投诉数量}{总投诉数量}\times 100\%$	月/季/年度	满意度调查表
	员工离职率	$\dfrac{离职人数}{在册员工平均人数}\times 100\%$	月/季/年度	员工异动表
客户管理	客户满意度	$\dfrac{评分满意问卷数量}{有效问卷总数量}\times 100\%$	季/年度	满意度调查表
	部门协作满意度	$\dfrac{评分满意问卷数量}{有效问卷总数量}\times 100\%$	季/年度	满意度调查表
员工学习与发展	培训计划完成率	$\dfrac{实际完成培训项目(次数)}{计划培训项目(次数)}\times 100\%$	月/季/年度	培训记录
	员工任职资格达标率	$\dfrac{任职资格考核达标员工数}{当期员工总数}\times 100\%$	季/年度	员工考核成绩记录

10.1.3 客服部门绩效考核方案

下面是某企业客服部门绩效考核方案。

客服部门绩效考核方案

编 号：　　　　编制部门：　　　　审批人员：　　　　　　　　审批日期：　　年　月　日

一、方案编制依据
(一)上期绩效考核实施结果分析报告。
(二)客服部各职位说明书。
(三)组织绩效管理问题诊断分析报告。
二、管理职责划分
(一)人力资源部负责考核前期的组织培训，考核过程中的监督指导以及考核结果的汇总整理等工作。
(二)总经理负责审批客服部绩效考核结果及绩效评估报告。
(三)客服部经理负责部门各职位考核指标确认，评定标准编制及确认，考核结果反馈及改进辅导。
(四)客服部各职位员工参与考核过程并提供考核项目相关的评定依据。
三、考核周期界定
客服部各职位实施季度绩效考核，具体考核周期为＿＿年＿＿月＿＿日至＿＿年＿＿月＿＿日。
四、考核内容
在考核期内，公司主要从如下两方面对客服人员进行绩效考核。
(一)客服经理的考核内容。
客服部经理职位的绩效考核内容主要包括四个方面，并针对职位职责的重要性，确定不同的权重。具体内容如下表所示。

续表

客服经理的考核内容

序号	考核维度	具体内容
1	财务管理	考核期内,客服部的营业收入或各种经营管理费用的控制目标达成情况
2	客户管理	公司外部客户、经销商和公司内部的其他合作业务部门对客服工作的满意度相关指标的达成情况
3	内部运营管理	客服部本部门或各职位考核期的重点工作内容的执行情况
4	员工学习与发展	本部门或各职位人员业务能力和创新能力的提升情况

(二)其他员工考核内容。

其他员工是指客服经理级以下的员工,其绩效考核指标体系将以工作业绩考核为主展开设置。工作业绩是指被考核职位的工作完成情况,从工作效率、工作质量、工作效益等方面进行衡量。

五、考核项目设置

客服人员的绩效考核项目设置,是整个考核管理工作的重要内容之一,关系到客服部的工作任务能否按照企业既定的目标如期完成,以及客服工作的改善情况。因此,要保证考核项目的科学性、严谨性和准确性,考核项目的设置通常遵循以下步骤。

(一)根据企业的经营发展战略,结合客服部的工作职能,分解并确定客服部的经营发展战略目标。

(二)将客服部经营发展目标进一步分解,确定部门各主营项目的发展目标。

(三)根据部门各项目的整体目标,分解并确定各职位的工作目标。

(四)选取影响各项工作目标的关键业绩业务作为考核项目。

(五)对各考核项目进行定义或说明。

(六)根据各项目的重要程度确定各项目的权重。

(七)确定各项考核项目的衡量标准或评分标准。

六、考核实施流程

为保证客服部绩效考核工作的顺利实施,且能够逐步改进,在考核实施过程中应保证操作过程的严谨性和科学性,实施流程通常如下。

(一)考核期前发放考核量表。

客服部安排专人在考核期之前,向各被考核职位发放"××职位绩效考核量表"。

(二)考核结束收集考核量表。

考核期结束后的第__个工作日,考核负责人收集"××职位绩效考核量表"。

(三)考核量表返给被考核人。

考核期结束后的第__个工作日,人力资源部将"××职位绩效考核量表"发给被考核者本人进行确认。

(四)考核结果异议确认。

被考核者如有异议由其考核者上一级进行再确认,确认工作必须在考核期结束后的第__个工作日完成。

(五)考核确认结果反馈。

考核期结束后的第__个工作日,人力资源部将考核结果反馈给各被考核者。

(六)考核专员绩效工资核算。

考核人员将确认后的考核结果报总经理处和财务部备份,并依据考核结果进行绩效工资核算。

(七)绩效工资发放。

财务部依据公司绩效管理相关规定,结合考核专员的绩效工资核算结果进行绩效工资发放。

(八)考核项目和方案修订。

如果需要对绩效考核项目和方案进行修订,上报总经理批准后在下个考核周期执行。

七、绩效改进

客服部实施绩效考核的目的之一是绩效改进,绩效改进也是绩效考核的最重要的工作之一。因此,要采取科学的改进方法和遵循正确的改进程序。

(一)绩效改进的方法。

绩效改进的方法通常可采用以下两种,如下表所示。

续表

绩效改进的方法	
改进方法	具体说明
6σ管理法	6σ管理法是一种充分体现量化科学管理的方法,通常由组织最高领导者带领执行,任务艰巨而又细致
标杆超越法	标杆超越法是通过与先进企业的客服人员工作方式对比,以其作为标杆和基准,对涉及本企业客服人员成功的关键因素进行改革或改进

(二)绩效改进实施流程。
客服部实施绩效改进通常遵循以下工作流程。
1. 确定改进内容。
确定需要改进的项目以后,要分析问题所在,即为什么没有达到可以达到的水平。
2. 拟定改进计划。
将所有可以改进客服部绩效的方法加以分类,分为员工能做的,管理人员能做的,以及应该改善的环境等。
3. 制订改进计划。
有效的绩效改进计划应满足切合实际,有时限性,遵循SMART原则和计划要获得考核人员与客服人员双方的认同。
4. 实施改进计划。
在对客服人员实施绩效改进时应确保客服部人员了解此项计划,若计划需要调整时应与客服部人员协商,并将改变部分写在原计划上,到期前提醒客服人员,以便客服人员能依据计划进行,并避免因遗忘而使计划失败。管理人员须经常提醒部门人员关于改变的部分,以保证计划的完成。若计划有部分未按进度完成,应予以纠正。
客服人员遇到有碍计划完成的事情时,应立即向考核负责人汇报此事。当计划不再切合实际时应及时予以修正。假设没有任何事情发生使计划变得不可能或不实际,客服人员应了解,并提醒管理人员。
5. 对计划进行测评。
改进计划实施后,考核负责人应定期对计划的可行性及实施效果进行测试,以便组织人员对计划及时修正。
6. 延续改进计划。
对一个改进计划进行测评确定可行后,一个工作项目便可得到改进,此时方可考虑下一个工作项目的改进计划。当计划不是很复杂时,可同时开始两个计划项目。

八、考核结果处理及应用
(一)考核结果处理。
为了避免绩效考核的结果集中体现在某一分值区域,即成绩集中偏高,集中偏低或集中趋中,对客服人员的绩效考核结果采取强制分布法,按照一定的比例分配到各个区域。
(二)考核结果的应用。
客服部绩效考核的结果主要用于以下11种用途。
1. 考核结果将作为编制和健全公司人力资源管理制度、绩效管理制度等规章制度的依据。
2. 作为实现人才在公司内部的优化配置,促进公司人力资源的开发、管理与合理使用,公司建立健全能上能下、能进能出的自我约束用人机制。
3. 在员工中形成争先创优的局面,提高员工的工作积极性和主动性。
4. 帮助员工认清自我,逐步完善考核成绩中的不足之处。
5. 调整绩效计划,帮助员工及时纠正偏离企业战略目标的绩效行为。
6. 用于客服部工作人员的绩效工资发放。
7. 作为客服部工作人员职位调整的依据。
8. 作为客服人员薪资调整的依据。
9. 作为考核双方绩效面谈的依据。
10. 作为考核双方绩效改进计划编制的参考依据。
11. 作为客服人员培训项目实施的参考依据。

实施对象: 　　　　　　　　　　　　　　　　　　　　实施日期: 　年　月　日

10.2 客服经理绩效考核

10.2.1 客服经理考核关键指标

客服经理考核关键指标如表 10-5 所示。

表 10-5 客服经理考核关键指标

考核维度	KPI 名称	指标定义或计算公式	考核周期	信息来源
财务管理	客服费用预算节省率	$\dfrac{客服费用节省额}{客服费用预算总额} \times 100\%$	月/季/年度	财务报表
	客户购置成本	$\dfrac{总购置费用}{新客户总数} \times 100\%$	月/季/年度	财务报表
	客户获利率	$\dfrac{与客户合作产生净利润}{与客户合作总成果} \times 100\%$	季/年度	财务报表
内部运营管理	客服流程改进目标达成率	$\dfrac{客服流程改进目标达成数}{客服流程改进目标总数} \times 100\%$	季/年度	流程改进计划
	客户流失率	$\dfrac{客户流失数量}{客户总数量} \times 100\%$	年度	档案记录
	客服工作计划完成率	$\dfrac{客服工作计划实际完成量}{客服工作计划应完成量} \times 100\%$	季/年度	客服工作计划完成记录
	客户意见反馈及时率	$\dfrac{标准时间内反馈客户意见次数}{总共需要反馈次数} \times 100\%$	月/季/年度	客户意见登记表
	客户服务信息传递及时率	$\dfrac{标准时间内传递信息次数}{需要向相关部门传递信息总次数} \times 100\%$	月/季/年度	客户信息传递登记表
	客户投诉解决率	$\dfrac{月客户投诉解决数}{月客户投诉总数量} \times 100\%$	月/季/年度	客户投诉记录
客户管理	客户满意度	$\dfrac{评分满意问卷数量}{有效问卷总数量} \times 100\%$	月/季/年度	满意度调查表
	部门协作满意度	$\dfrac{评分满意问卷数量}{有效问卷总数量} \times 100\%$	月/季/年度	满意度调查表
	客户投诉管理	考核期因客服部工作人员服务态度问题而导致的投诉	月/季/年度	投诉记录
员工学习与发展	部门培训计划完成率	$\dfrac{实际完成的培训项目(次数)}{计划培训的项目(次数)} \times 100\%$	月/季/年度	培训记录
	员工任职资格考核达标率	$\dfrac{当期任职资格考核达标的员工数}{当期员工总数} \times 100\%$	季/年度	员工考核成绩记录

10.2.2 客服经理绩效考核量表

客服经理绩效考核量表如表 10-6 所示。

表 10-6 客服经理绩效考核量表

客服经理绩效考核量表					考核日期		
被考核人					考核人		
考核维度	考核指标	分值	权重	计量单位	考核量化标准		得分
财务管理	客服费用预算节省率	10	10%	百分率（%）	考核期内，客服费用节省率达到____%，每减少____%，扣____分		X_1
	客户购置成本	10	10%	万元	考核期内，客服费用节省率不超过____万元，每超出____万元，扣____分		X_2
	客户获利率	5	5%	百分率（%）	考核期内，客户获利率达到____%，每减少____%，扣____分		X_3
内部运营管理	客服流程改进目标达成率	5	5%	百分率（%）	考核期内，客服流程改进目标达成率达到____%，每减少____%，扣____分		X_4
	客户流失率	10	10%	百分率（%）	考核期内，客户流失率低于____%，每超出____%，扣____分		X_5
	客服工作计划完成率	10	10%	百分率（%）	考核期内，客服工作计划完成率达到____%，每减少____%，扣____分		X_6
	客户意见反馈及时率	10	10%	百分率（%）	考核期内，客户意见反馈及时率达到____%，每减少____%，扣____分		X_7
	客服服务信息传递及时率	10	10%	百分率（%）	考核期内，客服信息传递及时率达到____%，每减少____%，扣____分		X_8
	客户投诉解决率	5	5%	百分率（%）	考核期内，客户投诉解决率达到____%，每减少____%，扣____分		X_9
客户管理	客户满意度	5	5%	百分率（%）	考核期内，客户满意度评价达到____%，每降低____%，扣____分		X_{10}
	部门协作满意度	5	5%	百分率（%）	考核期内，协作部门满意度评价达到____%，每降低____%，扣____分		X_{11}
	客户投诉管理	5	5%	频次	考核期内，避免因客服人员服务原因发生客户投诉，每发生一次，扣____分		X_{12}
员工学习与发展	部门培训计划完成率	5	5%	百分率（%）	考核期内，部门培训计划完成率达到____%，每减少____%，扣____分		X_{13}
	员工任职资格考核达标率	5	5%	百分率（%）	考核期内，员工任职资格考核达标率达到____%，每减少____%，扣____分		X_{14}
计算公式	考核得分＝$X_1×10\%+X_2×10\%+X_3×5\%+\cdots+X_{14}×5\%$					考核得分	
被考核人			考核人			复核人	
签字：_____ 日期：_____			签字：_____ 日期：_____			签字：_____ 日期：_____	

10.3 客服调研员绩效考核

10.3.1 客服调研员考核关键指标

客服调研员考核关键指标如表 10-7 所示。

表 10-7 客服调研员考核关键指标

考核项目	KPI 名称	指标定义或计算公式	考核周期	信息来源
调研计划管理	调研计划编制及时率	$\dfrac{客服调研计划及时编制次数}{客服调研计划编制总次数} \times 100\%$	季/年度	计划提交时间记录
	调研计划达成率	$\dfrac{实际调研次数}{计划调研次数} \times 100\%$	月/季/年度	计划执行记录
调研报告管理	调研报告上交及时率	$\dfrac{及时上交调研报告数}{应上交调研报告总数} \times 100\%$	月/季/年度	报告上交时间记录
	调研报告质量	报告内容全面性、分析及建议合理性	月/季/年度	调研报告
调研费用管理	调研费用预算达成率	$\dfrac{实际调研费用}{计划调研费用} \times 100\%$	月/季/年度	费用预算及执行记录
调研数据管理	调研数据记录准确性	每一条调研信息均须记录准确、无误	月/季/年度	数据记录
	调研数据记录完整性	每一条调研信息记录均须完整,不可有缺失	月/季/年度	数据记录
客户回访	客户回访完成率	$\dfrac{已回访的客户数量}{应回访客户总数量} \times 100\%$	月/季/年度	回访记录
工作能力	沟通能力	能熟练运用各种沟通技巧与客户沟通,组织协调	季/年度	沟通工作投诉记录
	软件操作能力	能在接听调研电话的同时,熟练操作电脑软件,做好沟通记录或咨询解答	季/年度	工作记录
工作态度	工作责任心	能主动对客服工作中出现的问题进行寻根究底	月/季/年度	问题记录
	工作积极性	能积极主动地提前做好计划并严格按照计划执行	月/季/年度	工作计划

10.3.2 客服调研员绩效考核量表

客服调研员绩效考核量表如表 10-8 所示。

表 10-8 客服调研员绩效考核量表

客服调研员绩效考核量表					考核日期		
被考核人					考核人		
考核项目	考核指标	分值	权重	计量单位	考核量化标准		得分
调研计划管理	调研计划编制及时率	15	15%	百分率（%）	考核期内，调研计划编制及时率达到____%，每降低____%，扣____分		X_1
	调研计划达成率	10	10%	百分率（%）	考核期内，调研计划达成率达到____%，每降低____%，扣____分		X_2
调研报告管理	调研报告上交及时率	10	10%	百分率（%）	考核期内，调研报告上交及时率达到____%，每降低____%，扣____分		X_3
	调研报告质量	10	10%	频次	考核期内，报告内容应全面，分析及建议应合理，每有一次不合理扣____分		X_4
调研费用管理	调研费用预算达成率	10	10%	百分率（%）	考核期内，调研费用预算达成率达到____%，每超出____%，扣____分		X_5
调研数据管理	调研数据记录准确性	10	10%	数量	考核期内，应准确记录调研数据，每出现一处错误，扣____分		X_6
	调研数据记录完整性	5	5%	数量	考核期内，各项调研数据应记录完整，每缺少一项重要数据，扣____分		X_7
客户回访	客户回访完成率	10	10%	百分率（%）	考核期内，客户回访完成率达到____%，每降低____%，扣____分		X_8
工作能力	沟通能力	5	5%	频次	考核期内，避免因沟通问题引发客户投诉，每出现一次相关原因引发的客户投诉，扣____分		X_9
	软件操作能力	5	5%	频次	考核期内，每出现一次因电脑软件操作原因引发的问题不能及时解决，扣____分		X_{10}
工作态度	工作责任心	5	5%	频次	考核期内，对调研工作中出现的问题不主动解决或上报，每发生一次，扣____分		X_{11}
	工作积极性	5	5%	频次	考核期内，没有主动制订工作计划并按计划执行各项工作内容，每发生一次，扣____分		X_{12}
计算公式	考核得分 $= X_1 \times 15\% + X_2 \times 10\% + X_3 \times 10\% + \cdots + X_{12} \times 5\%$				考核得分		
被考核人			考核人			复核人	
签字：____ 日期：____			签字：____ 日期：____			签字：____ 日期：____	

10.4 客户开发员绩效考核

10.4.1 客户开发员考核关键指标

客户开发员考核关键指标如表 10-9 所示。

表 10-9　客户开发员考核关键指标

考核项目	KPI名称	指标定义或计算公式	考核周期	信息来源
工作业绩	客户开发计划完成率	$\frac{实际开发客户数量}{计划开发客户数量} \times 100\%$	季/年度	客户开发计划书
	客户开发数量	考核期内客户开发总数量	季/年度	客户开发统计表
	客户满意度	考核期内客户对服务的满意程度	季/年度	客户满意度调查表
	大客户数量	考核期内开发的资产在一定数额的客户数量	季/年度	大客户统计表
	客户开发费用控制	$\frac{实际开发客户费用}{计划开发客户预算} \times 100\%$	季/年度	开发费用统计表
	客户投诉次数	考核期内客户投诉的次数	季/年度	客户投诉统计表
	大客户流失数量	考核期内大客户流失的数量	季/年度	大客户流失统计表
工作能力	应变能力	能对事物的发展变化采取必要的应对措施	季/年度	绩效考核表
	沟通能力	可以同客户进行良好的沟通	季/年度	绩效考核表
工作态度	服务意识	接待客户时,热情、周到、细致,能够详细解答客户提出的问题,	季/年度	绩效考核表
	工作责任心	对本职工作认真负责,能主动对客服工作中的问题进行分析和决策	季/年度	绩效考核表
	工作积极性	工作非常积极,工作任务从来不会延迟	季/年度	绩效考核表

10.4.2　客户开发员绩效考核量表

客户开发员绩效考核量表如表 10-10 所示。

表 10-10　客户开发员绩效考核量表

客户开发员绩效考核量表					考核日期		
被考核人					考核人		
考核项目	考核指标	分值	权重	计量单位	考核量化标准		得分
工作业绩	客户开发计划完成率	10	10%	百分率(%)	考核期内,客户开发计划完成率达到____%以上,每降低____%,扣____分		X_1
	客户开发数量	10	10%	数量	考核期内,客户开发数量达到____个以上,每降低____个,扣____分		X_2
	客户满意度	10	10%	分	考核期内,客户满意度达到____分以上,每降低____分,扣____分		X_3
	大客户数量	10	10%	数量	考核期内,大客户数量达到____个以上,每降低____个,扣____分		X_4
	客户开发费用控制	10	10%	百分率(%)	考核期内,客户开发费用低于____%,每超过____%,扣____分		X_5

续表

考核项目	考核指标	分值	权重	计量单位	考核量化标准	得分
工作业绩	客户投诉次数	10	10%	频次	考核期内,客户投诉次数不超过____次,每超过____次,扣____分	X_6
	大客户流失数量	10	10%	数量	考核期内,大客户流失数量不超过____个,每超过____个,扣____分	X_7
工作能力	应变能力	10	10%	分	考核期内,应变能力评价达到____分以上,每降低____分,扣____分	X_8
	沟通能力	5	5%	分	考核期内,沟通能力评价达到____分以上,每降低____分,扣____分	X_9
工作态度	服务意识	5	5%	分	考核期内,服务意识评价达到____分以上,每降低____分,扣____分	X_{10}
	工作责任心	5	5%	分	考核期内,工作责任心评价达到____分以上,每降低____分,扣____分	X_{11}
	工作积极性	5	5%	分	考核期内,工作积极性评价达到____分以上,每降低____分,扣____分	X_{12}
计算公式	考核得分=$X_1 \times 10\% + X_2 \times 10\% + X_3 \times 10\% + \cdots + X_{12} \times 5\%$				考核得分	
被考核人			考核人		复核人	
签字:____ 日期:____			签字:____ 日期:____		签字:____ 日期:____	

10.5 客户关系员绩效考核

10.5.1 客户关系员考核关键指标

客户关系员考核关键指标如表10-11所示。

表10-11 客户关系员考核关键指标

考核项目	KPI名称	指标定义或计算公式	考核周期	信息来源
工作业绩	客户拜访计划完成率	$\dfrac{实际拜访客户数量}{计划拜访客户数量} \times 100\%$	季/年度	客户拜访计划书
	每月客户拜访次数	考核期内每月拜访客户的次数	月度	客户拜访记录表
	客户投诉次数	考核期内客户投诉次数	月/季度	客户投诉统计表
	客户回访次数	考核期内每月客户回访总次数	月度	客户回访记录表
	客户满意度	考核期内客户对服务的满意度	季/年度	客户满意度调查表
	客户资料保管	对客户资料的有效保管,不遗失或出差错	月/季度	客户资料统计表
	客户投诉处理及时率	对客户的投诉处理的平均时间	月/季度	客户投诉处理记录

续表

考核项目	KPI名称	指标定义或计算公式	考核周期	信息来源
工作业绩	客户咨询服务	对客户的咨询耐心进行解答	月/季度	客户咨询调查表
	客户保有率	$\dfrac{期末客户数量}{期初客户数量}\times 100\%$	月/季度	客户数量统计表
工作能力	执行能力	根据工作计划和领导指示,全面、迅速、保质保量地完成工作任务	季/年度	绩效考核表
	沟通能力	可以同客户进行良好的沟通	季/年度	绩效考核表
	应变能力	能对事物的发展变化采取必要的应对措施	季/年度	绩效考核表
工作态度	工作主动性	积极完成分内工作,并主动承担公司内部的额外工作	季/年度	绩效考核表
	工作协作性	除与同事积极合作外,还能在公司内部营造团结合作的工作氛围	季/年度	绩效考核表
	组织纪律性	严于律己,为其他员工遵守规章制度及劳动纪律起到模范带头作用	季/年度	绩效考核表
	服务意识	接待客户时,热情、周到、细致,能够详细解答客户提出的问题	季/年度	绩效考核表
	工作责任心	对本职工作认真负责,能主动对客服工作中的问题进行分析和决策	季/年度	绩效考核表

10.5.2 客户关系员绩效考核量表

客户关系员绩效考核量表如表10-12所示。

表10-12 客户关系员绩效考核量表

客户关系员绩效考核量表					考核日期		
被考核人					考核人		
考核项目	考核指标	分值	权重	计量单位	考核量化标准		得分
工作业绩	客户拜访计划完成率	10	10%	百分率(%)	考核期内,客户拜访计划完成率达到____%以上,每降低____%,扣____分		X_1
	每月客户拜访次数	5	5%	频次	考核期内,每月客户拜访次数达到____次以上,每降低____次,扣____分		X_2
	客户投诉次数	5	5%	频次	考核期内,客户投诉次数不超过____次,每超过____次,扣____分		X_3
	客户回访次数	10	10%	频次	考核期内,客户回访次数达到____次,每降低____次,扣____分		X_4
	客户满意度	10	10%	分	考核期内,客户满意度达到____分以上,每降低____分,扣____分		X_5
	客户资料保管	5	5%	分	考核期内,客户资料保管达到____分以上,每降低____分,扣____分		X_6

续表

考核项目	考核指标	分值	权重	计量单位	考核量化标准	得分
工作业绩	客户投诉处理及时率	5	5%	百分率（%）	考核期内，客户投诉处理及时率达到____%以上，每降低____%，扣____分	X_7
	客户咨询服务	5	5%	分	考核期内，客户咨询服务评价达到____分以上，每降低____分，扣____分	X_8
	客户保有率	5	5%	百分率（%）	考核期内，客户保有率达到____%以上，每降低____%，扣____分	X_9
工作能力	执行能力	5	5%	分	考核期内，执行能力评价达到____分以上，每降低____分，扣____分	X_{10}
	沟通能力	5	5%	分	考核期内，沟通能力评价达到____分以上，每降低____分，扣____分	X_{11}
	应变能力	5	5%	分	考核期内，应变能力评价达到____分以上，每降低____分，扣____分	X_{12}
工作态度	工作主动性	5	5%	分	考核期内，工作主动性评价达到____分以上，每降低____分，扣____分	X_{13}
	工作协作性	5	5%	分	考核期内，工作协作性评价达到____分以上，每降低____分，扣____分	X_{14}
	组织纪律性	5	5%	分	考核期内，组织纪律性评价达到____分以上，每降低____分，扣____分	X_{15}
	服务意识	5	5%	分	考核期内，服务意识评价达到____分以上，每降低____分，扣____分	X_{16}
	工作责任心	5	5%	分	考核期内，工作责任心评价达到____分以上，每降低____分，扣____分	X_{17}
计算公式	考核得分＝$X_1×10\%+X_2×5\%+X_3×5\%+\cdots+X_{17}×5\%$				考核得分	
被考核人			考核人		复核人	
签字：_____ 日期：_____			签字：_____ 日期：_____		签字：_____ 日期：_____	

10.6 售后主管绩效考核

10.6.1 售后主管考核关键指标

售后主管考核关键指标如表 10-13 所示。

表 10-13 售后主管考核关键指标

考核项目	KPI 名称	指标定义或计算公式	考核周期	信息来源
售后服务管理	售后服务计划完成率	$\dfrac{实际完成的售后服务计划}{规定要完成的售后服务计划} \times 100\%$	月/季度	工作日记
	售后服务一次成功率	$\dfrac{售后服务一次成功次数}{售后服务总次数} \times 100\%$	月/季度	售后服务统计表
	售后服务流程改进目标达成率	$\dfrac{实际实现目标数}{计划实现目标数} \times 100\%$	季/年度	售后服务质量报告
	维修处理及时率	$\dfrac{实际维修处理时间}{计划维修处理时间} \times 100\%$	月/季度	维修处理统计表
	售后服务回访率	$\dfrac{实际回访次数}{计划回访次数} \times 100\%$	月/季度	售后服务回访记录单
	售后服务响应时间	接到客户的送货安装、维修、退换货和技术性咨询服务等要求后,及时安排人员进行解决所需要的时间	月/季度	售后服务处理统计表
	媒体正面曝光率	$\dfrac{媒体正面曝光次数}{媒体曝光总次数} \times 100\%$	季/年度	媒体曝光统计表
售后服务费用管理	预算编制一次性通过率	$\dfrac{一次性通过预算数}{提交审批的预算数} \times 100\%$	季/年度	财务报告
	售后服务费用控制率	$\dfrac{实际售后服务费用}{计划售后服务费用} \times 100\%$	季/年度	财务报告
	服务款项回收率	$\dfrac{实际收回服务款项}{计划收回服务款项} \times 100\%$	季/年度	财务报告
售后服务质量报告	服务质量报告提交及时率	$\dfrac{实际提交时间}{计划提交时间} \times 100\%$	季/年度	报告提交记录
	服务质量报告效果	根据上级领导的评价得分获得	季/年度	满意度调查表
个人发展	培训项目参与率	$\dfrac{实际参与培训项目}{计划参与培训项目} \times 100\%$	月/季度	培训记录
	培训计划完成率	$\dfrac{已完成培训项目}{计划培训项目} \times 100\%$	月/季度	培训记录
	建议被领导采纳率	$\dfrac{实际采纳建议数}{提供建议的总量} \times 100\%$	季/年度	合理化建议统计表

10.6.2 售后主管绩效考核量表

售后主管绩效考核量表如表 10-14 所示。

表 10-14 售后主管绩效考核量表

售后主管绩效考核量表					考核日期	
被考核人					考核人	
考核项目	考核指标	分值	权重	计量单位	考核量化标准	得分
售后服务管理	售后服务计划完成率	10	5%	百分率(%)	考核期内,售后服务计划完成率达___%,每降低___%,扣___分	X_1
	售后服务一次成功率	10	5%	百分率(%)	考核期内,售后服务一次成功率达到___%,每降低___%,扣___分	X_2
	售后服务流程改进目标达成率	5	5%	百分率(%)	考核期内,售后服务流程改进目标达成率达到___%,每降低___%,扣___分	X_3
	维修处理及时率	5	5%	百分率(%)	考核期内,维修处理及时率达到___%,每降低___%,扣___分	X_4
	售后服务回访率	5	5%	百分率(%)	考核期内,售后服务回访率达到___%,每降低___%,扣___分	X_5
	售后服务响应时间	5	5%	频次	考核期内,由于响应时间慢影响服务的情况每出现一次,扣___分	X_6
	媒体正面曝光率	10	10%	百分率(%)	考核期内,媒体正面曝光率达到___%,每降低___%,扣___分	X_7
售后服务费用管理	预算编制一次性通过率	5	5%	百分率(%)	考核期内,预算编制一次性通过率达到___%,每降低___%,扣___分	X_8
	售后服务费用控制率	10	15%	百分率(%)	考核期内,售后服务费用控制率达到___%,每降低___%,扣___分	X_9
	服务款项回收率	10	15%	百分率(%)	考核期内,服务款项回收率达到___%,每降低___%,扣___分	X_{10}
售后服务质量报告	服务质量报告提交及时率	5	5%	百分率(%)	考核期内,服务质量报告提交及时率达到___%,每降低___%,扣___分	X_{11}
	服务质量报告效果	5	5%	分	考核期内,服务质量报告效果达到___分,每降低___分,扣___分	X_{12}
个人发展	培训项目参与率	5	5%	百分率(%)	考核期内,培训项目参与率达到___%,每增加___%,扣___分	X_{13}
	培训计划完成率	5	5%	百分率(%)	考核期内,培训计划完成率达到___%,每降低___%,扣___分	X_{14}
	建议被领导采纳率	5	5%	百分率(%)	考核期内,建议被领导采纳率达到___%,每降低___%,扣___分	X_{15}
计算公式	考核得分=$X_1 \times 5\% + X_2 \times 5\% + X_3 \times 5\% + \cdots + X_{15} \times 5\%$				考核得分	
	被考核人			考核人		复核人
	签字:_____ 日期:_____			签字:_____ 日期:_____		签字:_____ 日期:_____

10.7 客户投诉员绩效考核

10.7.1 客户投诉员考核关键指标

客户投诉员考核关键指标如表10-15所示。

表10-15 客户投诉员考核关键指标

考核项目	KPI名称	指标定义或计算公式	考核周期	信息来源
客户投诉受理	投诉处理平均用时	公司规定有效解决客户投诉的平均时间	月/季度	工作日记
客户投诉受理	投诉处理及时率	$\dfrac{\text{及时受理客户的次数}}{\text{受理客户的总次数}} \times 100\%$	月/季度	投诉处理统计表
客户投诉受理	客户意见反馈及时率	$\dfrac{\text{标准时间内反馈客户意见的次数}}{\text{需反馈客户意见的总次数}} \times 100\%$	月/季度	客户意见反馈记录表
投诉问题解决	投诉问题解决率	$\dfrac{\text{实际解决投诉问题数}}{\text{需解决投诉问题总量}} \times 100\%$	月/季度	投诉处理统计表
投诉问题解决	投诉解决满意率	$\dfrac{\text{客户投诉解决的满意次数}}{\text{解决客户投诉的总次数}} \times 100\%$	月/季度	满意度调查表
投诉问题解决	投诉回访率	$\dfrac{\text{实际回访数量}}{\text{应回访客户数量}} \times 100\%$	月/季度	投诉回访记录表
投诉问题解决	客户满意度	接受调研的客户对售后主管工作满意度评分的算术平均值	月/季度	满意度调查表
投诉记录	投诉记录上交及时率	$\dfrac{\text{实际上交时间}}{\text{计划上交时间}} \times 100\%$	月/季度	投诉上交记录
投诉记录	投诉记录真实性	所交回的投诉记录是否存在作假或涂改	月/季度	投诉记录统计
投诉客户资料管理	投诉客户信用管理准确情况	投诉客户信用等级评估是否准确	月/季度	客户资料档案
投诉客户资料管理	投诉客户资料完整性	投诉客户资料是否按时、准确、全面存档	月/季度	客户资料档案

10.7.2 客户投诉员绩效考核量表

客户投诉员绩效考核量表如表10-16所示。

表10-16 客户投诉员绩效考核量表

客户投诉员绩效考核表				考核日期		
被考核人				考核人		
考核项目	考核指标	分值	权重	计量单位	考核量化标准	得分
客户投诉受理	投诉处理平均用时	5	5%	时间	考核期内,投诉处理平均用时控制在____小时内,每超出____小时,扣____分	X_1

续表

考核项目	考核指标	分值	权重	计量单位	考核量化标准	得分
客户投诉受理	投诉处理及时率	10	10%	百分率（%）	考核期内，投诉处理及时率达到____%，每降低____%，扣____分	X_2
	客户意见反馈及时率	15	10%	百分率（%）	考核期内，客户意见反馈及时率达到____%，每降低____%，扣____分	X_3
投诉问题解决	投诉问题解决率	15	20%	百分率（%）	考核期内，投诉问题解决率达到____%，每降低____%，扣____分	X_4
	投诉解决满意率	10	15%	百分率（%）	考核期内，投诉解决满意率达到____%，每降低____%，扣____分	X_5
	投诉回访率	10	10%	百分率（%）	考核期内，投诉回访率达到____%，每降低____%，扣____分	X_6
	客户满意度	10	10%	分	考核期内，客户满意度达到____分，每降低____分，扣____分	X_7
投诉记录	投诉记录上交及时率	5	5%	百分率（%）	考核期内，投诉记录上交及时率达到____%，每降低____%，扣____分	X_8
	投诉记录真实性	10	5%	频次	考核期内，投诉记录无作假或涂改，每发现一次伪报，扣____分	X_9
投诉客户资料管理	投诉客户信用管理准确情况	5	5%	频次	考核期内，信用等级评估准确，每发现一次信用评估不准确或授信错误，扣____分	X_{10}
	投诉客户资料完整性	5	5%	频次	考核期内，每出现一个投诉客户资料缺少的情况，扣____分	X_{11}
计算公式	考核得分 = $X_1 \times 5\% + X_2 \times 10\% + X_3 \times 10\% + \cdots + X_{11} \times 5\%$				考核得分	

被考核人	考核人	复核人
签字：____ 日期：____	签字：____ 日期：____	签字：____ 日期：____

10.8 客户信息员绩效考核

10.8.1 客户信息员考核关键指标

客户信息员考核关键指标如表 10-17 所示。

表 10-17 客户信息员考核关键指标

考核项目	KPI 名称	指标定义或计算公式	考核周期	信息来源
客户信息管理运行	客户信息管理系统良好运行率	$\dfrac{客户信息管理系统正常运行时间}{客户信息管理系统总运行时间} \times 100\%$	月/季度	客户信息管理系统运行记录
	客服信息传递及时率	$\dfrac{标准时间内传递信息次数}{需要向相关部门传递信息总次数} \times 100\%$	月/季度	客户信息传递登记表

续表

考核项目	KPI 名称	指标定义或计算公式	考核周期	信息来源
客户信息管理运行	客户信息完整率	$\dfrac{客户信息总项数-客户信息漏项}{客户信息总项数}\times100\%$	月/季/年度	客户信息登记
	客户信息有效率	$\dfrac{客户信息可供参考项数}{客户详细总项数}\times100\%$	月/季度	客户信息管理系统运行记录
客户分析报告管理	客户分析报告提交及时率	$\dfrac{客户分析报告及时提交次数}{需提交客户分析报告总数}\times100\%$	月/季/年度	报告上报单
	客户分析报告合格率	$\dfrac{客户分析报告合格项数}{客户分析报告总项数}\times100\%$	月/季/年度	报告审核单
客户资料信息管理	客户信息归档率	$\dfrac{客户资料实际归档数}{客户资料应当归档数}\times100\%$	月/季/年度	客户信息归档登记

10.8.2 客户信息员绩效考核量表

客户信息员绩效考核量表如表 10-18 所示。

表 10-18 客户信息员绩效考核量表

客户信息员绩效考核量表					考核日期		
被考核人					考核人		
考核项目	考核指标	分值	权重	计量单位	考核量化标准		得分
客户信息管理运行	客户信息管理系统良好运行率	25	30%	百分率（%）	考核期内，客户信息管理系统良好运行率达到____%，每降低____%，扣____分		X_1
	客服信息传递及时率	15	20%	百分率（%）	考核期内，客服信息传递及时率达到____%，每降低____%，扣____分		X_2
	客户信息完整率	10	10%	百分率（%）	考核期内，客户信息完整率达到____%，每降低____%，扣____分		X_3
	客户信息有效率	15	15%	百分率（%）	考核期内，客户信息有效率达到____%，每降低____%，扣____分		X_4
客户分析报告管理	客户分析报告提交及时率	15	5%	百分率（%）	考核期内，客户分析报告提交及时率达到____%，每降低____%，扣____分		X_5
	客户分析报告合格率	10	5%	百分率（%）	考核期内，客户分析报告合格率达到____%，每降低____%，扣____分		X_6
客户资料信息管理	客户信息归档率	10	15%	百分率（%）	考核期内，客户信息归档率达到____%，每降低____%，扣____分		X_7
计算公式	考核得分=$X_1\times30\%+X_2\times20\%+X_3\times10\%+\cdots+X_7\times15\%$					考核得分	
被考核人			考核人			复核人	
签字：_____ 日期：_____			签字：_____ 日期：_____			签字：_____ 日期：_____	

Chapter 11

第11章

中小企业财务绩效考核

11.1 财务产部门绩效考核

11.1.1 财务部门绩效考核标准

(1) 财务部职能等级标准

财务部职能等级标准如表 11-1 所示。

表 11-1 财务部职能等级标准

职能等级	知识		技能	
	基本知识	专业知识	技术	能力
5级	熟悉公司法、税法、经济法、证券法以及国家颁布的有关财务法律、法规等，熟悉银行、税务等单位的工作程序和工作标准	①有扎实的财务会计或金融专业知识 ②熟练掌握财务管理、行政管理、金融、统计、审计等专业知识	能熟练运用财务管理、财务分析及财务控制的相关技术或方法	具有很强的决策能力、财务规划能力、团队建设能力、计划能力和财务分析、财务控制能力
4级	熟悉国家财务法律、法规、章程和方针、政策，熟悉会计法、税法、金融法等相关法律法规及政策	①熟悉会计、财务管理等专业知识 ②熟悉会计核算、成本核算、税务等知识	能运用专业知识进行日常财务管理、财务分析及财务控制	具备较强的逻辑思维能力、分析判断能力、沟通协调能力、财务分析能力
3级	了解国家财务法律、法规、章程和方针、政策，了解会计法、税法、金融法等相关法律法规及政策	①了解会计、财务管理等专业知识 ②了解审计、税务、成本核算等专业知识	能运用专业知识进行日常财务管理、财务分析及财务控制	有较强的业务办理能力、沟通协调能力、组织协调能力、分析判断能力
2级	了解部分财务法律、法规、章程和方针、政策及会计法、税法、金融法等相关法律法规及政策	①了解部分会计、财务管理等专业知识 ②了解部分审计、税务、成本核算等知识	掌握一定的专业知识运用技术、财务分析及财务控制技术	有一定的业务执行能力、沟通协调能力、财务分析能力
1级	了解部分财务政策及会计法、税法、金融法等相关法律法规知识	了解部分会计、财务管理、审计、税务、成本核算等专业知识	掌握一定的财务专业知识运用技术	有一定的执行能力、沟通协调能力

(2) 财务部职位等级标准

财务部职位等级标准如表 11-2 所示。

表 11-2 财务部职位等级标准

等级	职位等级		工作内容
5级	高级管理工作	财务经理	①财务规划 ②财务分析 ③费用预算 ④财务控制 ⑤纳税管理

续表

等级	职位等级		工作内容
4~3级	中级管理工作	财务主管	①财务预算管理 ②财务报告管理 ③会计业务管理 ④税务管理 ⑤审计管理
		会计主管	①报表凭证管理 ②固定资产管理 ③成本分析及报告编写提交 ④账务管理
		税务主管	①纳税核算与申报 ②税务关系协调 ③企业纳税分析、筹划 ④纳税报表、报告编制
		审计主管	①审计计划、方案、制度编制 ②对各项财务收支账务、专项资金使用等实施审计 ③开展审计调查、分析并撰写审计报告 ④审计问题处理
2~1级	初级管理工作	出纳员	①现金收支、凭证、账务管理 ②重要章证保管 ③报销手续、票据管理 ④银行存转结业务办理 ⑤银行存转结账务处理

（3）财务部绩效考核标准

财务部绩效考核标准如表11-3所示。

表11-3 财务部绩效考核标准

考核项目	绩效考核标准	考核等级
工作质量	财务部提供的各种报表、分析报告等正确率非常高,从未出现过错误	A
	财务部提供的各种报表、分析报告等正确率比较高,偶尔出现过错误	B
	财务部提供的报表正确率比较高,基本无错误,但分析报告不够深入	C
	财务部提供的报表正确率比较高,基本无错误,但分析报告内容较浮浅	D
	财务部提供的报表正确率一般,分析报告也不够深入	E
工作数量	财务部工作量非常大,部门员工每天都存在加班赶工的现象	A
	财务部工作量比较大,部门大部分员工每天需要加班才能完成工作	B
	财务部工作量合理,部门员工偶尔需要加班方可完成工作	C
	财务部工作量偏低,部门员工不需要加班即可正常完成	D
	财务部工作量很低,部门大多数员工存在一定的空闲时间	E

续表

考核项目	绩效考核标准	考核等级
工作效率	工作效率非常高,工时利用率达95%(含)及以上	A
	工作效率比较高,工时利用率达90%(含)~95%	B
	工作效率一般,工时利用率达80%(含)~90%	C
	工作效率偏低,工时利用率达70%(含)~80%	D
	工作效率很低,工时利用率达60%(含)~70%	E
工作态度	部门员工工作态度非常好,部门工作总能积极主动提前完成	A
	部门员工工作态度比较好,部门工作基本能积极主动提前完成	B
	部门员工工作态度一般,部门工作基本能主动完成	C
	部门员工工作态度还可以,部门工作基本能完成,但需要催促	D
	部门员工工作态度比较差,部门工作需要催促才能完成,且有错误	E
工作能力	具有很强的财务分析、财务控制能力,部门工作总能保质保量提前完成	A
	具有较强的财务分析、财务控制能力,部门工作总能保质保量按时完成	B
	具有较强的财务分析能力,部门工作基本能保质保量按时完成	C
	工作能力一般,部门工作基本可以保质保量完成	D
	有一定的工作能力,需要一定的指导方可完成工作	E

11.1.2 财务部门考核关键指标

财务部门考核关键指标如表 11-4 所示。

表 11-4 财务部门考核关键指标

考核维度	KPI 名称	指标定义或计算公式	考核周期	信息来源
财务管理	公司财务预算达成率	$\dfrac{公司实际年度支出}{公司预算年度支出}\times 100\%$	月/季/年度	预算报表
	财务费用降低率	$\dfrac{财务费用降低额}{财务费用预算额}\times 100\%$	月/季/年度	费用支出记录
	净资产收益率	$\dfrac{平均股东收益}{净利润}\times 100\%$	年度	财务报表
内部运营管理	账务处理及时性	财务处理未在规定时间内完成的次数	月/季度	财务处理记录
	现金收支准确性	现金收支出错次数	月/季度	出错记录
	投融资计划完成率	$\dfrac{实际投融资数额}{计划投融资数额}\times 100\%$	季/年度	计划执行记录
	应收账款周转率	$\dfrac{营业收入}{平均应收账款金额}\times 100\%$	季/年度	周转记录

续表

考核维度	KPI名称	指标定义或计算公式	考核周期	信息来源
内部运营管理	应收账款回收率	$\dfrac{应收账款回收额}{应收账款总金额}\times 100\%$	月/季/年度	回收记录
	财务资料完好性	财务资料损坏、丢失、泄露的次数	月/季/年度	检查记录
	税务审计工作有效性	税务审计工作遵守国家政策,客观、真实	月/季/年度	审计部反馈记录
	部门员工任职资格达标率	$\dfrac{部门员工达标人数}{部门员工总人数}\times 100\%$	年度	评估考核记录
客户管理	外部客户满意度	外部合作单位对财务部工作满意度评分的算术平均值	月/季/年度	满意度调查表
	内部协作部门满意度	内部各业务部门对财务部的协作、配合程度满意情况	月/季/年度	满意度调查表
员工学习与发展	部门培训计划完成率	$\dfrac{实际完成的培训项目(次数)}{计划培训的项目(次数)}\times 100\%$	月/季/年度	培训记录

11.1.3　财务部门绩效考核方案

下面是某企业财务部门绩效考核方案。

财务部门绩效考核方案

编　号：　　　　编制部门：　　　　审批人员：　　　　　　审批日期：　　年　月　日

一、方案制定依据
财务部门绩效考核方案的编制主要参照以下依据。
（一）公司发展目标及财务部部门发展目标以及财务部各职位工作职责。
（二）上期绩效考核实施结果及完善意见。
二、管理职责
财务部人员的绩效考核管理小组由总经理、财务经理、人力资源部绩效专员共同组成。
（一）总经理负责审批财务部绩效考核结果及绩效评估报告。
（二）人力资源部负责绩效考核前期的组织培训,考核过程中的监督指导以及考核结果的汇总整理等工作。
（三）财务经理负责配合人力资源部做好财务部的绩效考核工作,具体包括组织、实施本部门员工的绩效工作,客观公正地对下属进行考核等。
三、考核原则
财务部的绩效考核遵循以下三大原则。
（一）三公原则。即公开公平与公正原则。
（二）客观原则。即考核内容与成绩须客观属实,源于工作,用于工作。
（三）反馈沟通原则。绩效考核结果要用于反馈绩效表现与问题沟通。
四、考核内容
财务部的考核内容根据职位不同而确定不同的考核内容主要包括经理职位的考核和普通员工的考核。
（一）财务部经理职位的考核内容。
财务经理绩效考核维度主要包括以下四个方面,并针对不同的考核内容,确定合适的指标权重。
1. 财务管理。考核期内,财务部对公司经营管理收入或费用支出控制目标的达成情况。
2. 客户管理。公司内部各业务部门,公司外部合作单位等对财务部工作的满意程度达成情况。

续表

3. 内部运营管理。财务部部门或职位考核期重点工作的执行情况。
4. 员工学习与发展。部门或职位业务能力和创新能力的提升情况。
（二）普通员工职位的考核内容。
财务部其他员工的绩效考核指标体系主要包括以下三个方面。
1. 工作业绩。
工作业绩主要是指本职工作完成情况，从工作效率、工作质量和产生效益等方面衡量。
2. 知识技能。
知识技能是指财务员工胜任本职位所应具备的基本知识和技能。

财务人员工作知识和技能考核内容

考核项目	项目说明
知识	用于业务操作的基础知识，如法律法规、财务规范、会计原则等
技术	编制财务报表、装订凭证、操作财务系统等相关的技术

3. 工作态度。
工作态度是指员工对工作所持的评价与行为倾向，从工作认真程度、努力程度、责任心、主动性等衡量。对财务人员的工作态度考核要点，如下表所示。

财务人员工作态度考核内容

考核项目	项目说明
人品	工作中有否言而无信行为，以及重大不良品德体现等
责任心	有否因为个人主观态度原因，导致重大事故出现

五、考核实施
（一）方法选择。
财务人员的绩效考核方法主要采用平衡计分卡、关键业绩指标结合目标管理法。
（二）实施程序。

考核实施程序

序号	考核程序	具体实施内容
1	考前宣传	在正式开始考核之前，人力资源部对财务人员进行绩效考核沟通，明确考核目标与考核标准
2	过程指导	考核期内财务部经理要对财务人员进行绩效指导，以保证其努力方向不偏离部门目标主线，以便于财务人员个人绩效目标和部门绩效考核目标的顺利达成，人力资源部监督执行过程
3	自我评定	人力资源部在考核期结束前向财务部下发考核表，指导财务人员对照绩效目标进行自我评价
4	领导考核	财务人员完成自我考核之后上交考核表，由直接领导对照绩效目标进行考评

六、考核申诉
（一）被考核者如对考核结果不清楚或者持有异议，可以采取书面形式向人力资源部申诉，申诉书内容包括申诉人姓名、所在职位、申诉事项、申诉理由。
（二）人力资源部接到员工申诉后，应在三个工作日内做出是否受理的答复，对于申诉事项无客观事实依据，仅凭主观臆断的申诉不予受理。
（三）受理的申诉事件，首先由考核专员对员工申诉内容进行调查，然后与员工直接上级、共同上级或所直接领导进行协调、沟通。不能协调的上报人力资源部领导进行协调。人力资源部领导根据申诉具体情况，在接到申诉书的十个工作日内明确答复申诉人申诉处理结果。

实施对象：		实施日期：	年 月 日

11.2 财务经理绩效考核

11.2.1 财务经理考核关键指标

财务经理考核关键指标如表11-5所示。

表 11-5 财务经理考核关键指标

考核维度	KPI名称	指标定义或计算公式	考核周期	信息来源
财务管理	公司财务预算达成率	$\dfrac{公司实际年度支出}{公司预算年度支出} \times 100\%$	月/季/年度	预算报表及支出凭单
	应收账款回收率	$\dfrac{应收账款回收额}{应收账款占用额} \times 100\%$	月/季/年度	回收记录
内部运营管理	部门工作计划完成率	$\dfrac{客服工作计划实际完成量}{客服工作计划应完成量} \times 100\%$	月/季/年度	工作计划完成记录
	账务处理及时性	财务处理未在规定时间内完成的次数	月/季度	账务处理记录
	现金收支准确性	现金收支错次数	月/季度	收支登记
	税务审计工作有效性	税务审计工作遵守国家政策,客观、真实	年度	审计部门意见反馈记录
	财务分析准确度	分析报告对公司整体财务状况分析出错次数	年度	分析报告
客户管理	外部客户满意度	$\dfrac{评分满意问卷数量}{有效问卷总数量} \times 100\%$	季/年度	满意度调查表
	内部协作部门满意度	$\dfrac{评分满意问卷数量}{有效问卷总数量} \times 100\%$	季/年度	满意度调查表
员工学习与发展	部门培训计划完成率	$\dfrac{实际完成的培训项目(次数)}{计划培训的项目(次数)} \times 100\%$	月/季/年度	培训记录
	员工任职资格考核达标率	$\dfrac{当期任职资格考核达标的员工数}{当期员工总数} \times 100\%$	年度	员工考核成绩记录

11.2.2 财务经理绩效考核量表

财务经理绩效考核量表如表11-6所示。

表 11-6 财务经理绩效考核量表

财务经理绩效考核量表					考核日期		
被考核人					考核人		
考核维度	考核指标	分值	权重	计量单位	考核量化标准		得分
财务管理	公司财务预算达成率	20	20%	百分率(%)	考核期内,公司财务预算达成率达到____%,每降低____%,扣____分		X_1
	应收账款回收率	10	10%	百分率(%)	考核期内,应收账款回收率达到____%,每降低____%,扣____分		X_2

续表

考核维度	考核指标	分值	权重	计量单位	考核量化标准	得分
内部运营管理	部门工作计划完成率	10	10%	百分率（%）	考核期内，部门工作计划完成率达到____%，每降低____%，扣____分	X_3
	账务处理及时性	10	10%	频次	考核期内，及时处理各项账务，每出现一次未及时处理，扣____分	X_4
	现金收支准确性	10	10%	频次	考核期内，保证每笔现金收支准确，每出现一次差错，扣____分	X_5
	税务审计工作有效性	10	10%	频次	考核期内，税务审计每发现一次未遵守国家政策法规，扣____分	X_6
	财务分析准确度	10	10%	频次	考核期内，财务分析准确度达到100%，每出现一次差错，扣____分	X_7
客户管理	外部客户满意度	5	5%	百分率（%）	考核期内，外部客户满意度达到____%，降低____%，扣____分	X_8
	内部协作部门满意度	5	5%	百分率（%）	考核期内，内部协作部门满意度达到____%，每降低____%，扣____分	X_9
员工学习与发展	部门培训计划完成率	5	5%	百分率（%）	考核期内，部门培训计划完成率达到____%，每降低____%，扣____分	X_{10}
	员工任职资格考核达标率	5	5%	百分率（%）	考核期内，员工任职资格考核达标率到____%，每降低____%，扣____分	X_{11}
计算公式	考核得分 = $X_1 \times 20\% + X_2 \times 10\% + X_3 \times 10\% + \cdots + X_{11} \times 5\%$				考核得分	

被考核人	考核人	复核人
签字：_____ 日期：_____	签字：_____ 日期：_____	签字：_____ 日期：_____

11.3 财务主管绩效考核

11.3.1 财务主管考核关键指标

财务主管考核关键指标如表 11-7 所示。

表 11-7 财务主管考核关键指标

考核项目	KPI 名称	指标定义或计算公式	考核周期	信息来源
费用管理	公司财务预算达成率	$\dfrac{公司实际年度支出}{公司预算年度支出} \times 100\%$	月/季/年度	预算报表及支出凭单
	财务费用降低率	$\dfrac{财务费用降低额}{财务费用预算额} \times 100\%$	年度	预算报表及支出凭单
税务工作管理	税务账务处理差错率	$\dfrac{税务账务处理出错次数}{处理总次数} \times 100\%$	月/季/年度	税务账务处理差错记录
	税务报表提交及时率	$\dfrac{税务报表及时提交次数}{税务报表提交总次数} \times 100\%$	月/季/年度	税务报表提交记录

续表

考核项目	KPI 名称	指标定义或计算公式	考核周期	信息来源
报告报表预算管理	财务分析报告提交及时率	$\dfrac{财务分析报告及时提交数}{财务分析报告提交总次数}\times100\%$	季/年度	财务分析报告提交记录
	会计报表编制准确性	财务涉及的各种会计报表项目编制准确无误，具备使用价值	月/季/年度	会计报表
	财务预算编制及时率	$\dfrac{及时编制财务预算次数}{财务预算编制总次数}\times100\%$	月/季/年度	财务预算表
审计工作管理	审计意见执行及时性	对审计意见认真落实、执行，并在规定时间内将落实情况函告审计机关	年度	审计人员反馈记录
工作能力	软件使用能力	能熟练操作财务部各种账务管理软件	月/季/年度	咨询记录
	财务分析能力	能根据企业财务支付状况，深入展开分析且分析结果能作为领导决策依据	季/年度	财务分析报告
工作态度	工作责任心	能主动对财务工作中出现的问题进行寻根究底	月/季/年度	问题记录
	工作积极性	本职工作能积极主动地提前做好计划并严格按照计划执行	月/季/年度	工作计划

11.3.2 财务主管绩效考核量表

财务主管绩效考核量表如表 11-8 所示。

表 11-8 财务主管绩效考核量表

财务主管绩效考核量表					考核日期		
被考核人					考核人		
考核项目	考核指标	分值	权重	计量单位	考核量化标准		得分
费用管理	公司财务预算达成率	15	15%	百分率（%）	考核期内，公司财务预算达成率达到____%，每降低____%，扣____分		X_1
	财务费用降低率	15	15%	百分率（%）	考核期内，财务费用降低率达到____%，每降低____%，扣____分		X_2
税务工作管理	税务账务处理差错率	15	15%	百分率（%）	考核期内，税务账务处理差错率低于____%，每超出____%，扣____分		X_3
	税务报表提交及时率	10	10%	百分率（%）	考核期内，税务报表提交及时率达到____%，每降低____%，扣____分		X_4
报告报表预算管理	财务分析报告提交及时率	5	5%	百分率（%）	考核期内，分析报告提交及时率达到____%，每降低____%，扣____分		X_5
	会计报表编制准确性	5	5%	频次	考核期内，会计报表编制准确无误，每出现一次差错，扣____分		X_6
	财务预算编制及时率	10	10%	百分率（%）	考核期内，财务预算编制及时率达到____%，每降低____%，扣____分		X_7

续表

考核项目	考核指标	分值	权重	计量单位	考核量化标准	得分
审计工作管理	审计意见执行及时性	5	5%	频次	考核期内,每发现一次未及时执行审计意见,扣___分	X_8
工作能力	软件使用能力	5	5%	频次	考核期内,每发现一次财务相关软件不会操作,扣___分	X_9
工作能力	财务分析能力	5	5%	频次	考核期内,每出现一次领导反映财务分析报告分析无效,扣___分	X_{10}
工作态度	工作责任心	5	5%	频次	考核期内,对财务工作中出现的问题不主动解决或上报,每发生一次,扣___分	X_{11}
工作态度	工作积极性	5	5%	频次	考核期内,没有主动制订工作计划并按计划执行各项工作内容,每发生一次,扣___分	X_{12}
计算公式	考核得分=$X_1\times15\%+X_2\times15\%+X_3\times15\%+\cdots+X_{12}\times5\%$				考核得分	
被考核人			考核人		复核人	
签字:____ 日期:____			签字:____ 日期:____		签字:____ 日期:____	

11.4 会计主管绩效考核

11.4.1 会计主管考核关键指标

会计主管考核关键指标如表 11-9 所示。

表 11-9 会计主管考核关键指标

考核项目	KPI 名称	指标定义或计算公式	考核周期	信息来源
报表管理	会计报表编制及时性	会计报表在规定的时间内完成	月/季/年度	财务报表提交时间
报表管理	会计报表编制准确性	会计报表出错次数	月/季/年度	会计报表出错记录
凭证管理	会计凭证编制准确性	会计凭证不符合编制规则,或不符合事实的数量	月/季/年度	会计凭证出错记录
凭证管理	凭证归档率	$\dfrac{会计凭证归档数}{会计凭证应归档的总数}\times100\%$	月/季/年度	归档记录
账务管理	总账登记及时性	在公司规定时间内完成总账登记次数	月/季/年度	登记记录
账务管理	账务登记与核算准确性	财务台账等各种账务数据、时间等信息登记准确无误	月/季/年度	各种账务登记出错记录
账务管理	对账、结账及时性	对账、结账未在规定时间内完成的次数	月/季/年度	对账、结账时间记录

续表

考核项目	KPI名称	指标定义或计算公式	考核周期	信息来源
纳税管理	申报及时性	在相关部门或本单位规定的时间内完成纳税工作的次数	月/季/年度	纳税申报时间记录
	数据准确性	每次纳税金额按规定的标准数据,不能出现差错	月/季/年度	纳税数据差错记录
客户管理	客户满意度	$\frac{评分满意问卷数量}{有效问卷总数量} \times 100\%$	季/年度	满意度调查表
工作能力	报表编制能力	能熟练并正确地编制财务部各种常用的报表	月/季度	报表提交检查记录
	软件使用能力	了解并能熟练操作财务管理涉及的各种账务管理软件	月/季/年度	咨询记录
工作态度	工作责任心	能主动对财务管理工作中出现的问题寻根究底,找到解决办法	月/季/年度	问题记录
	工作积极性	本职工作能主动提前做好计划并严格按计划执行	月/季/年度	工作计划

11.4.2 会计主管绩效考核量表

会计主管绩效考核量表如表11-10所示。

表11-10 会计主管绩效考核量表

会计主管绩效考核量表					考核日期		
被考核人					考核人		
考核项目	考核指标	分值	权重	计量单位	考核量化标准		得分
报表管理	会计报表编制及时性	15	15%	频次	考核期内,在规定的时间内完成会计报表编制,每有一次未及时编制,扣____分		X_1
	会计报表编制准确性	10	10%	频次	考核期内,会计报表编制准确度达到100%,每有一次差错,扣____分		X_2
凭证管理	会计凭证编制准确性	10	10%	数量	考核期内,会计凭证编制准确性达到100%,每有一次错误,扣____分		X_3
	会计凭证归档率	5	5%	百分率(%)	考核期内,会计凭证归档率达到____%,每降低____%,扣____分		X_4
账务管理	总账登记及时性	10	10%	频次	考核期内,100%及时登记总账每出现一次未及时登记,扣____分		X_5
	账务登记与核算准确性	10	10%	数量	考核期内,账务登记与核算准确性达到100%,每有一次差错,扣____分		X_6
	对账、结账及时性	5	5%	频次	考核期内,应及时完成对账结账工作,每有一次未及时处理,扣____分		X_7

续表

考核项目	考核指标	分值	权重	计量单位	考核量化标准	得分
纳税管理	纳税申报及时性	5	5%	频次	考核期内,纳税申报及时准确,每出现一次不及时,扣____分	X_8
	纳税数据准确性	5	5%	频次	考核期内,纳税数据准确无误,每出现一次差错,扣____分	X_9
客户管理	客户满意度	5	5%	百分率(%)	考核期内,客户满意度评价达到____%,每降低____%,扣____分	X_{10}
工作能力	报表编制能力	5	5%	频次	考核期内,每出现一次报表编制问题,扣____分	X_{11}
	软件使用能力	5	5%	频次	考核期内,每发现一次不会操作财务软件的技能问题,扣____分	X_{12}
工作态度	工作责任心	5	5%	频次	考核期内,每发现一次没有对问题及时自行分析或咨询解决,扣____分	X_{13}
	工作积极性	5	5%	频次	考核期内,每发现一次没有主动编制并执行工作计划,扣____分	X_{14}
计算公式	考核得分=$X_1 \times 15\% + X_2 \times 10\% + X_3 \times 10\% + \cdots + X_{14} \times 5\%$				考核得分	
被考核人			考核人		复核人	
签字:_____ 日期:_____			签字:_____ 日期:_____		签字:_____ 日期:_____	

11.5 税务主管绩效考核

11.5.1 税务主管考核关键指标

税务主管考核关键指标如表 11-11 所示。

表 11-11 税务主管考核关键指标

考核项目	KPI 名称	指标定义或计算公式	考核周期	信息来源
税金管理	税金核算准确率	$\dfrac{纳税核算准确次数}{税金核算总次数} \times 100\%$	月/季/年度	税金核算记录表
	纳税核算及时率	$\dfrac{及时纳税次数}{纳税总次数} \times 100\%$	月/季/年度	税金核算记录表
	税务筹划成效	因税务筹划不合理而使企业遭受经济损失或声誉损失的次数	季/年度	筹划记录
税务工作计划管理	税务工作计划完成率	$\dfrac{已完成的工作项数}{计划的工作项数} \times 100\%$	季/年度	计划执行记录
税务账务处理	税务账务处理差错率	$\dfrac{出现差错的工作次数}{税务账务处理工作次数} \times 100\%$	月/季度	差错记录

续表

考核项目	KPI名称	指标定义或计算公式	考核周期	信息来源
报表管理	报表编制及时性	在单位规定的时间完成报表编制	月/季度	报表
	报表报送及时性	在单位规定的时间将报表传递给相关部门或人员	月/季/年度	报表报送时间记录
	报表编制准确性	报表编制差错数量	月/季度	报表
事务协作	事务协作满意度	$\dfrac{\text{评分满意问卷数量}}{\text{有效问卷总数量}} \times 100\%$	季/年度	满意度评价表
合理化建议管理	合理化建议采纳率	$\dfrac{\text{合理化建议采纳次数}}{\text{合理化建议总次数}} \times 100\%$	季/年度	合理化建议采纳记录
工作知识	业务知识	包括公司内部业务制度和流程,了解公司设立、变更及清算手续等方面的知识	季/年度	事故或问题记录
	基础知识	包括国家财务、税务政策及有关法律法规及一些公文的协作知识	季/年度	考试成绩
工作技能	上岗技能	具备胜任本职位要求的相关任职资格证书或职称	季/年度	实操成绩
	业务技能	具有财务分析,财务信息、数据处理,并为工作决策所用的能力	季/年度	工作记录

11.5.2 税务主管绩效考核量表

税务主管绩效考核量表如表11-12所示。

表11-12 税务主管绩效考核量表

税务主管绩效考核量表					考核日期		
被考核人					考核人		
考核项目	考核指标	分值	权重	计量单位	考核量化标准		得分
税金管理	税金核算准确率	15	15%	百分率(%)	考核期内,税金核算准确率达到____%,每降低____%,扣____分		X_1
	纳税核算及时率	5	5%	百分率(%)	考核期内,纳税核算及时率达到____%,每降低____%,扣____分		X_2
	税务筹划成效	10	10%	频次	考核期内,合理筹划税务,每有一次因规划不合理而受损,扣____分		X_3
税务工作计划管理	税务工作计划完成率	10	10%	百分率(%)	考核期内,税务工作计划完成率达到____%,每降低____%,扣____分		X_4

续表

考核项目	考核指标	分值	权重	计量单位	考核量化标准	得分
税务账务处理	税务账务处理差错率	10	10%	百分率（%）	考核期内，税务账务处理差错率低于____%，每超出____%，扣____分	X_5
报表管理	报表编制及时性	10	10%	频次	考核期内，应及时编制各种报表，每有一次不及时，扣____分	X_6
报表管理	报表报送及时性	5	5%	频次	考核期内，报表报送及时，每一次不及时，扣____分	X_7
报表管理	报表编制准确性	5	5%	频次	考核期内，报表编制准确无误，每出一次差错，扣____分	X_8
事务协作	事务协作满意度	5	5%	百分率（%）	考核期内，事务协作满意度评价达到____%，每降低____%，扣____分	X_9
合理化建议管理	合理化建议采纳率	5	5%	百分率（%）	考核期内，合理化建议采纳率达到____%，每降低____%，扣____分	X_{10}
工作知识	业务知识	5	5%	频次	考核期内，参加相关业务知识考试，每出现一次考试不合格，扣____分	X_{11}
工作知识	基础知识	5	5%	频次	考核期内，参加相关基础知识考试，每出现一次考试不合格，扣____分	X_{12}
工作技能	上岗技能	5	5%	频次	考核期内，参加相关技能考试，每出现一次考试不合格的情形，扣____分	X_{13}
工作技能	业务技能	5	5%	频次	考核期内，每出现一次相关工作因技能原因而不会操作的，扣____分	X_{14}
计算公式	考核得分 $=X_1\times 15\%+X_2\times 5\%+X_3\times 10\%+\cdots+X_{14}\times 5\%$				考核得分	

被考核人	考核人	复核人
签字：_____ 日期：_____	签字：_____ 日期：_____	签字：_____ 日期：_____

11.6 审计主管绩效考核

11.6.1 审计主管考核关键指标

审计主管考核关键指标如表11-13所示。

表11-13 审计主管考核关键指标

考核项目	KPI名称	指标定义或计算公式	考核周期	信息来源
审计计划管理	审计计划执行率	$\dfrac{已执行审计计划}{审计计划总数}\times 100\%$	月/季/年度	计划执行报告
审计计划管理	审计计划编制及时性	审计计划编制在规定的时间内完成	月/季/年度	审计计划编制完成时间

续表

考核项目	KPI 名称	指标定义或计算公式	考核周期	信息来源
审计报告管理	审计报告一次通过率	$\dfrac{\text{首次审核通过的报告数}}{\text{应提交的审计报告总数}} \times 100\%$	年度	审计报告通过记录
	审计报告证据充分性	因审计证据不足而使审计结果被推翻的次数	季/年度	审计记录
	审计报告归档率	$\dfrac{\text{审计报告归档数}}{\text{审计报告总数}} \times 100\%$	年度	归档记录
	审计报告编制及时性	审计报告能否在规定的时间内完成	季/年度	审计报告完成时间
审计质量控制	审计问题追踪检查率	$\dfrac{\text{对审计问题追踪检查的次数}}{\text{出现审计问题的总次数}} \times 100\%$	季/年度	审计问题追踪记录
	违规金额比例	$\dfrac{\text{违规财务金额}}{\text{审计资金总额}} \times 100\%$	年度	违规金额记录
	审计结果准确性	确保每次审计的结果准确,不需要再次更正	季/年度	审计结果
	失察次数	由于监督失误或审计管理疏忽造成经济事件的发生次数	季/年度	经济事件发生次数
	财务审计项目优秀率	$\dfrac{\text{优秀审计项目数}}{\text{计划年内审计项目数}} \times 100\%$	季/年度	审计结果记录
投诉管理	内部投诉次数	内部员工对审计人员工作投诉的次数	月/季/年度	投诉记录
审计档案管理	审计档案归档及时性	财务审计档案在规定的时间归档次数	季/年度	档案归档记录
工作能力	沟通能力	能熟练运用各种沟通技巧与各层级人员及时展开工作沟通,组织协调	季/年度	沟通工作投诉记录
	财务分析能力	能根据企业财务支付状况,深入展开分析且分析结果能作为领导决策依据	季/年度	问题记录
工作态度	工作责任心	能主动对审计工作中出现的问题进行寻根究底	月/季/年度	问题记录
	工作积极性	本职工作能积极主动地提前做好计划并严格按照计划执行	月/季/年度	工作计划

11.6.2 审计主管绩效考核量表

审计主管绩效考核量表如表 11-14 所示。

表 11-14　审计主管绩效考核量表

审计主管绩效考核量表					考核日期		
被考核人					考核人		
考核项目	考核指标	分值	权重	计量单位	考核量化标准		得分
审计计划管理	审计计划执行率	10	10%	百分率（%）	考核期内，审计计划执行率达到____%，每降低____%，扣____分		X_1
	审计计划编制及时性	10	10%	时间	考核期内，审计计划编制及时，每有一次不及时，扣____分		X_2
审计报告管理	审计报告一次通过率	10	10%	百分率（%）	考核期内，审计报告一次通过率达到____%，每降低____%，扣____分		X_3
	审计报告证据充分性	5	5%	频次	考核期内，审计报告证据充分，每有一次不充分，扣____分		X_4
	审计报告归档率	5	5%	百分率（%）	考核期内，审计报告归档率达到____%，每降低____%，扣____分		X_5
	审计报告编制及时性	5	5%	时间	考核期内，审计报告编制及时，每有一次不及时，扣____分		X_6
审计质量控制	审计问题追踪检查率	5	5%	百分率（%）	考核期内，审计问题追踪检查率达到100%，每有一次不追查，扣____分		X_7
	违规金额比例	5	5%	百分率（%）	考核期内，违规金额比例低于____%，每超出____%，扣____分		X_8
	审计结果准确性	5	5%	频次	考核期内，审计结果准确，每有一次差错，扣____分		X_9
	失察次数	5	5%	频次	考核期内，由于审计监督疏忽造成经济事件的次数，每有一次，扣____分		X_{10}
	财务审计项目优秀率	5	5%	百分率（%）	考核期内，财务审计项目优秀率达到____%，每降低____%，扣____分		X_{11}
投诉管理	内部投诉次数	5	5%	频次	考核期内，内部投诉次数应低于____次，每发生一次，扣____分		X_{12}
审计档案管理	审计档案归档及时性	5	5%	频次	考核期内，审计档案归档及时，每有一次不及时，扣____分		X_{13}
工作能力	沟通能力	5	5%	频次	考核期内，因沟通不到位而导致员工投诉或领导批评的，每次扣____分		X_{14}
	财务分析能力	5	5%	频次	考核期内，每出现一次领导反映审计问题分析报告编写无效，扣____分		X_{15}
工作态度	工作责任心	5	5%	频次	考核期内，对审计工作中出现的问题不主动解决或上报，每发生一次，扣____分		X_{16}
	工作积极性	5	5%	频次	考核期内，没有主动制订工作计划并按计划执行各项工作内容，每发生一次，扣____分		X_{17}
计算公式	考核得分＝$X_1×10\%+X_2×10\%+X_3×10\%+\cdots+X_{17}×5\%$					考核得分	
被考核人			考核人			复核人	
签字：_____ 日期：_____			签字：_____ 日期：_____			签字：_____ 日期：_____	

11.7 出纳员绩效考核

11.7.1 出纳员考核关键指标

出纳员考核关键指标如表 11-15 所示。

表 11-15　出纳员考核关键指标

考核项目	KPI 名称	指标定义或计算公式	考核周期	信息来源
现金账管理	现金收付办理及时率	$1-\dfrac{\text{现金支付延误次数}}{\text{业务总次数}}\times 100\%$	月/季度	现金收付记录
	现金日记账准确性	现金日记账登记准确,账实相符,无差错	月/季度	现金日记账差错记录
	现金收支凭证完好性	各项收支凭证损坏、丢失的数量	月/季/年度	凭证损坏丢失记录
	库存现金管理出错次数	库存现金管理出错次数	月/季度	现金出错记录
	资金支付办理及时率	$1-\dfrac{\text{资金支付延误次数}}{\text{业务总次数}}\times 100\%$	月/季度	资金支付记录
银行结余存管理	银行结算办理及时率	$1-\dfrac{\text{银行结算延误次数}}{\text{业务总次数}}\times 100\%$	季/年度	银行结算记录
	银行余额调节表准确性	银行余额调节表数据错误的次数	月/季/年度	调解表差错录
	银行存款日记账准确性	按时登记日记账,准确结出余额,做到账实相符、没有差错	月/季度	日记账错误记录
费用报销管理	费用报销手续完备性	审核费用报销凭证,按照规定办理费用报销手续	月/季/年度	报销手续检查记录
	报销凭证完好性	各笔现金收支报销凭证无损坏、丢失	月/季/年度	凭证损坏记录
票据印章管理	票据、印章安全完好性	确保票据安全、完整,妥善保管印章,按照规定使用	月/季/年度	票据印章丢失记录
纳税管理	税金交纳准确性	税金交纳出错的次数	季/年度	出错记录
品德素养	知识技能全面性	具备丰富的本职位相关业务操作知识、技能	季/年度	工作记录
	人品态度端正性	没有因为个人主观行为,为公司或部门带来经济损失或声誉损失	季/年度	事故或问题记录

11.7.2 出纳员绩效考核量表

出纳员绩效考核量表如表11-16所示。

表11-16 出纳员绩效考核量表

出纳员绩效考核量表					考核日期		
被考核人					考核人		
考核项目	考核指标	分值	权重	计量单位	考核量化标准		得分
现金账管理	现金收付办理及时率	10	10%	百分率(%)	考核期内,现金收付办理及时率达到____%,每降低____%,扣____分		X_1
	现金日记账准确性	10	10%	频次	考核期内,现金日记账准确无误,每出现一次差错,扣____分		X_2
	现金收支凭证完好性	10	10%	数量	考核期内,现金收支凭证完好、无缺损、错误,每有一处破损,扣____分		X_3
	库存现金管理出错次数	5	5%	频次	考核期内,库存现金管理避免出现差错,每出现一次差错,扣____分		X_4
	资金支付办理及时率	5	5%	百分率(%)	考核期内,资金支付办理及时率达到____%,每降低____%,扣____分		X_5
银行结余存管理	银行结算办理及时率	10	10%	百分率(%)	考核期内,银行结算办理及时率达到____%,每降低____%,扣____分		X_6
	银行余额调节表准确性	10	10%	频次	考核期内,银行余额调节表准确、无差错100%,每有一次差错,扣____分		X_7
	银行存款日记账准确性	5	5%	百分率(%)	考核期内,银行存款日记账准确性评价达到____%,每降低____%,扣____分		X_8
费用报销管理	费用报销手续完备性	5	5%	频次	考核期内,费用报销手续完备,每有一次不完整,扣____分		X_9
	报销凭证完好性	5	5%	频次	考核期内,报销凭证完整、无缺失,每有一次不完整,扣____分		X_{10}
票据印章管理	票据、印章安全完好性	10	10%	频次	考核期内,票据、印章安全完好,每有一次差错,扣____分		X_{11}
纳税管理	税金交纳准确性	5	5%	百分率(%)	考核期内,税金交纳准确性评价达到100%,每降低____%,扣____分		X_{12}
品德素养	知识技能全面性	5	5%	频次	考核期内,每出现一次因专业知识技能欠缺而不能完成任务的,扣____分		X_{13}
	人品态度端正性	5	5%	频次	考核期内,每出现一次因人品态度原因导致财务问题出现的,扣____分		X_{14}
计算公式	考核得分 = $X_1 \times 10\% + X_2 \times 10\% + X_3 \times 10\% + \cdots + X_{14} \times 5\%$					考核得分	
被考核人			考核人			复核人	
签字:_____ 日期:_____			签字:_____ 日期:_____			签字:_____ 日期:_____	

Chapter 12

第 12 章

中小企业人力绩效考核

12.1 人力部门绩效考核

12.1.1 人力部门绩效考核标准

(1) 人力部门职能等级标准

人力部门职能等级标准如表12-1所示。

表12-1 人力部门职能等级标准

职能等级	知识		技能	
	基本知识	专业知识	技术	能力
5级	熟练掌握企业规章制度、企业文化、组织架构等信息及国家用工制度法规	具有丰富而扎实的人力资源管理各模块专业知识	能熟练运用薪酬、绩效、招聘、培训相关的现代人力资源管理技术	①具有丰富的人力资源战略规划能力、分析思考能力,能为企业制定科学合理的人力资源规划 ②具有敏锐的洞察力和卓越的预见能力,能洞悉人力资源发展趋势
4级	基本掌握企业规章制度、企业文化、组织架构等信息及国家用工制度法规	掌握丰富的人力资源管理专业知识,尤其擅长绩效和薪酬	能熟练运用薪酬、绩效、招聘相关现代人力资源管理技术	①能深入分析了解员工需求,灵活运用各种激励方式提高员工工作积极性,激发员工工作热情 ②能对企业人力成本预测和控制
3级	了解企业规章制度、企业文化、组织架构等信息及国家用工制度法规	了解部分人力资源管理专业知识,擅长个别模块	能使用薪酬、绩效相关的现代化管理技术解决人力资源管理工作	①具备很好的沟通协调能力,能及时化解企业与员工之间纠纷 ②能成功组建各种团队,并采用科学的管理方法来维护和控制团队的运行
2级	掌握国家制定的人力资源相关法律法规政策等	了解人力资源管理各模块专业知识,无专长	能使用招聘培训相关的现代管理技术	具有一定的人员管理能力、组织协调能力和沟通能力,能及时解决企业人力资源管理问题
1级	掌握企业制定的规章制度、企业文化、组织架构等	了解部分人力资源管理知识,无专长	能使用招聘相关的现代管理技术	具有一定的执行能力、沟通能力,能及时解决部分企业人力资源管理问题

(2) 人力部职位等级标准

人力部职位等级标准如表12-2所示。

表 12-2　人力部职位等级标准

等级	职位等级		工作内容
5级	高级管理工作	人力资源经理	①人力资源规划管理 ②员工薪酬福利预算与控制 ③绩效管理体系建立与完善 ④员工培训管理 ⑤企业招聘与配置管理
4～3级	中级管理工作	招聘主管	①人员需求信息预测与制度编制 ②招聘渠道选择与信息发布 ③简历筛选与面试组织 ④招聘效果评估与完善
		培训主管	①培训需求调查及渠道选择 ②培训计划编制及实施 ③培训效果评估及报告编写 ④培训费用预算与控制
		培训师	①授课计划及过程管理 ②授课资料管理 ③授课课件制作 ④授课效果评估
2～1级	初级管理工作	薪酬专员	①工资福利核算及发放 ②员工保险基数核定及办理 ③薪酬调研及数据分析 ④编制薪酬调研报告 ⑤薪酬管理体系改善建议
		考核专员	①协助部门领导对绩效考核过程监督控制 ②考核表单收集、数据整理及结果统计 ③绩效问题反馈，提供改善意见或建议 ④绩效考核培训及成本控制 ⑤绩效考核评估及资料管理

（3）人力部绩效考核标准

人力部绩效考核标准如表 12-3 所示。

表 12-3　人力部绩效考核标准

考核项目	绩效考核标准	考核等级
工作质量	人力部编制的各种表单、分析报告等精确度非常高，从未出现过错误	A
	人力部编制的各种表单、分析报告等正确率比较高，偶尔出现过错误	B
	人力部编制的各种表单正确率比较高，基本无误，但报告分析不够深入	C
	人力部编制的各种表单正确率较高，基本无误，但分析报告内容较浮浅	D
	人力部编制的各种表单正确率一般，分析报告也不够深入	E
工作数量	人力部工作量非常大，部门全体员工经常存在加班赶工的现象	A
	人力部工作量比较大，部门大部分员工经常需要加班才能完成工作	B
	人力部工作量合理，部门员工偶尔需要加班方可完成工作	C
	人力部工作量偏低，部门员工正常完成工作后，还有闲余时间	D
	人力部工作量很低，部门大多数员工工作期间存在一定的闲余时间	E

续表

考核项目	绩效考核标准	考核等级
工作态度	人力部员工工作态度非常好,部门工作总能积极主动提前完成	A
	人力部员工工作态度比较好,部门工作基本能积极主动提前完成	B
	人力部员工工作态度一般,部门工作基本能主动完成	C
	人力部员工工作态度还可以,部门工作基本能完成,但需要催促	D
	人力部员工工作态度比较差,部门工作需要催促才能完成,且有错误	E
工作能力	人力部员工工作能力很强,部门工作总能保质保量提前完成	A
	人力部员工工作能力较强,部门工作总能保质保量按时完成	B
	人力部员工工作能力较强,部门工作基本能保质保量按时完成	C
	人力部员工工作能力一般,部门工作基本可以按时完成	D
	人力部员工有一定的工作能力,需要一定的指导方可完成工作	E
工作效率	部门人员工作效率非常高,总能在公司规定的时间之前完成任务	A
	部门人员工作效率比较高,基本能在公司规定的时间完成任务	B
	部门人员工作效率一般,偶尔迟于公司规定的时间完成任务	C
	部门人员工作效率较低,经常迟于公司规定的时间完成任务	D
	部门人员工作效率非常低,总不能在公司规定的时间完成任务	E

12.1.2 人力部门考核关键指标

人力部门考核关键指标如表12-4所示。

表12-4 人力部门考核关键指标

考核项目	KPI名称	指标定义或计算公式	考核周期	信息来源
人力资源工作计划管理	人力资源工作计划编制及时性	$\dfrac{按时完成的工作量}{计划工作量} \times 100\%$	月/季/年度	计划上交时间
	人力资源工作计划按时完成率	在公司规定的时间内完成人力资源工作计划编制	月/季/年度	计划完成情况汇报
培训管理	部门培训计划完成率	$\dfrac{实际完成培训项目数}{计划培训的项目数} \times 100\%$	季/年度	培训记录
	培训考核达标率	$\dfrac{培训考核达标人数}{培训的总人数} \times 100\%$	季/年度	考核成绩
绩效管理	绩效考核计划按时完成率	$\dfrac{按时完成的绩效考核工作量}{绩效考核计划工作总量} \times 100\%$	季/年度	考核计划执行时间记录
	绩效考核申诉处理及时率	$\dfrac{及时处理的绩效考核申诉数}{绩效考核申诉总数} \times 100\%$	月/季/年度	考核申诉处理记录
薪酬管理	工资与奖金计算差错次数	对工资与奖金的核算及发放人为原因出现差错的次数	月/季度	差错记录
	人力资源成本预算控制率	$\dfrac{实际发生费用}{预算费用} \times 100\%$	月/季/年度	成本预算及支出记录

续表

考核项目	KPI名称	指标定义或计算公式	考核周期	信息来源
招聘管理	招聘计划编制完整性	招聘计划应包含招聘的关键信息如职位名称、数量、人员要求、到岗时间等	月/季/年度	招聘计划上报时间
	招聘计划完成率	$\dfrac{实际招聘到岗的人数}{计划需求人数} \times 100\%$	月/季/年度	招聘完成情况统计
	招聘费用预算控制率	$\dfrac{实际招聘费用}{招聘预算费用} \times 100\%$	季/年度	费用预算及支出记录
	招聘人员适岗率	$\dfrac{招聘人员试用期考核通过数}{招聘录用人员总数} \times 100\%$	季/年度	到岗及转正记录
流程管理	人力资源流程改进目标达成率	$\dfrac{人力资源流程改进目标达成数}{人力资源流程改进目标总数} \times 100\%$	年度	流程改进记录
规划方案管理	人力资源规划方案提交及时率	$\dfrac{本期按时提交方案数}{本期应提交方案数} \times 100\%$	年度	方案提交时间记录
员工管理	员工离职率	$\dfrac{离职人数}{工资在册的员工人数} \times 100\%$	季/年度	员工异动表
	职称评定申报及时率	$\dfrac{规定时间内提交申请材料的次数}{计划申请职称评定的次数} \times 100\%$	年度	职称评定申报记录
	员工任职资格考核达标率	$\dfrac{当期任职资格考核达标的员工数}{当期员工总数} \times 100\%$	月/季/年度	员工任职资格考核记录

12.1.3 人力部门绩效考核方案

下面是某企业人力部门绩效考核方案。

人力部门绩效考核方案

编　号：	编制部门：	审批人员：	审批日期：　年　月　日

一、方案制定依据
人力部门绩效考核方案的编制主要参照以下依据。
（一）公司发展战略规划及人力部门发展战略规划目标以及人力部门各职位工作职责。
（二）上期绩效考核实施结果及完善意见。
（三）公司人力资源管理工作诊断。
二、考核原则
（一）效率优先，兼顾公平。公司对人力资源部的考核主要以工作业绩和工作成果为依据，设立清晰的绩效考核内容和评分标准，最大限度地减少考核人和被考核人之间的绩效认知差别。
（二）公正、公开原则。考核过程必须坚持公开、公正、一视同仁，注重客观事实的原则，切勿对考核结果主观臆断。
三、管理职责
人力资源部人员的绩效考核管理小组成员由总经理、人力资源部经理组成。
（一）总经理负责审批人力资源部绩效考核结果及绩效评估报告。
（二）人力资源部考核专员负责绩效考核前期的组织培训，考核过程中监督指导，考核结果的汇总等工作。
（三）人力资源部经理负责本部门人员的绩效考核项目确定、权重确定、绩效评定、绩效面谈辅导及绩效改进等工作。

续表

四、考核内容

（一）人力资源部经理的考核内容。

人力资源部经理绩效考核维度主要包括财务管理、内部运营管理、客户管理、员工学习与发展四个方面。

1. 财务管理。

财务管理是指在考核期内，人力资源部对本部门各项管理费用的支出情况，以及费用控制目标的达成情况。

2. 内部运营管理。

人力资源部门或职位考核期重点业务的执行情况，如招聘完成情况、绩效考核实施情况、绩效管理实施情况、员工培训开展情况等。

3. 客户管理。

客户管理是指与人力资源部有业务合作关系的公司内部或外部单位或部门，主要评估他们对人力资源部工作的满意程度。

4. 员工学习与发展。

员工学习与发展是指人力资源部部门或职位业务能力和创新能力等的提升情况。

（二）人力资源部其他员工的考核内容。

人力资源部其他员工的绩效考核指标体系主要从业绩方面展开。工作业绩主要是指本职工作完成情况，从工作效率、工作质量和产生效益等方面衡量。

五、考核实施

（一）考核量化方法。

1. 数字量化法。

数字量化法示例表

方法	具体内容
百分比	如完成率、达成率、差错率、满意度、达标率
频次	如次数、速度

2. 时间量化法。

有一部分绩效是可以用时间进行量化的，如完成工作相应的时间、天数、完成期限（如办公设备出现故障必须在规定的时间内予以排除）等，用时间量化考核指标有助于企业对其阶段工作进行有效地控制。

3. 行为量化法。

基础管理、业务支持等事务性工作很难具体化、量化，对这些不能量化的考核项目，可以将其流程化或行为化。比如各种凭证、表单、报告以及合同档案、账簿等档案资料处理传递情况，相关资料有没有按规定的时间传递，是否存在疏漏或错误，有没有给企业带来损失等，根据工作的完成程度确定相应的评分。

（二）考核实施程序。

1. 公司考核专员在考核期之前，向部门人员发放"××职位绩效考核量表"。
2. 考核期结束后的第__个工作日，考核专员统一收取"××职位绩效考核量表"。
3. 考核期结束后的第__个工作日，考核专员将"××职位绩效考核量表"发给被考核者本人进行确认。
4. 被考核者如有异议由其考核者进行再确认，确认工作必须在考核期结束后的第__个工作日完成。
5. 考核期结束后的第__个工作日，考核专员将考核结果反馈给各被考核者。
6. 考核期结束后的第__个工作日，考核专员根据考核结果，统计考核绩效工资，报总经理处和财务部备份。
7. 财务部依据公司相关规定，根据考核专员提供的绩效工资标准进行绩效工资发放。
8. 考核专员组织下期绩效考核指标和方案改进及修订，上报总经理批准后在下个考核周期执行。

六、考核申诉

（一）申诉条件及形式。

被考核者如对考核结果不清楚或者持有异议，可以采取书面形式向考核专员申诉。

（二）申诉书提交。

员工以书面形式提交申诉书。申诉书内容包括：申诉人姓名、职务、申诉事项、申诉理由。

（三）申诉受理。

考核专员接到员工申诉后，应在三个工作日内做出是否受理的答复。对于申诉事项无客观事实依据，仅凭主观臆断的申诉不予受理。

续表

受理的申诉事件,首先由考核专员对员工申诉内容进行调查,然后与部门直接上级或共同上级进行协调、沟通,不能协调的上报总经理进行协调。
(四)申诉处理答复。
考核专员根据申诉具体情况,在接到申诉书的十个工作日内明确答复申诉人申诉处理结果。
七、注意事项
(一)绩效考核工作牵涉到部门员工的切身利益,因此人力资源部考核负责人应确保考核过程的科学性、合理性和客观性,从正面引导员工用积极的心态对待绩效考核,以期达到通过绩效考核改善工作流程、提高工作绩效的目的。
(二)核专员在操作过程中应注重听取部门各职位人员的意见和建议,及时调整和改进工作方法。
(三)绩效考核工作本身就是一个沟通的工作,也是一个持续改善的过程,考核专员在操作过程中需注意纵向与横向的沟通,确保绩效考核工作的顺利进行。

实施对象:　　　　　　　　　　　　　　　　　实施日期:　　年　月　日

12.2 人力经理绩效考核

12.2.1 人力经理考核关键指标

人力经理考核关键指标如表12-5所示。

表12-5 人力经理考核关键指标

考核维度	KPI名称	指标定义或计算公式	考核周期	信息来源
财务管理	人力成本预算控制率	$\dfrac{\text{实际发生费用}}{\text{预算费用}} \times 100\%$	月/季/年度	成本预算及支出记录
	招聘费用预算控制率	$\dfrac{\text{实际招聘费用}}{\text{招聘预算费用}} \times 100\%$	月/季/年度	费用预算及支出记录
内部运营管理	人力流程改进目标达成率	$\dfrac{\text{人力资源流程改进目标达成数}}{\text{人力资源流程改进目标总数}} \times 100\%$	月/季/年度	流程改进记录
	人力工作计划完成率	$\dfrac{\text{人力资源工作计划完成数}}{\text{人力资源工作计划总数}} \times 100\%$	月/季/年度	计划执行记录
	招聘计划完成率	$\dfrac{\text{实际招聘到岗的人数}}{\text{计划需求人数}} \times 100\%$	月/季/年度	招聘完成情况统计
	绩效考核计划按时完成率	$\dfrac{\text{按时完成的绩效考核工作量}}{\text{绩效考核计划工作总量}} \times 100\%$	月/季/年度	考核计划执行时间记录
	规划方案提交及时率	$\dfrac{\text{本期按时提交方案数}}{\text{本期应提交方案数}} \times 100\%$	月/季/年度	方案提交时间记录
客户管理	客户满意度	$\dfrac{\text{评价满意的问卷数量}}{\text{有效调查问卷总数量}} \times 100\%$	月/季/年度	满意度调查表
	投诉次数	员工对人力资源部工作投诉的次数	月/季/年度	投诉记录
员工学习与发展	部门培训计划完成率	$\dfrac{\text{实际完成的培训项目(次数)}}{\text{计划培训的项目(次数)}} \times 100\%$	月/季/年度	培训记录
	员工任职资格考核达标率	$\dfrac{\text{当期考核达标员工数}}{\text{当期员工总数}} \times 100\%$	年度	员工考核成绩记录

12.2.2 人力经理绩效考核量表

人力经理绩效考核量表如表12-6所示。

表12-6 人力经理绩效考核量表

人力经理绩效考核量表					考核日期		
被考核人					考核人		
考核维度	考核指标	分值	权重	计量单位	考核量化标准		得分
财务管理	人力成本预算控制率	15	15%	百分率（%）	考核期内,人力成本预算控制率达到____%,每降低____%,扣____分		X_1
	招聘费用预算控制率	10	10%	百分率（%）	考核期内,招聘费用预算控制率达到____%,每降低____%,扣____分		X_2
内部运营管理	人力流程改进目标达成率	10	10%	百分率（%）	考核期内,人力流程改进目标达成率达到____%,每降低____%,扣____分		X_3
	人力工作计划目完成率	10	10%	百分率（%）	考核期内,人力工作计划完成率达到____%,每降低____%,扣____分		X_4
	招聘计划完成率	10	10%	百分率（%）	考核期内,招聘计划完成率达到____%,每降低____%,扣____分		X_5
	绩效考核计划按时完成率	5	5%	百分率（%）	考核期内,绩效考核计划按时完成率达到____%,每降低____%,扣____分		X_6
	规划方案提交及时率	5	5%	百分率（%）	考核期内,规划方案提交及时率达到____%,每降低____%,扣____分		X_7
客户管理	客户满意度	10	10%	百分率（%）	考核期内,客户满意度达到____%,每降低____%,扣____分		X_8
	投诉次数	10	10%	频次	每出现一次客户投诉,扣____分		X_9
员工学习与发展	部门培训计划完成率	10	10%	百分率（%）	考核期内,部门培训计划完成率达到____%,每降低____%,扣____分		X_{10}
	员工任职资格达标率	5	5%	百分率（%）	考核期内,员工任职资格达标率达到____%,每降低____%,扣____分		X_{11}
计算公式	考核得分=$X_1 \times 15\% + X_2 \times 10\% + X_3 \times 10\% + \cdots + X_{11} \times 5\%$					考核得分	
被考核人			考核人			复核人	
签字:_____ 日期:_____			签字:_____ 日期:_____			签字:_____ 日期:_____	

12.3 招聘主管绩效考核

12.3.1 招聘主管考核关键指标

招聘主管考核关键指标如表12-7所示。

表 12-7　招聘主管考核关键指标

考核项目	KPI 名称	指标定义或计算公式	考核周期	信息来源
计划管理	人员需求计划编制及时率	$\dfrac{\text{人员需求计划编制及时次数}}{\text{人员需求计划编制总次数}} \times 100\%$	季/年度	需求计划上报及时率
	招聘计划完成率	$\dfrac{\text{实际招聘到岗的人数}}{\text{计划需求人数}} \times 100\%$	月/季/年度	招聘完成情况统计
	渠道拓展计划完成率	$\dfrac{\text{招聘渠道拓展计划完成数}}{\text{招聘渠道拓展计划总数}} \times 100\%$	月/季/年度	招聘渠道拓展执行记录
招聘费用管理	招聘费用预算控制率	$\dfrac{\text{实际招聘费用}}{\text{招聘预算费用}} \times 100\%$	季/年度	费用预算及支出记录
招聘信息管理	职位发布及时性	招聘职位信息在规定的时间内发布	季/年度	职位发布时间记录
	招聘信息更新及时性	招聘信息需在规定的时间段及时更新	月度	信息更新时间记录
招聘流程管理	招聘流程改进目标达成率	$\dfrac{\text{招聘流程改进目标达成数}}{\text{招聘流程改进目标总数}} \times 100\%$	季/年度	招聘流程改进记录
招聘效果管理	招聘效果评估报告提交及时率	$\dfrac{\text{报告及时提交次数}}{\text{报告应提交总次数}} \times 100\%$	季/年度	评估报告提交时间记录
	用人部门满意度	用人部门对新入职人员的满意度评价	季/年度	满意度评价表
	招聘人员适岗率	$\dfrac{\text{招聘人员试用期考核通过数}}{\text{招聘录用人员总数}} \times 100\%$	季/年度	到岗及转正记录
人员基础信息管理	人才库建设目标达成率	$\dfrac{\text{人才库建设项目完成量}}{\text{人才库建设项目总量}} \times 100\%$	季/年度	人才库建设结果
招聘速度管理	招聘职位平均空岗时间	招聘职位空岗时间与招聘职位数比值	月/季/年度	离岗时间及到岗时间
应聘资料管理	登记表分类有序性	应聘人员登记表需要根据求职意向分类管理，便于查找	月/季/年度	资料检查记录
	关键资料完整性	有录用意向的简历要保证信息完整性	月/季/年度	检查记录
招聘制度管理	制度完成及时性	招聘制度要在规定的时间内完成	月/季/年度	完成记录
	制度完成可行性	经审批讨论制度条款全部可行	月/季/年度	讨论结果

12.3.2　招聘主管绩效考核量表

招聘主管绩效考核量表如表 12-8 所示。

表 12-8 招聘主管绩效考核量表

招聘主管绩效考核量表					考核日期	
被考核人					考核人	
考核项目	考核指标	分值	权重	计量单位	考核量化标准	得分
计划管理	人员需求计划编制及时率	10	10%	百分率(%)	考核期内,人员需求计划编制及时率达到____%,每降低____%,扣____分	X_1
	招聘计划完成率	10	10%	百分率(%)	考核期内,招聘计划完成率达到____%,每降低____%,扣____分	X_2
	渠道拓展计划完成率	5	5%	百分率(%)	考核期内,渠道拓展计划完成率达到____%,每降低____%,扣____分	X_3
招聘费用管理	招聘费用预算控制率	10	10%	百分率(%)	考核期内,招聘费用预算控制率达到____%,每降低____%,扣____分	X_4
招聘信息管理	职位发布及时性	5	5%	天	考核期内,在规定的时间内发布招聘信息,每推迟一天,扣____分	X_5
	招聘信息更新及时性	5	5%	频次	考核期内,在规定的时间内更新招聘信息每推迟一次,扣____分	X_6
招聘流程管理	招聘流程改进目标达成率	10	10%	百分率(%)	考核期内,招聘流程改进目标达成率达到____%,每降低____%,扣____分	X_7
招聘效果管理	招聘效果评估报告提交及时率	5	5%	百分率(%)	考核期内,招聘效果评估报告提交及时率达到____%,每降低____%,扣____分	X_8
	用人部门满意度	5	5%	百分率(%)	考核期内,用人部门满意度达到____%,每降低____%,扣____分	X_9
	招聘人员适岗率	5	5%	百分率(%)	考核期内,招聘人员适岗率达到____%,每降低____%,扣____分	X_{10}
人员基础信息管理	人才库建设目标达成率	5	5%	百分率(%)	考核期内,人才库建设目标达成率达到____%,每降低____%,扣____分	X_{11}
招聘速度管理	招聘职位平均空岗时间	5	5%	天	考核期内,招聘职位平均空岗时间低于____天,每超出一天,扣____分	X_{12}
应聘资料管理	登记表分类有序性	5	5%	频次	考核期内,登记表按照既定标准分类,每发现一次分类错乱,扣____分	X_{13}
	关键资料完整性	5	5%	频次	考核期内,关键资料保管保持完整,每发现一项资料缺失,扣____分	X_{14}
招聘制度管理	制度完成及时性	5	5%	频次	考核期内,招聘制度编写在规定的时间内完成,每推迟一天,扣____分	X_{15}
	制度完成可行性	5	5%	频次	考核期内制度条款经审批均可行,每有一条修改,扣____分	X_{16}
计算公式	考核得分=$X_1 \times 10\% + X_2 \times 10\% + X_3 \times 5\% + \cdots + X_{16} \times 5\%$				考核得分	
被考核人			考核人		复核人	
签字:_____ 日期:_____			签字:_____ 日期:_____		签字:_____ 日期:_____	

12.4 培训主管绩效考核

12.4.1 培训主管考核关键指标

培训主管考核关键指标如表 12-9 所示。

表 12-9 培训主管考核关键指标

考核项目	KPI 名称	指标定义或计算公式	考核周期	信息来源
计划管理	人才培养计划完成率	$\frac{人才培养计划实际完成项数}{人才培养计划工作总项数} \times 100\%$	季/年度	计划执行记录
	培训计划完成率	$\frac{实际完成培训项目数}{计划培训的项目数} \times 100\%$	月/季/年度	计划执行记录
	人均受训时数	年度内平均每位员工接受的培训时数	季/年度	培训记录
	职业生涯辅导计划完成率	$\frac{辅导计划实际完成量}{计划工作量} \times 100\%$	月/季/年度	计划执行记录
培训效果管理	培训考核达标率	$\frac{培训考核达标人数}{培训总人数} \times 100\%$	季/年度	考核记录
	员工任职资格达标率	$\frac{当期任职资格考核达标员工}{当期员工总数} \times 100\%$	季/年度	考核记录
	培训参与率	$\frac{实际参加培训人数}{应该参加培训人数} \times 100\%$	季/年度	培训记录
	受训员工满意度	$\frac{对受训结果满意的人数}{参与受训总人数} \times 100\%$	季/年度	满意度调查
	培训效果评估报告提交及时率	$\frac{报告及时提交次数}{报告应提交总次数} \times 100\%$	季/年度	评估报告提交记录
培训费用管理	培训成本控制率	$\frac{实际培训成本开支额}{培训预算额} \times 100\%$	季/年度	支出记录
	员工平均培训教育成本	平均每个员工的培训教育成本额度	年度	培训费用支出记录
工作能力	沟通能力	能熟练运用各种沟通技巧,与各层级人员及时展开培训相关工作沟通	季/年度	投诉记录
	组织协调能力	能灵活运用各种技巧或关系成功组织培训工作的能力	季/年度	工作记录
工作态度	工作责任心	能主动对培训工作中出现的各种问题寻根究底,找办法解决	月/季/年度	问题记录
	工作积极性	能主动提前做好本职工作的计划并严格按计划执行	月/季/年度	工作计划

12.4.2 培训主管绩效考核量表

培训主管绩效考核量表如表 12-10 所示。

表 12-10 培训主管绩效考核量表

培训主管绩效考核量表					考核日期		
被考核人					考核人		
考核项目	考核指标	分值	权重	计量单位	考核量化标准		得分
计划管理	人才培养计划完成率	10	10%	百分率(%)	考核期内,人才培养计划完成率达到____%,每降低____%,扣____分		X_1
	培训计划完成率	5	5%	百分率(%)	考核期内,培训计划完成率达到____%,每降低____%,扣____分		X_2
	人均受训时数	5	5%	小时	考核期内,人均受训时数达到____小时,每降低一小时,扣____分		X_3
	职业生涯辅导计划完成率	5	5%	百分率(%)	考核期内,职业生涯辅导计划完成率达到____%,每降低____%,扣____分		X_4
培训效果管理	培训考核达标率	10	10%	百分率(%)	考核期内,培训考核达标率达到____%,每降低____%,扣____分		X_5
	员工任职资格达标率	10	10%	百分率(%)	考核期内,员工任职资格达标率达到____%,每降低____%,扣____分		X_6
	培训参与率	5	5%	百分率(%)	考核期内,培训参与率达到____%,每降低____%,扣____分		X_7
	受训员工满意度	5	5%	百分率(%)	考核期内,受训员工满意度达到____%,每降低____%,扣____分		X_8
	培训效果评估报告提交及时率	5	5%	百分率(%)	考核期内,培训效果评估报告提交及时率达到____%,每降低____%,扣____分		X_9
培训费用管理	培训成本控制率	10	10%	百分率(%)	考核期内,培训成本控制率达到____%,每降低____%,扣____分		X_{10}
	员工平均培训教育成本	10	10%	万元	考核期内,员工平均培训教育成本低于____万元,每超出____万元,扣____分		X_{11}
工作能力	沟通能力	5	5%	频次	考核期内,因沟通导致员工投诉或领导批评的,每次扣____分		X_{12}
	组织协调能力	5	5%	频次	考核期内,每发生一次因协调工作不到位或不及时而引起纠纷的,扣____分		X_{13}
工作态度	工作责任心	5	5%	频次	考核期内,每发现一次没有对培训相关问题及时自行分析或咨询解决的,扣____分		X_{14}
	工作积极性	5	5%	频次	考核期内,每发现一次没有主动编制并执行本职位工作计划,扣____分		X_{15}
计算公式	考核得分=$X_1\times10\%+X_2\times5\%+X_3\times5\%+\cdots+X_{15}\times5\%$					考核得分	
被考核人			考核人			复核人	
签字:_____ 日期:_____			签字:_____ 日期:_____			签字:_____ 日期:_____	

12.5 培训师绩效考核

12.5.1 培训师考核关键指标

培训师考核关键指标如表 12-11 所示。

表 12-11 培训师考核关键指标

考核项目	KPI 名称	指标定义或计算公式	考核周期	信息来源
授课资料管理	授课资料准备及时性	在公司规定的时间准备好并提交授课课件 PPT 等资料	月/季/年度	授课资料提交记录
	授课资料适用性	授课资料经学员反映适用于工作职位	月/季/年度	学员投诉
	员工授课资料归档及时性	员工授课资料在规定时间内及时归档	月/季/年度	资料归档时间记录
	员工授课资料归档完整性	员工受训资料保证完整归档，不存在内容、人员或其他附件缺失现象	月/季/年度	资料检查记录
授课计划管理	授课计划完成率	$\dfrac{\text{实际执行的授课项目数}}{\text{计划授课项目总数}} \times 100\%$	月/季/年度	计划执行记录
授课过程控制	过程秩序维护有效性	授课现场发生学员与培训师争执纠纷等事件的次数	月度	授课过程记录
	咨询解答及时率	$\dfrac{\text{及时解答次数}}{\text{咨询总次数}} \times 100\%$	月度	授课过程记录
授课效果管理	参与受训考核合格率	$\dfrac{\text{考核合格次数}}{\text{考核总次数}} \times 100\%$	月/季/年度	受训考核记录
	效果改善方案采纳率	$\dfrac{\text{被采纳的方案数量}}{\text{改善方案总数量}} \times 100\%$	月/季/年度	授课改善方案评估结果
	效果评估报告提交及时性	授课效果评估报告在规定时间内提交	月/季/年度	报告提交时间
	授课效果满意度	$\dfrac{\text{评分满意的问卷数量}}{\text{有效问卷总数量}} \times 100\%$	季/年度	满意度调查
工作能力	沟通能力	能熟练运用各种沟通技巧，与各层级人员及时展开工作沟通	季/年度	投诉记录
	软件使用能力	能熟练操作培训课件制作及播放的相关软件	季/年度	问题记录
工作态度	工作责任心	能主动对培训工作中出现的问题寻根究底，找办法解决	月/季/年度	问题记录
	工作积极性	能主动做好计划并严格按计划执行	月/季/年度	工作计划

12.5.2 培训师绩效考核量表

培训师绩效考核量表如表 12-12 所示。

表 12-12 培训师绩效考核量表

培训师绩效考核量表					考核日期		
被考核人					考核人		
考核项目	考核指标	分值	权重	计量单位	考核量化标准		得分
授课资料管理	授课资料准备及时性	10	10%	频次	考核期内，在公司规定时间完成授课资料的准备，每推迟一天，扣____分		X_1
	授课资料适用性	10	10%	频次	考核期内，每发生一次学员投诉授课资料不适用，扣____分		X_2
	员工授课资料归档及时性	5	5%	频次	考核期内，在规定的时间将员工授课资料归档，每推迟一天，扣____分		X_3
	员工授课资料归档完整性	5	5%	频次	考核期内，将授课资料完整归档，每发生一次资料缺失，扣____分		X_4
授课计划管理	授课计划完成率	10	10%	百分率（％）	考核期内，授课计划完成率达到____％，每降低____％，扣____分		X_5
授课过程控制	过程秩序维护有效性	5	5%	频次	考核期内，妥善控制授课秩序每发生一次争执，扣____分		X_6
	咨询解答及时率	5	5%	百分率（％）	考核期内，咨询解答及时率达到____％，每降低____％，扣____分		X_7
授课效果管理	参与受训考核合格率	10	10%	百分率（％）	考核期内，员工参与受训考核合格率达到____％，每降低____％，扣____分		X_8
	效果改善方案采纳率	10	10%	百分率（％）	考核期内，效果改善方案采纳率达到____％，每降低____％，扣____分		X_9
	效果评估报告提交及时性	5	5%	频次	考核期内，在规定的时间提交培训效果评估报告，每推迟一天，扣____分		X_{10}
	授课效果满意度	5	5%	百分率（％）	考核期内，授课效果满意度达到____％，每降低____％，扣____分		X_{11}
工作能力	沟通能力	5	5%	频次	考核期内，因沟通导致员工投诉或领导批评的，每发生一次，扣____分		X_{12}
	软件使用能力	5	5%	频次	考核期内，每发生一次课件制作或播放软件不会操作，扣____分		X_{13}
工作态度	工作责任心	5	5%	频次	考核期内，每发现一次没有对问题及时自行分析或咨询解决，扣____分		X_{14}
	工作积极性	5	5%	频次	考核期内，每发现一次没有主动编制并执行工作计划，扣____分		X_{15}
计算公式	考核得分=$X_1 \times 10\% + X_2 \times 10\% + X_3 \times 5\% + \cdots + X_{15} \times 5\%$					考核得分	
被考核人			考核人			复核人	
签字：____ 日期：____			签字：____ 日期：____			签字：____ 日期：____	

12.6 薪酬专员绩效考核

12.6.1 薪酬专员考核关键指标

薪酬专员考核关键指标如表 12-13 所示。

表 12-13 薪酬专员考核关键指标

考核项目	KPI 名称	指标定义或计算公式	考核周期	信息来源
薪酬调研管理	调研报告提交及时率	$\dfrac{\text{调研报告及时提交次数}}{\text{调研报告提交次数}} \times 100\%$	季/年度	报告提交时间记录
	调研开展及时性	在规定的时间内开展市场薪酬调研	季/年度	开展时间记录
	数据搜集准确性	薪酬数据搜集适用于本企业各职位	季/年度	数据搜集记录
薪酬管理体系建立	薪酬体系实施方案采纳率	$\dfrac{\text{被采纳方案数量}}{\text{薪酬方案总数量}} \times 100\%$	年度	实施方案评估
	薪酬管理体系完善方案采纳率	$\dfrac{\text{方案被采纳数量}}{\text{薪酬体系完善方案总数量}} \times 100\%$	年度	完善方案执行记录
	制度流程完善方案采纳率	$\dfrac{\text{被采纳流程制度数量}}{\text{流程制度总数量}} \times 100\%$	季/年度	完善方案执行记录
工资奖金核算发放	工资奖金报表编制及时率	$\dfrac{\text{工资报表及时编制次数}}{\text{工资报表编制总次数}} \times 100\%$	月/季/年度	报表编制完成时间
	工资奖金发放差错次数	员工工资、奖金的发放出错次数	月/季度	工资奖金发放差错记录
	工资奖金计算差错次数	员工工资、奖金的发放出错情况	月/季度	工资奖金计算差错记录
成本控制	企业人力成本控制率	$1 - \dfrac{\text{实际人工成本}}{\text{人工成本预算}} \times 100\%$	季/年度	成本执行结果
保险管理	保险基数核定及时性、准确性	考察各项保险基数数据编制是否及时、准确	月/季度	核定时间记录
工作知识	业务知识	具备薪酬福利管理和社会保险办理的相关知识以及人力资源管理的新动向	季/年度	相关知识考试成绩
	基本知识	熟悉国家的劳动法律法规和公文写作知识	季/年度	相关知识测试成绩
工作态度	工作责任心	能主动对培训工作中出现的各种问题寻根究底,找办法解决	月/季/年度	问题记录
	工作积极性	能主动提前做好本职工作的计划并严格按计划执行	月/季/年度	工作计划

12.6.2 薪酬专员绩效考核量表

薪酬专员绩效考核量表如表12-14所示。

表12-14 薪酬专员绩效考核量表

薪酬专员绩效考核量表					考核日期		
被考核人					考核人		
考核项目	考核指标	分值	权重	计量单位	考核量化标准		得分
薪酬调研管理	调研报告提交及时率	10	10%	百分率(%)	考核期内,调研报告提交及时率达到____%,每降低____%,扣____分		X_1
	调研开展及时性	5	5%	频次	考核期内,调研开展及时,每推迟一天,扣____分		X_2
	数据搜集准确性	5	5%	频次	考核期内,数据搜集准确性达到____%,每出现一次错误,扣____分		X_3
薪酬管理体系建立	薪酬体系实施方案采纳率	10	10%	百分率(%)	考核期内,薪酬实施方案采纳率达到____%,每降低____%,扣____分		X_4
	薪酬管理体系完善方案采纳率	5	5%	百分率(%)	考核期内,管理体系完善方案采纳率达到____%,每降低____%,扣____分		X_5
	制度流程完善方案采纳率	5	5%	百分率(%)	考核期内,制度流程完善方案采纳率达到____%,每降低____%,扣____分		X_6
工资奖金核算发放	工资奖金报表编制及时率	10	10%	百分率(%)	考核期内,工资奖金报表编制及时率达到____%,每降低____%,扣____分		X_7
	工资奖金发放差错次数	10	10%	频次	考核期内,避免工资奖金发放出现差错,每出现一次差错,扣____分		X_8
	工资奖金计算差错次数	5	5%	频次	考核期内,应避免工资奖金计算出现差错,每出现一次,扣____分		X_9
成本控制	企业人力成本控制率	10	10%	百分率(%)	考核期内,企业人力成本控制率达到____%,每降低____%,扣____分		X_{10}
保险管理	保险基数核定及时性、准确性	5	5%	频次	考核期内,保险基数核定及时、准确,每出一次错误,扣____分		X_{11}
工作知识	业务知识	5	5%	频次	考核期内,参加相关业务知识考试,每出现一次考试不合格,扣____分		X_{12}
	基本知识	5	5%	频次	考核期内,参加相关基础知识考试,每出现一次考试不合格,扣____分		X_{13}
工作态度	工作责任心	5	5%	频次	考核期内,每发现一次没有对薪酬相关问题及时自行分析或咨询解决,扣____分		X_{14}
	工作积极性	5	5%	频次	考核期内,每发现一次没有主动编制并执行本职位工作计划,扣____分		X_{15}
计算公式	考核得分=$X_1 \times 10\% + X_2 \times 5\% + X_3 \times 5\% + \cdots + X_{15} \times 5\%$					考核得分	
被考核人			考核人			复核人	
签字:_____ 日期:_____			签字:_____ 日期:_____			签字:_____ 日期:_____	

12.7 考核专员绩效考核

12.7.1 考核专员考核关键指标

考核专员考核关键指标如表 12-15 所示。

表 12-15 考核专员考核关键指标

考核项目	KPI 名称	指标定义或计算公式	考核周期	信息来源
考核管理体系	绩效考核计划按时完成率	$\dfrac{按时完成计划数量}{考核计划总数量} \times 100\%$	季/年度	计划执行记录
	绩效激励方案编制及时率	$\dfrac{绩效激励方案及时编制次数}{绩效激励方案编制总数} \times 100\%$	季/年度	激励方案编制情况
	考核培训计划完成率	$\dfrac{已完成的培训项目数}{计划完成的培训项目数} \times 100\%$	季/年度	计划执行结果
	考评体系优化目标达成率	$\dfrac{考评体系优化目标实际达成数}{考评体系优化目标计划达成数} \times 100\%$	季/年度	优化结果
考核过程控制	考核信息反馈及时率	$\dfrac{及时反馈信息数量}{考核应反馈信息总数量} \times 100\%$	月/季/年度	信息反馈记录
	考核数据统计准确性	考核数据统计不存在误差	月/季/年度	考核数据统计记录
	绩效考核成本控制率	$1 - \dfrac{实际绩效考核费用额}{绩效考核预算额} \times 100\%$	季/年度	考核成本支出记录
	考核申诉处理及时率	$\dfrac{及时处理申诉数量}{申诉总数量} \times 100\%$	月/季/年度	考核申诉处理记录
考核结果管理	绩效评估报告提交及时率	$\dfrac{及时提交绩效评估报告次数}{应提交绩效评估报告总次数} \times 100\%$	季/年度	评估报告提交时间
	考核档案及时归档率	$\dfrac{档案及时归档数量}{应归档总数量} \times 100\%$	季/年度	归档检查记录
工作知识	业务知识	具备绩效管理和运作的相关知识,以及人力资源管理的新动向	季/年度	相关知识考试成绩
	基本知识	熟悉国家和地方政府部门发布的劳动法律法规和相关公文写作知识	季/年度	相关知识测试成绩
工作态度	工作责任心	能主动对培训工作中出现的各种问题寻根究底,找办法解决	月/季/年度	问题记录
	工作积极性	能主动提前做好本职工作的计划并严格按计划执行	月/季/年度	工作计划
工作能力	沟通能力	能熟练运用各种沟通技巧,与各层级人员及时展开培训相关工作沟通	季/年度	投诉记录
	专业技术	能熟练使用或成功启用各种现代化的绩效管理的方法和技巧	季/年度	评估记录

12.7.2 考核专员绩效考核量表

考核专员绩效考核量表如表12-16所示。

表12-16 考核专员绩效考核量表

考核专员绩效考核量表					考核日期		
被考核人					考核人		
考核项目	考核指标	分值	权重	计量单位	考核量化标准		得分
考核管理体系	绩效考核计划按时完成率	10	10%	百分率（%）	考核期内，绩效考核计划按时完成率达到____%，每降低____%，扣____分		X_1
	绩效激励方案编制及时率	10	10%	百分率（%）	考核期内，绩效激励方案编制及时率达到____%，每降低____%，扣____分		X_2
	考核培训计划完成率	10	10%	百分率（%）	考核期内，考核培训计划完成率达到____%，每降低____%，扣____分		X_3
	考评体系优化目标达成率	5	5%	百分率（%）	考核期内，考评体系优化目标达成率达到____%，每降低____%，扣____分		X_4
考核过程控制	考核信息反馈及时率	10	10%	百分率（%）	考核期内，考核信息反馈及时率达到____%，每降低____%，扣____分		X_5
	考核数据统计准确性	5	5%	频次	考核期内，考核数据统计准确、无错误，每有一次错误，扣____分		X_6
	绩效考核成本控制率	5	5%	百分率（%）	考核期内，绩效考核成本控制率达到____%，每降低____%，扣____分		X_7
	考核申诉处理及时率	5	5%	百分率（%）	考核期内，考核申诉处理及时率达到____%，每有一次不及时，扣____分		X_8
考核结果管理	绩效评估报告提交及时率	5	5%	百分率（%）	考核期内，及时提交绩效评估报告，每出现一次不及时，扣____分		X_9
	考核档案及时归档率	5	5%	百分率（%）	考核期内，考核档案及时归档率达到____%，每降低____%，扣____分		X_{10}
工作知识	业务知识	5	5%	频次	考核期内，参加公司组织的相关业务知识考试，每出现一次考试不合格，扣____分		X_{11}
	基本知识	5	5%	频次	考核期内，参加公司组织的相关基础知识考试，每出现一次考试不合格，扣____分		X_{12}
工作态度	工作责任心	5	5%	频次	考核期内，每发现一次没有对绩效相关问题及时自行分析或咨询解决的，扣____分		X_{13}
	工作积极性	5	5%	频次	考核期内，每发现一次没有主动编制并执行本职位工作计划，扣____分		X_{14}
工作能力	沟通能力	5	5%	频次	考核期内，因沟通导致员工投诉或领导批评的，每次扣____分		X_{15}
	专业技术	5	5%	频次	考核期内，每成功启用一种新的考核方法，并经管理层评估可行的，加____分		X_{16}
计算公式	考核得分 = $X_1 \times 10\% + X_2 \times 10\% + X_3 \times 10\% + \cdots + X_{16} \times 5\%$					考核得分	
被考核人			考核人			复核人	
签字：____ 日期：____			签字：____ 日期：____			签字：____ 日期：____	

Chapter 13

第13章

中小企业后勤绩效考核

13.1 后勤部门绩效考核

13.1.1 后勤部门绩效考核标准

（1）后勤部门职能等级标准

后勤部门职能等级标准如表 13-1 所示。

表 13-1 后勤部门职能等级标准

职能等级	知识		技能	
	基本知识	专业知识	技术	能力
9级	熟悉公司各项制度、规范、企业文化及国家法律法规	熟悉餐饮、宿舍、车辆、安保及绿化管理的全部知识	熟练运用后勤管理全部技术	有目标管理、战略决策、规划能力、团队建设能力
8级	了解公司各项制度、规范、企业文化及国家法律法规	了解餐饮、宿舍、车辆、安保及绿化管理的全部知识	熟练运用后勤管理部分技术	具有良好的团队管理能力、授权能力和发展预测能力
7级	熟悉本公司的制度、规范、企业文化相关知识	熟悉餐饮、宿舍、车辆管理全部知识	熟悉后勤管理全部技术	有分析判断能力、业务督导能力以及关注细节能力
6级	了解本公司的制度、规范、企业文化相关知识	熟悉安保及绿化管理的全部知识	熟悉后勤管理三项以上技术	有一定的团队管理能力、局势控制能力和应变能力
5级	熟悉国家的制度、规范、法律、法规、办法	了解餐饮、宿舍、车辆管理的全部知识	熟悉后勤管理三项以内技术	有一定的教练能力或指导工作的能力
4级	了解国家的制度、规范、法律、法规、办法	了解安保及绿化管理的全部知识	了解后勤管理全部技术	有一定的组织协调能力、问题分析及解决能力
3级	了解本公司的制度、规范相关基本知识	了解餐饮、宿舍管理的全部知识	了解后勤管理三项以上技术	有一定的工作执行能力、沟通能力和安全处理能力
2级	熟悉本部门的各种管理制度、规范等	了解餐饮、安保管理的全部知识	了解后勤管理三项以内技术	有一定的学习能力、文字书写及阅读能力
1级	了解本部门的各种管理制度、规范等	仅了解后勤管理其中的一个模块	不了解后勤管理相关技术	有一定的沟通能力和动手操作能力

（2）后勤部门职位等级标准

后勤部门职位等级标准如表 13-2 所示。

表 13-2　后勤部门职位等级标准

等级	职位等级		工作内容
9级~8级	高级管理工作	后勤经理	①后勤管理费用的预算及控制 ②后勤各项管理制度编制与监督实施 ③后勤各项工作达标标准制定与实施 ④后勤管理完善方案制定 ⑤后勤人员管理
7级~1级	中级或初级管理工作	餐饮主管	①餐饮成本预算及控制 ②餐厅食品安全卫生管理 ③餐厅服务及设备设施管理 ④餐厅员工培训与考核管理
		宿舍主管	①宿舍管理费用预算及控制 ②宿舍安全卫生管理 ③宿舍设备设施维修与维护管理 ④宿舍管理人员培训与考核
		车辆主管	①车辆使用费用预算及控制 ②车辆维修与保养管理 ③车辆调度使用与安全运行管理 ④车辆保险办理及违章处理
		安保主管	①安保管理费用预算及控制 ②安全生产管理 ③安规培训教育 ④安全隐患管理 ⑤事故与故障处理
		绿化主管	①绿化费用预算及控制 ②绿化覆盖率管理 ③绿化工具设备设施管理 ④绿化物成活率管理 ⑤绿化工人培训与考核管理

（3）后勤部门绩效考核标准

后勤部门绩效考核标准如表 13-3 所示。

表 13-3　后勤部门绩效考核标准

考核项目	绩效考核标准	考核等级
工作质量	后勤部门各项工作执行均达到或超出了公司规定的目标,从未出现过差错	A
	后勤部门各项工作执行基本达到了公司规定的目标,从未出现过差错	B
	后勤部门各项工作执行基本达到了公司规定的目标,偶尔出现差错	C
	后勤部门各项工作执行没有达到公司规定的目标,但也未出现差错	D
	后勤部门各项工作执行均达到公司规定的目标,有出现过差错	E
工作数量	后勤部门工作量非常大,部门员工每天都存在加班赶工的现象	A
	后勤部门工作量比较大,部门大部分员工每天需要加班才能完成工作	B
	后勤部门工作量合理,部门员工偶尔需要加班方可完成工作	C
	后勤部门工作量偏低,部门员工不需要加班即可正常完成	D
	后勤部门工作量很低,部门大多数员工存在一定的空闲时间	E

续表

考核项目	绩效考核标准	考核等级
工作态度	后勤部门员工工作态度非常好,部门工作总能积极主动提前完成	A
	后勤部门员工工作态度比较好,部门工作基本能积极主动提前完成	B
	后勤部门员工工作态度一般,部门工作基本能主动完成	C
	后勤部门员工工作态度还可以,部门工作基本能完成,但需要催促	D
	后勤部门员工工作态度比较差,部门工作需要催促才能完成,且有错误	E
工作能力	后勤部门具有很强的执行能力、组织协调能力工作总能保质保量提前完成	A
	后勤部门具有较强的执行能力、组织协调能力工作总能保质保量按时完成	B
	后勤部门具有较强的执行能力,工作基本能保质保量按时完成	C
	后勤部门工作能力一般,但部门工作基本可以保质保量完成	D
	后勤部门有一定的工作能力,需要一定的指导方可完成工作	E
工作效率	部门人员工作效率非常高,总能在公司规定的时间之前完成任务	A
	部门人员工作效率比较高,基本能在公司规定的时间完成任务	B
	部门人员工作效率一般,偶尔迟于公司规定的时间完成任务	C
	部门人员工作效率较低,经常迟于公司规定的时间完成任务	D
	部门人员工作效率非常低,总不能在公司规定的时间完成任务	E

13.1.2 后勤部门考核关键指标

后勤部门考核关键指标如表 13-4 所示。

表 13-4 后勤部门考核关键指标

考核维度	KPI 名称	指标定义或计算公式	考核周期	信息来源
安全管理	安全事故发生次数	火灾、盗窃、安全等事故的发生次数,是考核后勤安全管理的控制指标	月/季/年度	安全事故记录
	安全隐患项数	检查中发现的安全隐患的项数,例如消火栓的摆放不到位、底层防护栏破损等	月/季/年度	安全隐患检查记录
宿舍管理	宿舍卫生检查合格率	$\frac{检查合格的次数}{检查总次数} \times 100\%$	月/季/年度	卫生检查记录
绿化管理	绿化工作计划完成率	$\frac{已完成工作项目数}{计划实施工作项目数} \times 100\%$	季/年度	计划执行结果
	绿化工作执行及时性	在规定的时间内按要求执行绿化	季/年度	绿化执行工作记录
	绿化政策传递正确性	根据上级要求传递绿化政策信息	季/年度	传递内容记录及政策
	绿化覆盖率	$\frac{绿化面积}{辖区总面积} \times 100\%$	季/年度	绿化面积统计结果
	绿化器具完好率	$\frac{绿化器具完好数量}{绿化器具总数量} \times 100\%$	季/年度	绿化器具管理记录表

续表

考核维度	KPI名称	指标定义或计算公式	考核周期	信息来源
车辆管理	车辆保养计划按时完成率	$\dfrac{及时保养次数}{计划保养总次数} \times 100\%$	月/季/年度	计划执行结果
	车辆维修记录准确率	$\dfrac{准确记录条数}{维修记录总条数} \times 100\%$	月/季/年度	车辆维修记录
	车辆保险办理及时性	车辆保险在规定时间内完成	年度	保险办理记录
设备设施管理	公共设施完好率	$\dfrac{公共设施完好数量}{公共设施总数量} \times 100\%$	月/季/年度	公共设施检查记录
	公共设施维修及时率	$\dfrac{及时维修次数}{维修总次数} \times 100\%$	月/季/年度	公共设施维修记录
费用管理	成本节约率	$\dfrac{成本节约额}{成本预算额} \times 100\%$	季/年度	成本支出记录
食堂管理	厨具完好率	$\dfrac{完好的厨具数量}{厨具总数量} \times 100\%$	月/季/年度	厨具维修记录
	食品安全事故发生次数	指食物中毒、因饭菜过期等原因造成的食品事故发生次数	月/季/年度	安全卫生事故记录
	服务满意度	指员工对食堂饭菜、服务、就餐环境等的满意度评分	月/季/年度	满意度评价

13.1.3 后勤部门绩效考核方案

下面是某企业后勤部门绩效考核方案。

后勤部门绩效考核方案

编号： 　　　编制部门： 　　　审批人员： 　　　审批日期： 　年　月　日

一、方案制定依据
后勤部门绩效考核的实施主要参照以下依据。
（一）公司发展战略规划。
（二）后勤部门发展战略规划目标。
（三）后勤部门各职位工作职责。
（四）考核期工作重点。
（五）上期绩效考核实施结果及完善方案。
（六）公司后勤管理工作诊断。
二、管理职责分配
后勤部门绩效考核管理小组成员由总经理、人力资源经理、后勤经理组成。
（一）总经理负责审批后勤部门绩效考核结果及绩效评估报告。
（二）人力资源部门负责组织对后勤部门各职位考核前的培训宣贯，考核过程中的监督指导以及考核结果的汇总、统计等工作。
（三）后勤经理负责本部门各职位考核指标提取、权重确定、业绩评定、过程辅导、绩效面谈、绩效改进等工作。
三、考核周期
后勤管理部的考核主要采用季度考核和年度考核两种方式。

续表

（一）季度考核。
对当季的工作表现进行考核，考核周期分别为1～3月，4～6月，7～9月，10～12月。各项具体工作实施时间如下表所示。

季度考核实施时间及实施内容

实施时间	实施内容
每季度第三个月25日前	确定并发放下季度各职位考核量表
每季度第一个月7日前	各部门对上季度工作完成情况进行数据汇总，结果评定
每季度第一个月10日前	各部门对上季度工作完成情况进行绩效面谈，结果反馈
每季度第一个月15日前	人力资源对各部门上季度绩效考核评定情况进行结果统计

（二）年度考核。
年度考核的考核周期为全年，即每年1月1日至同年12月31日，各项工作具体实施时间及具体内容，如下表所示。

年度考核实施时间及实施内容

实施时间	实施内容
每年度第一个月7日前	确定并发放本年度各职位考核量表
每年度第一个月10日前	各部门对上年度工作完成情况进行数据汇总，结果评定
每年度第一个月15日前	各部门对上季度工作完成情况进行绩效面谈，结果反馈
每年度第一个月20日前	人力资源对各部门上季度绩效考核评定情况进行结果统计

四、考核内容

（一）后勤经理的考核内容。

后勤经理绩效考核维度主要包括财务管理、内部运营管理、员工学习与发展、客户管理四个方面。

1. 财务管理。

考核期内，后勤部门对部门各项费用支出控制目标的达成情况。

2. 客户管理。

与后勤部门有业务合作关系的内外部单位或部门等对后勤部门工作的满意程度。

3. 内部运营管理。

后勤部门或职位考核期重点工作的执行情况。

4. 员工学习与发展。

部门或职位业务能力和创新能力的提升情况。

（二）后勤部门其他员工的考核内容。

后勤部门其他员工的绩效考核项目主要从具体业绩方面展开。具体业绩主要是指本职工作完成情况，从宿舍管理、安保管理、餐饮管理和绿化管理等方面展开，具体内容如下表所示。

后勤部门其他员工绩效考核实施内容

考核项目	具体内容
宿舍管理	宿舍安全管理、卫生管理、宿舍费用管理、保修维修管理、设备设施管理
安保管理	安全生产、重大伤亡、安规培训、隐患整改、费用控制、事故处理等
餐饮管理	食品安全卫生、供餐及时性、供餐服务态度、餐饮费用、餐具消毒保管
绿化管理	绿化覆盖率、绿化物成活率、绿化及时性、绿化工具保管、绿化费用控制

五、绩效面谈

考核结果于考核结束后一周内通知被考核者，由人力资源部负责保存考核记录，建立考核档案。直接上级需要和被考核者进行双向沟通，即绩效面谈。绩效面谈的具体项目及相关内容说明如下表所示。

续表

绩效面谈项目及内容说明表

面谈项目	具体内容说明
结果反馈	对员工考核期工作业绩完成情况与工作目标加以比较,并进行反馈,评估其工作业绩与工作态度,对积极因素予以肯定,对不足之处予以指出
问题沟通	与员工交换意见,认真听取员工对考核结果及考核期工作情况的看法,并及时解答和记录
绩效改进	对于员工工作业绩、能力以及态度与要求有差距的情况,应与员工探讨改进方式,使其以后的工作业绩能力能达到预期的目标
工作改进	总结员工的反馈意见,分析企业管理工作存在的不足之处,提高管理水平

六、绩效改进

面谈结束前,面谈双方需注意对双方观点进行总结,制订一个有效的工作改进计划。

(一)改进计划。

绩效改进计划应包括绩效改进目标、行动步骤、行动时间。

(二)改进目标。

绩效改进目标需具体、可测量、可接受、可达成,且有时效性。

(三)改进计划。

绩效改进计划需实际、具体并取得双方的认同。

七、考核结果运用

后勤部门的绩效考核结果通常用于以下四项工作。

(一)绩效工资的发放。

后勤部门绩效考核的结果主要用于后勤人员季度绩效工资的发放,根据考核成绩分数,将考核结果划分为 5 个等级,具体内容如下表所示。

考核结果等级表

级别	S(卓越)	A(优秀)	B(良好)	C(一般)	D(差)
绩效评定分数	90~100 分	80~90(含)分	70~80(含)分	60~70(含)分	60(含)分以下
绩效工资系数	1.5	1.2	1.0	0.8	0.4
公式	实发绩效工资=绩效工资基数标准×绩效工资系数				

(二)基本工资调整和年终奖金发放。

公司年度绩效考核的结果主要用于后勤人员基本工资的调整和年终奖金的发放。

根据后勤人员的年度考核结果实施不同的薪资调整办法,下表为后勤人员的薪资调整办法。

后勤人员的薪资调整及奖金发放额度

评估等级	薪资调整办法	奖金发放额度
S	基本工资×(1+1.0)	发放全部年终奖金
A	基本工资×(1+0.8)	发放年终奖金的 90%
B	基本工资×(1+0.4)	发放年终奖金的 70%~80%
C	基本工资×(1−0.2)	无年终奖金
D	基本工资×(1−0.4)	无年终奖金

(三)绩效面谈。

通过考核结果,分析存在的问题,可以作为考核双方实施绩效面谈的参考依据。

(四)培训依据。

根据考核结果体现出来的薄弱环节实施有针对性的培训。

13.2 后勤经理绩效考核

13.2.1 后勤经理考核关键指标

后勤经理考核关键指标如表 13-5 所示。

表 13-5 后勤经理考核关键指标

考核维度	KPI 名称	指标定义或计算公式	考核周期	信息来源
财务管理	后勤成本节约率	$\dfrac{成本节约额}{成本预算额} \times 100\%$	月/季/年度	后勤费用支出记录
内部运营管理	部门工作计划完成率	$\dfrac{已完成工作项目数}{计划完成工作项目数} \times 100\%$	月/季/年度	计划执行工作记录
	安全事故发生次数	火灾、盗窃、安全等事故发生的次数	月/季/年度	安全事故记录
	宿舍卫生检查合格率	$\dfrac{检查合格的次数}{检查总次数} \times 100\%$	月/季/年度	卫生检查记录
	出车及时率	$\dfrac{及时出车次数}{批准出车总次数} \times 100\%$	月/季度	出车登记
	车辆维修记录准确率	$\dfrac{准确记录条数}{维修记录总条数} \times 100\%$	月/季度	车辆维修记录
	食品安全事故发生次数	指食物中毒、因饭菜过期等原因造成的食品事故发生次数	月/季/年度	食品安全事故记录
	厨具完好率	$\dfrac{完好的厨具数量}{厨具总数量} \times 100\%$	月/季度	厨具维修记录
	绿化覆盖率	$\dfrac{绿化面积}{辖区总面积} \times 100\%$	月/季度	绿化面积统计结果
	绿化工作计划完成率	$\dfrac{已完成工作项目数}{计划实施工作项目数} \times 100\%$	月/季/年度	工作计划执行记录
客户管理	合作部门满意度	$\dfrac{评分满意的问卷数量}{有效调查问卷总数量} \times 100\%$	季/年度	满意度评价
	客户投诉解决及时率	$\dfrac{及时解决的客户投诉数量}{客户投诉问题总数量} \times 100\%$	季/年度	投诉记录
员工学习与发展	员工培训计划完成率	$\dfrac{已完成的培训计划}{培训计划总项目数} \times 100\%$	月/季/年度	计划执行记录
	员工任职资格考核达标率	$\dfrac{考核达标员工数}{当期员工总数} \times 100\%$	月/季/年度	员工考核成绩记录

13.2.2 后勤经理绩效考核量表

后勤经理绩效考核量表如表13-6所示。

表13-6 后勤经理绩效考核量表

后勤经理绩效考核量表					考核日期		
被考核人					考核人		
考核维度	考核指标	分值	权重	计量单位	考核量化标准		得分
财务管理	后勤成本节约率	15	15%	百分率（%）	考核期内，后勤成本节约率达到____%，每降低____%，扣____分		X_1
内部运营管理	部门工作计划完成率	10	10%	百分率（%）	考核期内，部门工作计划完成率达到____%，每降低____%，扣____分		X_2
	安全事故发生次数	10	10%	频次	考核期内，避免一切安全事故发生，每发生一次，扣____分		X_3
	宿舍卫生检查合格率	5	5%	百分率（%）	考核期内，宿舍卫生检查合格率达到____%，每降低____%，扣____分		X_4
	出车及时率	5	5%	百分率（%）	考核期内，出车及时率达到____%，每降低____%，扣____分		X_5
	车辆维修记录准确率	5	5%	百分率（%）	考核期内，车辆维修记录准确率达到____%，每降低____%，扣____分		X_6
	食品安全事故发生次数	5	5%	频次	考核期内，避免食品安全事故发生，每发生一次，扣____分		X_7
	厨具完好率	5	5%	百分率（%）	考核期内，厨具完好率达到____%，每降低____%，扣____分		X_8
	绿化覆盖率	5	5%	百分率（%）	考核期内，绿化覆盖率达到____%，每降低____%，扣____分		X_9
	绿化工作计划完成率	5	5%	百分率（%）	考核期内，绿化工作计划完成率达到____%，每降低____%，扣____分		X_{10}
客户管理	合作部门满意度	5	5%	百分率（%）	考核期内，合作部门满意度达到____%，每降低____%，扣____分		X_{11}
	客户投诉解决及时率	5	5%	百分率（%）	考核期内，客户投诉解决及时率达到____%，每降低____%，扣____分		X_{12}
员工学习与发展	员工培训计划完成率	10	10%	百分率（%）	考核期内，员工培训计划完成率达到____%，每降低____%，扣____分		X_{13}
	员工任职资格考核达标率	10	10%	百分率（%）	考核期内，员工任职资格考核达标率达到____%，每降低____%，扣____分		X_{14}
计算公式	考核得分 $= X_1 \times 15\% + X_2 \times 10\% + X_3 \times 10\% + \cdots + X_{14} \times 10\%$				考核得分		
被考核人			考核人			复核人	
签字：_____ 日期：_____			签字：_____ 日期：_____			签字：_____ 日期：_____	

13.3 餐饮主管绩效考核

13.3.1 餐饮主管考核关键指标

餐饮主管考核关键指标如表 13-7 所示。

表 13-7 餐饮主管考核关键指标

考核项目	KPI 名称	指标定义或计算公式	考核周期	信息来源
费用管理	餐饮成本节约率	$\dfrac{\text{成本节约额}}{\text{成本预算额}} \times 100\%$	月/季/年度	成本支出记录
卫生安全管理	卫生抽查合格率	$\dfrac{\text{抽查合格次数}}{\text{抽查总次数}} \times 100\%$	月/季/年度	卫生检查记录
卫生安全管理	厨具消毒合格率	$\dfrac{\text{消毒合格次数}}{\text{消毒总次数}} \times 100\%$	月/季/年度	消毒检查记录
卫生安全管理	食品安全事故发生次数	指食物中毒、因饭菜过期等原因造成的食品事故发生次数	月/季/年度	食品安全卫生事故记录
服务管理	食堂服务满意度	$\dfrac{\text{评分满意的问卷数量}}{\text{有效调查问卷总数量}} \times 100\%$	季/年度	满意度评价表
服务管理	员工投诉次数	员工对食堂服务投诉的次数	月/季度	投诉记录
服务管理	食品供应及时率	$\dfrac{\text{及时供应饭菜的次数}}{\text{饭菜供应总次数}} \times 100\%$	月度	饭菜供应时间记录
培训管理	培训计划完成率	$\dfrac{\text{已完成的培训计划项目数}}{\text{培训计划总项目数}} \times 100\%$	季/年度	培训记录
厨具设备管理	厨具完好率	$\dfrac{\text{完好的厨具数量}}{\text{厨具总数量}} \times 100\%$	月/季/年度	厨具维修记录
厨具设备管理	食堂设备完好率	$\dfrac{\text{完好的设备数量}}{\text{设备总数量}} \times 100\%$	月/季/年度	检查记录
工作能力	沟通能力	能熟练运用各种沟通技巧与各层级人员及时展开工作沟通,组织协调	季/年度	沟通工作投诉记录
工作能力	教练能力	能对下属烹饪技能进行指导、示范及教练,培养出优秀的厨师	季/年度	问题记录
工作态度	工作责任心	能积极主动对餐饮工作中出现的问题寻根究底,找办法解决	月/季/年度	问题记录
工作态度	工作积极性	本职工作能积极主动提前做好计划并严格按计划执行	月/季/年度	工作计划

13.3.2 餐饮主管绩效考核量表

餐饮主管绩效考核量表如表 13-8 所示。

表 13-8 餐饮主管绩效考核量表

餐饮主管绩效考核量表					考核日期		
被考核人					考核人		
考核项目	考核指标	分值	权重	计量单位	考核量化标准		得分
费用管理	餐饮成本节约率	10	10%	百分率(%)	考核期内,餐饮成本节约率达到____%,每降低____%,扣____分		X_1
卫生安全管理	卫生抽查合格率	10	10%	百分率(%)	考核期内,卫生抽查合格率达到____%,每降低____%,扣____分		X_2
	厨具消毒合格率	5	5%	百分率(%)	考核期内,厨具消毒合格率达到____%,每降低____%,扣____分		X_3
	食品安全事故发生次数	10	10%	频次	考核期内,食品安全事故发生次数为零,每发生一次,扣____分		X_4
服务管理	食堂服务满意度	10	10%	百分率(%)	考核期内,食堂服务满意度达到____%,每降低____%,扣____分		X_5
	员工投诉次数	10	10%	频次	考核期内,员工投诉次数为零,发生一次员工投诉,扣____分		X_6
	食品供应及时率	5	5%	百分率(%)	考核期内,食品供应及时率达到____%,每降低____%,扣____分		X_7
培训管理	培训计划完成率	10	10%	百分率(%)	考核期内,培训计划完成率达到____%,每降低____%,扣____分		X_8
厨具设备管理	厨具完好率	5	5%	百分率(%)	考核期内,厨具完好率达到____%,每降低____%,扣____分		X_9
	食堂设备完好率	5	5%	百分率(%)	考核期内,食堂设备完好率达到____%,每降低____%,扣____分		X_{10}
工作能力	沟通能力	5	5%	频次	考核期内,因沟通不到位而导致员工投诉或领导批评的,每次扣____分		X_{11}
	教练能力	5	5%	频次	考核期内,指导教练食堂厨师制作新菜肴,每成功制作出一道新菜,加____分		X_{12}
工作态度	工作责任心	5	5%	频次	考核期内,对食堂出现的问题不主动解决或上报,每发生一次,扣____分		X_{13}
	工作积极性	5	5%	频次	考核期内,没有主动制订工作计划并按计划执行各项工作内容,每发生一次,扣____分		X_{14}
计算公式	考核得分 = $X_1 \times 10\% + X_2 \times 10\% + X_3 \times 5\% + \cdots + X_{14} \times 5\%$					考核得分	
被考核人			考核人			复核人	
签字:_____ 日期:_____			签字:_____ 日期:_____			签字:_____ 日期:_____	

13.4 宿舍主管绩效考核

13.4.1 宿舍主管考核关键指标

宿舍主管考核关键指标如表 13-9 所示。

表 13-9 宿舍主管考核关键指标

考核项目	KPI 名称	指标定义或计算公式	考核周期	信息来源
安全卫生管理	安全事故发生次数	宿舍发生火灾、盗窃、安全事故等次数	月/季/年度	安全事故记录
	安全隐患项数	宿舍检查中发现的安全隐患的项数,例如消火栓的摆放不到位、底层防护栏破损等	月/季/年度	安全隐患检查记录
	宿舍卫生检查合格率	$\dfrac{检查合格的次数}{检查总次数} \times 100\%$	月/季度	卫生检查记录
费用控制	宿舍管理费用节约率	$\dfrac{节省的费用额}{宿舍管理费预算额} \times 100\%$	月/季/年度	管理费用使用
	维修费用控制率	$\dfrac{节省的费用额}{宿舍维修费预算额} \times 100\%$	月/季/年度	费用使用记录
宿舍公共设施	报修及时率	$\dfrac{及时报修次数}{报修总次数} \times 100\%$	月/季度	报修/维修记录
	维修及时率	$\dfrac{及时维修次数}{维修总次数} \times 100\%$	月/季度	报修/维修记录
	宿舍公共设施完好率	$\dfrac{完好的设备数量}{设备总数量} \times 100\%$	月/季/年度	设备检查记录
工作评价管理	员工满意度评分	$\dfrac{评分满意的问卷数量}{有效调查问卷总数量} \times 100\%$	季/年度	满意度评价表
巡视管理	巡视完成率	$\dfrac{巡视次数}{应巡视次数} \times 100\%$	月/季/年度	巡视记录
	事故处理及时率	$\dfrac{事故及时处理次数}{事故发生总次数} \times 100\%$	月/季/年度	处理记录
工作能力	沟通能力	能熟练运用各种沟通技巧与各层级人员及时展开工作沟通	季/年度	沟通工作投诉记录
	组织协调能力	能灵活运用各种人际关系、社会关系对宿舍内发生的各种事故进行协调解决	季/年度	事故记录
工作态度	工作责任心	能主动对宿舍管理工作中遇到的问题寻根究底,找到解决办法	月/季/年度	问题记录
	工作积极性	能主动对本职工作提前做好计划并严格遵照计划执行	月/季/年度	工作计划

13.4.2 宿舍主管绩效考核量表

宿舍主管绩效考核量表如表 13-10 所示。

表 13-10 宿舍主管绩效考核量表

宿舍主管绩效考核量表					考核日期		
被考核人					考核人		
考核项目	考核指标	分值	权重	计量单位	考核量化标准		得分
安全卫生管理	安全事故发生次数	10	10%	频次	考核期内,避免安全事故发生,每发生一次,扣____分		X_1
	安全隐患项数	10	10%	数量	考核期内,避免安全隐患存在,经抽查,每发现一处,扣____分		X_2
	宿舍卫生检查合格率	5	5%	百分率(%)	考核期内,宿舍卫生检查合格率达到____%,每降低____%,扣____分		X_3
费用控制	宿舍管理费用节约率	10	10%	百分率(%)	考核期内,宿舍管理费用节约率达到____%,每降低____%,扣____分		X_4
	维修费用控制率	10	10%	百分率(%)	考核期内,维修费用控制率达到____%,每降低____%,扣____分		X_5
宿舍公共设施	报修及时率	5	5%	百分率(%)	考核期内,报修及时率达到____%,每降低____%,扣____分		X_6
	维修及时率	5	5%	百分率(%)	考核期内,维修及时率达到____%,每降低____%,扣____分		X_7
	宿舍公共设施完好率	5	5%	百分率(%)	考核期内,宿舍公共设施完好率达到____%,每降低____%,扣____分		X_8
工作评价管理	员工满意度评分	5	5%	分数	考核期内,员工满意度评分达到____分,每降低____分,扣____分		X_9
巡视管理	巡视完成率	5	5%	百分率(%)	考核期内,巡视完成率达到____%,每降低____%,扣____分		X_{10}
	事故处理及时率	10	10%	百分率(%)	考核期内,事故处理及时率达到____%,每降低____%,扣____分		X_{11}
工作能力	沟通能力	5	5%	频次	考核期内,因沟通不到位而导致员工投诉或领导批评的,每次扣____分		X_{12}
	组织协调能力	5	5%	频次	考核期内,因组织协调不力而引发员工争议的,每发生一次,扣____分		X_{13}
工作态度	工作责任心	5	5%	频次	考核期内,对宿舍出现的问题不主动解决或上报,每发生一次,扣____分		X_{14}
	工作积极性	5	5%	频次	考核期内,没有主动制订工作计划并按计划执行各项工作内容,每发生一次,扣____分		X_{15}
计算公式	考核得分=$X_1 \times 10\% + X_2 \times 10\% + X_3 \times 5\% + \cdots + X_{15} \times 5\%$					考核得分	
被考核人签字:_____ 日期:_____			考核人签字:_____ 日期:_____			复核人签字:_____ 日期:_____	

13.5 车辆主管绩效考核

13.5.1 车辆主管考核关键指标

车辆主管考核关键指标如表 13-11 所示。

表 13-11 车辆主管考核关键指标

考核项目	KPI 名称	指标定义或计算公式	考核周期	信息来源
维修保养管理	车辆保养计划按时完成率	$\frac{\text{及时保养次数}}{\text{计划保养总次数}} \times 100\%$	月/季/年度	计划执行结果
	保养记录准确性	按既定的保养记录要求,记录车辆保养信息	季/年度	保养记录表
	车辆维修记录准确率	$\frac{\text{准确记录条数}}{\text{维修记录总条数}} \times 100\%$	月/季	车辆维修记录
违章保险管理	交通违章记录准确率	$\frac{\text{准确记录次数}}{\text{交通违章总次数}} \times 100\%$	月/季/年度	违章记录
	车辆保险办理及时性	考核期内车辆保险在规定时间内完成	年度	保险办理记录
安全事故管理	车辆安全事故发生次数	考核期内车辆安全事故发生次数	月/季/年度	安全事故记录
日常管理	车辆完好率	$\frac{\text{完好车辆数}}{\text{车辆总数}} \times 100\%$	月/季度	车辆检查记录
	车辆利用率	$\frac{\text{车辆实际利用时数}}{\text{车辆计划利用时数}} \times 100\%$	月/季/年度	车辆使用记录
	车辆加油记录准确率	$\frac{\text{正确记录次数}}{\text{加油总次数}} \times 100\%$	月/季/年度	加油记录表
车辆调度使用	调度不利次数	考核期内因车辆调度不利而影响用车次数	月度	车辆调度记录
	出车及时率	$\frac{\text{及时出车次数}}{\text{批准出车总次数}} \times 100\%$	月/季度	出车登记
费用管理	百公里油耗	每跑百公里发生的油耗	月/季度	行驶记录
	车辆费用控制率	$\frac{\text{节省的费用额}}{\text{车辆费用预算额}} \times 100\%$	季/年度	车辆费用支付记录
工作知识	业务知识	包括安全知识、车辆审验、保险、修理和违章等各种情况的办理程序	季/年度	事故或问题记录
	基础知识	包括交通法规、驾照管理办法、车辆性能及操作技巧	季/年度	考试成绩
工作技能	上岗技能	能熟练驾驶指定的车辆,熟练运用驾驶地区交通法规	季/年度	实操成绩
	业务技能	精通车辆维护、保养、故障排查等相关技能	季/年度	考试成绩

13.5.2 车辆主管绩效考核量表

车辆主管绩效考核量表如表 13-12 所示。

表 13-12 车辆主管绩效考核量表

车辆主管绩效考核量表					考核日期		
被考核人					考核人		
考核项目	考核指标	分值	权重	计量单位	考核量化标准		得分
维修保养管理	车辆保养计划按时完成率	10	10%	百分率（%）	考核期内，车辆保养计划按时完成率达到____%，每降低____%，扣____分		X_1
	保养记录准确性	5	5%	数量	考核期内，准确记录保养信息，每发生一次记录不准确，扣____分		X_2
	车辆维修记录准确率	5	5%	百分率（%）	考核期内，车辆维修记录准确率达到____%，每降低____%，扣____分		X_3
违章保险管理	交通违章记录准确率	5	5%	百分率（%）	考核期内，交通违章记录准确率达到____%，每降低____%，扣____分		X_4
	车辆保险办理及时性	5	5%	天	考核期内，及时办理车辆保险，每推迟一天，扣____分		X_5
安全事故管理	车辆安全事故发生次数	10	10%	频次	考核期内，车辆安全事故发生次数为零，每发生一次，扣____分		X_6
日常管理	车辆完好率	5	5%	百分率（%）	考核期内，车辆完好率达到____%，每降低____%，扣____分		X_7
	车辆利用率	5	5%	百分率（%）	考核期内，车辆利用率达到____%，每降低____%，扣____分		X_8
	车辆加油记录准确率	5	5%	百分率（%）	考核期内，车辆加油记录准确率达到____%，每降低____%，扣____分		X_9
车辆调度使用	调度不力次数	5	5%	频次	考核期内，每发生一次因车辆调度不力而影响生产的，扣____分		X_{10}
	出车及时率	5	5%	百分率（%）	考核期内，出车及时率达到____%，每降低____%，扣____分		X_{11}
费用管理	百公里油耗	10	10%	升	考核期内，百公里油耗控制在____升之内，每超出____升，扣____分		X_{12}
	车辆费用控制率	5	5%	百分率（%）	考核期内，车辆费用控制率达到____%，每降低____%，扣____分		X_{13}
工作知识	业务知识	5	5%	频次	考核期内，参加相关业务知识考试，每出现一次考试不合格，扣____分		X_{14}
	基础知识	5	5%	频次	考核期内，参加相关基础知识考试，每出现一次考试不合格，扣____分		X_{15}

续表

考核项目	考核指标	分值	权重	计量单位	考核量化标准	得分
工作技能	上岗技能	5	5%	频次	考核期内,每出现一次违反交通法规的情形,扣____分	X_{16}
	业务技能	5	5%	频次	考核期内,所管辖的车辆每出现一次故障,扣____分	X_{17}
计算公式	考核得分=$X_1×10\%+X_2×5\%+X_3×5\%+\cdots+X_{17}×5\%$					考核得分
被考核人 签字:____ 日期:____			考核人 签字:____ 日期:____			复核人 签字:____ 日期:____

13.6 安保主管绩效考核

13.6.1 安保主管考核关键指标

安保主管考核关键指标如表13-13所示。

表13-13 安保主管考核关键指标

考核项目	KPI名称	指标定义或计算公式	考核周期	信息来源
费用管理	部门费用控制率	$\frac{节省的费用额}{预算费用额}×100\%$	月/季/年度	事故发生记录
	安全事故损失额	因安全事故造成的直接经济损失包括伤亡、财产损失、救援及善后费用	月/季/年度	事故发生记录
计划管理	部门工作计划完成率	$\frac{实际完成工作计划量}{计划完成的工作项目量}×100\%$	月/季/年度	工作计划执行报告
设施管理	安保设施完好率	$\frac{完好的安保设施数量}{安保设施总数量}×100\%$	月/季/年度	生产运行记录
制度管理	制度制定及时率	$\frac{及时制定的制度数量}{本期应制定制度总数量}×100\%$	年度	制度提交记录
工作评价管理	员工满意度	$\frac{评分满意的问卷数量}{有效调查问卷总数量}×100\%$	季/年度	满意度评价表
隐患事故管理	安全事故发生次数	考核期内发生安全事故的总次数	月/季/年度	事故发生记录
	安全事故及时处理率	$\frac{及时处理的安全事故起数}{安全事故发生的总起数}×100\%$	月/季/年度	事故处理记录
	安全隐患整改率	$\frac{当期公司整改完成的安全隐患数}{计划完成整改的安全隐患总数}×100\%$	月/季/年度	安全隐患整改记录

续表

考核项目	KPI 名称	指标定义或计算公式	考核周期	信息来源
培训管理	公司安规考试合格率	$\frac{当期公司安全规程考试合格人数}{当期安全规程考试人数} \times 100\%$	月/季/年度	安全监察记录
	安全培训覆盖率	$\frac{实际接受安全培训的人数}{计划接受安全培训的人数} \times 100\%$	月/季/年度	培训记录
工作知识	业务知识	本公司安保相关的工作流程及安全管理知识	季/年度	事故问题记录
	基础知识	国家规定的安全条例、消防法规等	季/年度	考试成绩
工作技能	上岗技能	能熟练操作消防器材及其他一些安全隐患处理、防护的设备设施	季/年度	实操成绩
	业务技能	安全设备设施的维护、维修、保养、故障排查等相关的技能	季/年度	工作记录

13.6.2 安保主管绩效考核量表

安保主管绩效考核量表如表 13-14 所示。

表 13-14 安保主管绩效考核量表

安保主管绩效考核量表					考核日期		
被考核人					考核人		
考核项目	考核指标	分值	权重	计量单位	考核量化标准		得分
费用管理	部门费用控制率	10	10%	百分率（%）	考核期内,部门费用控制率达到____%,每降低____%,扣____分		X_1
	安全事故损失额	10	10%	万元	考核期内,安全事故损失额低于____万元,每超出____万元,扣____分		X_2
计划管理	部门工作计划完成率	5	5%	百分率（%）	考核期内,部门工作计划完成率达到____%,每降低____%,扣____分		X_3
设施管理	安保设施完好率	5	5%	百分率（%）	考核期内,安保设施完好率达到____%,每降低____%,扣____分		X_4
制度管理	制度制定及时率	10	10%	百分率（%）	考核期内,制度制定及时率达到____%,每降低____%,扣____分		X_5
工作评价管理	员工满意度	5	5%	百分率（%）	考核期内,员工满意度评价达到____%,每降低____%,扣____分		X_6
隐患事故管理	安全事故发生次数	10	10%	频次	考核期内,避免安全事故发生,每发生一次安全事故,扣____分		X_7
	安全事故及时处理率	10	10%	百分率（%）	考核期内,安全事故及时处理率达到____%,每降低____%,扣____分		X_8
	安全隐患整改率	5	5%	百分率（%）	考核期内,安全隐患整改率达到____%,每降低____%,扣____分		X_9

续表

考核项目	考核指标	分值	权重	计量单位	考核量化标准	得分
培训管理	公司安规考试合格率	5	5%	百分率（%）	考核期内，公司安规考试合格率达到____%，每降低____%，扣____分	X_{10}
	安全培训覆盖率	5	5%	百分率（%）	考核期内，安全培训覆盖率达到____%，每降低____%，扣____分	X_{11}
工作知识	业务知识	5	5%	频次	考核期内，每发生一次因相关知识欠缺而导致问题不能解决的扣____分	X_{12}
	基础知识	5	5%	频次	考核期内，参加相关基础知识考试，每出现一次考试不合格，扣____分	X_{13}
工作技能	上岗技能	5	5%	频次	考核期内，参加相关技能实操考试，每出现一次考试不合格，扣____分	X_{14}
	业务技能	5	5%	频次	考核期内，每发生一次因不具备相关技能而导致问题不能解决扣____分	X_{15}
计算公式	考核得分＝$X_1×10\%+X_2×10\%+X_3×5\%+\cdots+X_{15}×5\%$				考核得分	
被考核人			考核人		复核人	
签字：____ 日期：____			签字：____ 日期：____		签字：____ 日期：____	

13.7 绿化主管绩效考核

13.7.1 绿化主管考核关键指标

绿化主管考核关键指标如表13-15所示。

表13-15 绿化主管考核关键指标

考核项目	KPI名称	指标定义或计算公式	考核周期	信息来源
绿化工作执行	绿化工作计划完成率	$\frac{已完成工作项目数}{计划实施工作项目数}×100\%$	月/季/年度	计划执行结果
	绿化工作执行及时性	在规定的时间内按要求执行绿化工作	季/年度	绿化执行记录
	绿化工作达标率	$\frac{达标项目数}{绿化总项目数}×100\%$	季/年度	绿化工作达标记录
	绿化物成活率	$\frac{成活的植物面积}{绿化种植总面积}×100\%$	季/年度	成活数量统计
	绿化覆盖率	$\frac{绿化面积}{辖区总面积}×100\%$	季/年度	绿化面积统计结果
	绿化服务满意度	公司领导及员工对绿化工作的满意度评分	季/年度	满意度调查表

续表

考核项目	KPI 名称	指标定义或计算公式	考核周期	信息来源
绿化政策传递	绿化政策传递正确性	根据上级要求传递绿化政策信息	季/年度	传递内容记录及政策
绿化费用控制	绿化费用控制率	$\frac{节省的绿化费用额}{绿化费用预算额} \times 100\%$	季/年度	绿化费用支出记录
绿化器具管理	绿化器具完好率	$\frac{绿化器具完好数量}{绿化器具总数量} \times 100\%$	月/季/年度	绿化器具管理记录表
培训管理	培训考核通过率	$\frac{考核通过的人数}{培训考核总人数} \times 100\%$	季/年度	考核记录
工作能力	沟通能力	能熟练运用各种沟通技巧与各层级人员及时展开工作沟通,组织协调	季/年度	沟通工作投诉记录
工作能力	教练能力	能熟练指导下属或做示范进行各种绿化设备、器材操作	季/年度	问题记录
工作态度	工作责任心	能主动对绿化工作中出现的问题进行寻根究底	月/季/年度	问题记录
工作态度	工作积极性	能积极主动地提前做好本职工作的计划并严格按照计划执行	月/季/年度	工作计划

13.7.2 绿化主管绩效考核量表

绿化主管绩效考核量表如表 13-16 所示。

表 13-16 绿化主管绩效考核量表

绿化主管绩效考核量表						考核日期	
被考核人						考核人	
考核项目	考核指标	分值	权重	计量单位	考核量化标准		得分
绿化工作执行	绿化工作计划完成率	15	15%	百分率(%)	考核期内,绿化工作计划完成率达到____%,每降低____%,扣____分		X_1
绿化工作执行	绿化工作执行及时性	15	15%	天	考核期内,绿化工作在规定的时间执行,每推迟一天,扣____分		X_2
绿化工作执行	绿化工作达标率	10	10%	百分率(%)	考核期内,绿化工作达标率达到____%,每降低____%,扣____分		X_3
绿化工作执行	绿化物成活率	5	5%	百分率(%)	考核期内,绿化物成活率达到____%,每降低____%,扣____分		X_4
绿化工作执行	绿化覆盖率	5	5%	百分率(%)	考核期内,绿化覆盖率达到____%,每降低____%,扣____分		X_5
绿化工作执行	绿化服务满意度	5	5%	百分率(%)	考核期内,绿化服务满意度评价达到____%,每降低____%,扣____分		X_6

续表

考核项目	考核指标	分值	权重	计量单位	考核量化标准	得分
绿化政策传递	绿化政策传递正确性	5	5%	频次	考核期内,正确传递绿化政策,每错误传递一次,扣____分	X_7
绿化费用控制	绿化费用控制率	10	10%	百分率(%)	考核期内,绿化费用控制率达到____%,每降低____%,扣____分	X_8
绿化器具管理	绿化器具完好率	5	5%	百分率(%)	考核期内,绿化器具完好率达到____%,每降低____%,扣____分	X_9
培训管理	培训考核通过率	5	5%	百分率(%)	考核期内,培训考核通过率达到____%,每降低____%,扣____分	X_{10}
工作能力	沟通能力	5	5%	频次	考核期内,因沟通不到位而导致员工投诉或领导批评的,每发生一次,扣____分	X_{11}
工作能力	教练能力	5	5%	频次	考核期内,因绿化工人器材操作不当引发事故或器材损坏的,每发生一次,扣____分	X_{12}
工作态度	工作责任心	5	5%	频次	考核期内,对绿化工作中出现的问题不主动解决或上报,每发生一次,扣____分	X_{13}
工作态度	工作积极性	5	5%	频次	考核期内,没有主动制订工作计划并按计划执行各项工作内容,每发生一次,扣____分	X_{14}
计算公式	考核得分=$X_1×15\%+X_2×15\%+X_3×10\%+\cdots+X_{14}×5\%$				考核得分	

被考核人	考核人	复核人
签字:_____ 日期:_____	签字:_____ 日期:_____	签字:_____ 日期:_____